重读司马迁书系

天汉璀璨

汉武时代五十年

冯立鳌◎著

中国文史出版社

图书在版编目（CIP）数据

天汉璀璨：汉武时代五十年 / 冯立鳌著 . —北京：
中国文史出版社，2013. 12

（重读司马迁书系）

ISBN 978－7－5034－4619－1

Ⅰ . ①天… Ⅱ . ①冯… Ⅲ . ①中国历史—西汉时代—
通俗读物 Ⅳ . ①K234. 109

中国版本图书馆 CIP 数据核字（2013）第 310550 号

责任编辑：刘　夏
封面设计：中联学林

出版发行：中国文史出版社
网　　址：www. wenshipress. com
社　　址：北京市西城区太平桥大街 23 号　邮编：100811
电　　话：010 － 66173572　66168268　66192736（发行部）
传　　真：010 － 66192703
印　　装：北京天正元印务有限公司
经　　销：全国新华书店
开　　本：170mm × 240mm　1/16
印　　张：17. 5
字　　数：277 千字
版　　次：2014 年 3 月北京第 1 版
印　　次：2014 年 3 月第 1 次印刷
定　　价：52. 00 元

目 录

contents

【事件篇】

【君主篇】

天汉璀璨

公元前 141 年,执政十六年的汉皇刘启去世,十六岁的太子刘彻上台为君,西汉政治进入了一个期待变化的新时期。社会经济的发展,各种政治势力的消长和国家综合实力的增强都对社会政治的运行方式提出了新的要求。

一个明显的政治现象是朝廷与诸侯国原有的政治框架已被打破,而新的政治模式尚未成熟。西汉建国时称雄一方的异姓诸侯国已不复存在,同姓诸侯国当时有二十多个,其实力远不能与七国反叛前相比。许多诸侯王的血缘枝属疏远,其政治权力渐被削夺,封国仅成了他们收取赋税之地,而有些封地中的王公贵族及其子孙早已失去了刘氏前辈们的政治情怀,他们骄奢淫逸,相互倾轧,反而加剧了封国内部的矛盾冲突,成了中央善政的难及之地。另一方面,有些诸侯王又不满于朝廷官吏的侵夺,向皇帝起而泣诉,要求保证他们的许多利益。这些情况说明,西汉原有的治政方式已与现实有所脱节,执政者应该将朝廷、郡县以及诸侯国的关系放置于一种新的政治模式中来考虑。

一个最重要的变化还在于人们生活充裕、社会财富增长、国家的潜在实力大为增强。汉朝初建时,国家没有余财,民间没有积蓄,生活物质十分匮乏,天子的车乘难以选出同一毛色的四匹马,有的将相只能坐牛车,物价上涨,每石米卖到一万钱,国家只能轻租减税,鼓励农业。刘恒的朝廷更是厉行节俭,开源节流,努力推动经济走向复苏。经过两代积累,到刘启去世后,百姓已家给人足,郡县的粮仓皆满,府库财物有余,国库的钱积累万万,以至穿钱的绳子腐朽、难以点数;太仓的陈粮层层积累,不得不堆在仓外露天,以至烂掉。大街小巷都养着马,田野间马匹成群,以至乘母马者受排斥难以参加聚会,等等。

物质财富的充裕必然推动人口的增长和综合实力的增强,给国家对外政策的调整提供空间。当年刘恒的朝廷不乏讨伐匈奴的呼声,但刘恒考虑到民众和国家均对战争的承受力不强,因而一直坚持和亲之策。现在,财富的积累宽然有余,社会可以从耕作之业中抽调出更多的人力而无须顾忌,抵御侵扰并对外征讨的规模化战争具备了潜在的可能。但这需要朝廷以某种方式把全国各郡县、包括散布宇内的各诸侯国中的人、财、物都有效地组织起来,统一支配,上述可能才会转化为现实。

班固就曾敏锐地觉察出:"汉兴六十多年,海内平安,府库充实,而四夷未服,制度多缺。"汉朝自建国以来在政治上一直奉行无为而治的指导思想,现在经济的发展和社会的变化提出了变革治政方式,重塑思想指导的要求;国家的政治运行方式和意识形态的调整只有与这种要求相适应,社会才能走向辉煌。刘彻将自己的非凡才略在五十四年的执政实践中恣意发挥,他重塑汉政,力树皇威,以特有的方式破解朝廷面对的时代课题,果也兴盛了大业,拓广了疆域,使汉朝的天际一片璀璨。

刘彻:重塑汉政的一代雄主

刘彻是刘启宠妃王美人的生子,前 156 年父亲刘启刚执政后临世,四岁时被立为胶东王,未就国。姑母刘嫖因将女儿陈阿娇许配给他,故在宫中嗣位之争上尽力相助,使他七岁时替换刘荣而为太子。刘彻于前 141 年父亲去世后登基为君,前 87 年逝于任上,终年七十岁。

刘彻执政时适逢西汉社会面临重大的转折机遇,这位与社会一同成长的君主,感受到了社会的要求,他一改往昔无为而治的治国理念,志图有为,他整饬内政,乾纲独揽,大兴武威,北屈匈奴,开疆拓土,一时把汉朝推向了最为兴盛之地。

招致才俊,力兴儒学

刘彻上台后,按惯例尊父亲刘启的生母窦氏为太皇太后,尊母亲王夫人为皇太后。当时的丞相是已在前代朝廷任职三年的老相卫绾,御史大夫为直不疑,两人均以谨慎宽厚而闻名,并非有所建树和善于干事之人。

刘彻执政后大概最先感触到的是身边无人,他封王太后的异父同母弟田蚡、田胜为侯,数月后又向丞相、御史大夫、列侯、二千石及诸侯相等高级官员发布诏令,让荐举"贤良方正直言极谏之士"。汉时官阶的高低常按俸禄的多少计算,从二千石递减至百石为止。当时朝廷的九卿郎将、王国的傅、相,及郡守、郡尉都是二千石,其中又分为中二千石(每月得一百八十斛),二千石(每月得一百二十斛），比二千石（每月得一百斛）三等，均属国家高级官员。刘恒执政时曾实行过"举贤良"，刘彻这次实行的声势和规模更大，把荐举人才作为国家高级官员所要完成的任务，其要求更为具体，且有演变成制的趋向，因为志在有为的刘彻更强烈地感受到了国家人才的极度短缺。

当时所举贤良之士被要求写出治国理政的对策，刘彻明确表示，让提出贤良对策时不要心有所藏，不要语言含混。他说自己将亲自开启和阅览奏书，要求提出对策的人不要有所顾虑。刘彻渴望天下被褐怀玉之士能为国家发展无所保留地献出自己的方略和智慧，为此表现出了一种极为恳切之情。当时提出贤良对策的先后有一百多人，会稽郡吴县人庄助（后人避汉帝刘庄之讳而称严助）的对策颇得刘彻赏识，他被擢拔为中大夫，为从属郎中令的执掌议论之官，秩比二千石。当年应召上书的还有广川（今河北枣强县东）人董仲舒，六十岁的薛县（今山东滕县南）人公孙弘，以诙谐滑稽而著名的平原厌次（今山东惠民县东北）人东方朔。田蚡荐举了通于《诗》《书》的代人赵绾，又推荐了自己的老师鲁人申培。其后几年，庄助荐举了吴人朱买臣，董仲舒引出赵人吾丘寿王。还有主父偃、徐乐、严安、终军等人均以上书言事而被刘彻看中任用。

刘彻为太子时听说淮阴人枚乘颇有文才，因不乐为郡吏而辞官，他即帝位后即安排以辇车接枚乘来朝，因枚乘年老，特意用蒲裹车轮，以减弱震动，即用"安车蒲轮"征召，遗憾的是枚乘在半道上去世。刘彻有次见到了一篇没有注明作者的文章，题名《子虚赋》，他读后大加称赞，说："可惜我不能与这个人同时啊！"当时身边服侍的恰是主管养狗的蜀郡人杨得意，杨得意说："我的同乡司马相如自称这赋是他作的。"刘彻大惊，自成都招来司马相如相问，果然是他所作。相如还在京城写就了另外的辞赋，隐含劝谏之意，刘彻看罢，即任司马相如为郎。国家的一大批人才在刘彻为帝的当年即脱颖而出，这些人才多是前朝刘启甚至刘恒执政时的人物，而只有在刘彻执政时，才有所作为，获得了发展的空间。

前朝博士董仲舒所奏之策鸿篇长论，深为刘彻看中。董仲舒自小钻研《公羊春秋》，学问精深，教授弟子多年。他在对策中提出"《春秋》大一统"的思想。所谓"大"，即看重的意思，所谓"一统"，含万物本源皆归于一之意。他认为《春秋》一书重视统一的事业，可以引申为政治上的一统或集权。唐人颜师古注为"此言诸侯皆系统天子，不得自专。"相传《春秋》为孔子据鲁国历史修订而成，体现着儒家的社会历史观。董仲舒在对策中充分论证了他所理解的儒家治国思想,明确提出:"诸不在六艺之科,孔子之术者,皆绝其道,勿使并进。"董氏这里所说的"六艺",指儒家的"六经",包括《诗》、《书》、《易》、《礼》、《乐》、《春秋》,他认为国家采取这种儒学独尊的方针,禁止其他学说的传播,人们的思想和观念才可统一,法度的制定才会有明确的主旨,民众才会知道自己该怎么做。董仲舒实际上是要重树汉朝的政治指导思想,他的对策深得刘彻赞赏,其独尊儒学的提议与刘彻的政治理想不谋而合,刘彻任董仲舒为江都王刘非的相国。

不知是秉承于刘彻的旨意还是本人有所发现,数年无所建言的丞相卫绾在刘彻下令征召贤良之士不久,上书提议说:"所举贤良之士,有专攻申不害、商鞅、韩非之学或苏秦、张仪之术,他们搞乱了国家的政治,请全部罢黜之。"卫绾的奏书一上递,立即被刘彻批准。很有可能是刘彻内心已认可了董仲舒的提议,他授意卫绾奏书,君臣二人相互配合,开始把"罢黜百家,独尊儒术"的主张付诸实施。前代刘启执政时虽尚无为,但也秉承了晁错之政,政治上苛责诸侯,重用郅都、宁成等酷吏,偏好刑名之术。刘彻倡兴儒术,同时也开始对前代后期的苛责弊政做出纠正:这年,担任内史之职、掌治京师的酷吏宁成被处以髡钳的刑罚,他被剃去头发,以铁具束颈;向刘彻奏书不久的丞相卫绾被指责对前朝的多起冤案负有责任而被免职。后来中山王刘胜等四位诸侯向刘彻哭诉受朝臣侵辱之苦,刘彻遂下令减少对诸侯之事的过问,"加亲亲之恩"。这都体现了朝廷治政方式的某些调整。

卫绾被免职后,窦太后的堂侄魏其侯窦婴被任丞相,武安侯田蚡为太尉,赵绾为御史大夫,当年为太子刘彻少傅的兰陵(今山东枣庄东南)人王臧为郎中令,窦、田、赵、王四人都爱好儒学,他们提议按古代礼制在城南设立天子宣明政教的明堂,以为朝见诸侯之所,并拟定天子巡狩和封禅,以及改历法、易服色的事情,因为有些礼节和仪式搞不清,遂因田蚡之荐,带着厚礼以蒲车从鲁地迎来了八十多岁的申公培以备咨询。申公到了京城,拜见刘彻,刘彻即向他询问国家治理的方略,申公告诉他:"治国不在说得多,只要尽力去做就行了。"这一回答大概与刘彻的征召期待及爱好文辞的性情不相吻合,刘彻默然无言,他任申公为太中大夫,安排他住于鲁王在京城的公馆,专门商议设立明堂诸事。刘彻和几位臣属以极大的热情投入对儒学礼制的建立,可见他们对该学说的兴致之浓。

窦太后历来爱好黄老之言,儿子刘启执政时,她就因儒生袁固生对《老子》的不敬之言,令其入兽圈刺杀野猪,以示惩罚。对孙子刘彻扶兴儒学之事她自然心有不悦,甚或不乏刁难。刘彻执政第二年初,御史大夫赵绾上书,提出以后有事情不必向太皇太后奏请。该上书大概是以妇人不得干政的古礼为据,是在几位同僚的支持下,由赵绾出面写奏。窦太后闻听此事后大怒道:"这不是又一个新垣平吗?"新垣平是刘恒时的星占家,以望气得幸,诈称多种符瑞惑骗刘恒,事情败露后被诛族。窦太后暗地里搜求赵绾、王臧两人的过失,以此责备刘彻,刘彻只好放弃了设立明堂诸事。不久赵绾、王臧被交给狱吏治罪,两人自杀于狱中,丞相窦婴和太尉田蚡被免职,申公培也旋即因病免归。

扶兴儒学之事在刘彻执政第二年即遭到了严重挫折,这主要是主事者们对以窦太后为首的在朝反对势力估计不足,他们在自身地位并不完全稳固的情况下,兴儒措施一时太多,又过于张扬,触动了反对势力的接受底线。当时窦太后已到了生命的晚期,但她仍然视儒学为邪说,不愿看到儒学的兴盛,尤其不能接受朝臣对她的权力剥夺和人身亵渎,立即做出了激烈的反击,且这一反击带有杀鸡儆猴的作用。上任不久的刘彻看来并不具有掌控朝政的绝对权威,他只能委曲求全,以待久远。他一时无法保护自己政治上的支持者,自然就不能维护已有的政治成果,朝廷的兴儒之业只能暂时告结。

然而,为国家政治确立全新的思想指导,据此调整国家往昔的政治运行模式,重塑国人发奋有为的理念,并不违背社会发展的大势;主事的君臣们也都属于年轻的一代,他们血气方刚,志在有为,这就决定了兴儒的事业绝不会半道而止。事实上,四年之后,窦太后去世,刘彻以隆重的仪式将其与祖父刘恒合葬于霸陵后,又重新开始了停顿数年的兴儒之事。窦太后去世前一年,朝廷设置五经博士,其职责是传授儒家的《诗》、《书》、《礼》、《易》、《春秋》五部经典,两年后又根据董仲舒的建议兴太学,专门培养五经博士。其后的封禅大典、修正历法、确立年号等事业都作为兴儒的配合措施逐步实施,尤其是太学制度的逐步完善吸引了此后文化人一生的攻研方向,也为王朝官吏队伍提供了具有儒学文化背景的充足的后备军,使儒学在国家意识形态中的主导地位得以确立,最终影响到西汉政治的运行方式和君臣们政治行为中的价值取向,其对社会生活的影响是巨大的。

率性为政，壮大"中朝"

刘彻执政的第三年遇到了不少的麻烦，除扶兴儒学的事情遭受挫折外，他个人的感情生活经历了一次重大的转折，其间也表现出了他独特的性格。

刘彻当年的太子之位是姑母刘嫖协助得来的，刘嫖的女儿陈阿娇为太子妃，在刘彻即位后被立为皇后。据说自恃有功的长公主刘嫖向新帝刘彻不断求封，贪得无厌，使刘彻感到难以应付，而陈皇后又擅宠娇贵，嫉妒后宫，遂使刘彻与她疏远；加之陈阿娇被娶十余年后一直没有生子，求医花钱近几千万，仍未生育，刘彻对她也就更加冷淡。王太后对儿子刘彻说："你刚即位不久，大臣未服，就设立明堂，惹得太皇太后发怒，现在又与长公主斗气，这样得罪的人太多了。女人是容易取悦的，你应该慎重对待。"听了母亲的话，刘彻又对姑母和皇后稍加恩礼，与皇后的关系又得以缓和。

这年稍晚几月，刘彻出城去霸上（今西安市东）举行一种除灾去邪的仪式，回时路过姐姐平阳公主之家，公主将先前为刘彻收置的十几名良家女子打扮起来献上，刘彻都不喜欢，饮酒时，歌女进来献唱，刘彻一眼看上了献唱的卫子夫，在更衣如厕时，召卫子夫在更衣室中侍奉，他回座后非常高兴，赐给平阳公主千金，带卫子夫入宫。及卫子夫怀孕，恩宠日隆。

皇后陈阿娇听说卫子夫受宠，心中愤恨，气得几次差点死去，刘彻对她更加不满。陈阿娇用巫祝之术诅咒情敌，而刘嫖也派人捕捉了在建章宫当差的卫子夫同母弟卫青，准备杀掉泄愤。卫青的朋友公孙敖时任骑郎，为主管御马的郎官，他联络几位壮士将卫青抢夺回来。刘彻听说了这件事，即招来卫青，任为建章宫的守卫官，加侍中之衔，使卫青成了侍从皇帝左右，可以出入宫廷的亲贵，不久升为右中大夫。刘彻还加封了卫子夫的其他兄弟卫长君等人，几天内赏赐达到千金。卫子夫的大姐卫孺嫁给太仆公孙贺为妻，二姐卫少儿与陈平曾孙陈掌私通。刘彻招来陈掌，封他官职，对公孙贺和公孙敖一并贵幸。刘彻后来听说卫少儿早先与平阳县吏霍仲儒私通，有生子霍去病，亦将霍去病召为侍中，极为宠幸。

刘彻后来发觉了陈阿娇的巫祝之事，遂追查治罪，他让办案官员给陈阿娇送去判词说："皇后失德，惑于巫祝，不可以承天命，请交出玺绶，退居长门宫。"

为陈阿娇念咒语的女子楚服以大逆不道罪被枭首,相连受诛者三百余人。随后将卫子夫立为皇后,其生子刘据被立为太子。

刘彻无疑是一个少有顾忌,率性而为的人。陈阿娇是刘彻早年乐意"金屋藏娇"的中意之人,她多年不育,也许与表兄妹间近亲结婚不无关系,但这尚不是她被刘彻疏远的原因,其真正的原因正是婚后陈阿娇妒心太强,对刘彻的私生活管得太多,加之刘嫖的贪欲多事。刘彻听从母亲的劝告,从大局筹计,尽量与皇后和好,但在平阳公主家一看到卫子夫,因合于心意,即刻就与其发生了关系,并不顾皇后的嫉妒而带至宫中,母亲的劝告和可能由此引起的麻烦全被抛至九霄云外,他是按照自己的心意去追求生活的。

刘彻接纳卫子夫,本来也是一时的兴趣,未必有过多的打算,比如卫子夫入宫后有一段时间,就一直不被宠幸,以至于子夫流着眼泪请求出宫,只是刘彻的怜爱和不忍才使她未被作为无用之人而退归,并得幸生子。然而,一旦刘嫖母女对卫子夫实行报复,刘彻对卫氏就更加宠爱,他也许是要以此作为对皇后不恭行为的回敬,而更为根本的原因,是他要在卫子夫身上实现自我意志的伸张。不爱的人,就让他恨到底;所爱的人,就给他一切——这就是青年刘彻的性格。于是,卫子夫一人得宠,全族贵幸,当政不久的刘彻内宫因此也发生了彻底更换。

率性为人的刘彻多凭感情行事,也不大顾及世俗的各种忌讳。他刚上台后听身边近臣韩嫣说王太后早年进宫前在民间金氏家中生有一女,这应该是朝廷不愿张扬、儿子难有光彩的事情,但刘彻听到后埋怨韩嫣:"为什么不早说呢?"立即备下车驾,亲自到长陵(今陕西咸阳市东北)的一个小巷中,从金氏家中将这位大姐迎接入京,为其封地赏钱,号为修成君。又如平阳公主知道他要路过家中,特意为他预备了十多位良家女子,刘彻偏偏看中了一位歌女,不久又将其立为皇后。后来他所宠幸的李夫人、尹婕好等嫔妃,都是舞女出身。司马迁曾提到,当时"非王侯封土之门的仕女,不可以匹配君主。"但刘彻对种种世俗的忌讳毫不在意,他对自己想做的事就坚决去做,并不考虑别人的议论。当然,女人可以自由地改嫁,歌舞艺女也并不低人一等,但这属现代人的观念,西汉时代的世俗肯定对民妇入宫和歌女为后是有所顾忌的。刘彻不顾这些世俗而行事,也绝不是他的观念已达到了多么先进的程度,而是他率性而为、我行我素的性格使然,他的个人意志在无所顾忌的伸张中体现出了一种刚毅不屈的品性。

不知什么原因，刘彻在上台第四年突然对微服私行发生了兴趣。他私行的范围北至池阳宫（今陕西泾阳西北迎冬城），西至黄山宫（今陕西兴平西南三十里马嵬坡），南至长杨宫（今陕西周至东南），东至宜春宫（今西安市东南）。刘彻常与身边善于骑射的人在某一殿门约会，晚上乘夜而出，自称平阳公主家人，第二天早上到达南边的终南山中射获鹿豕狐兔。他们在骑马奔驰的路上常踏坏庄稼，当地农民不知何人所为，号呼痛骂，鄠杜县（今陕西户县）县令有次安排人捉拿，扣留了几位射猎者，他们出示皇宫乘舆之物证明身份，才得以解脱。

丞相御史等高官知道刘彻喜欢私行，遂让京师都尉安排人在长杨以东巡逻，让掌管京畿的右内史派人在某些会所等待侍候。刘彻觉得这样过于劳苦，又给百姓带来麻烦，就让太中大夫吾丘寿王与身边会计算的两人，在常私行的地方划出大片土地重置皇家上林苑，与终南山连接起来，又让人划出周旁未耕垦的荒田以补偿鄠杜之民。见到吾丘寿王上奏的筹办方案，刘彻非常高兴地称赞。东方朔对此上书劝谏，其中讲到兴建苑囿会带来误农桑、坏冢墓及伤民心等坏处，并且提出："殷作九市之宫而天下叛，灵王起章华之台而楚民散，秦兴阿房之殿而天下乱。"刘彻看罢奏书，把东方朔由掌管宫殿司马门的待诏公车升任为太中大夫，赐给黄金百斤，但恢复上林苑的计划也照常进行。

青年刘彻看来是追求快乐，不计后果。他以微行游玩为乐，并不顾及在朝中和民间的影响。上林苑是秦时皇家苑囿，汉初刘邦允许百姓入苑开垦，刘彻现又重新恢复，作为射猎游乐之所。他知道东方朔的劝谏于国于民均为有利，对其晋职赐金，但并不愿放弃故苑的重建。在他看来，快乐的追求体现着君王意志的伸张，不能因为那些难以预察的后果而放弃。

刘彻有一次微服私行，夜晚到达柏谷（今河南灵宝西南朱阳镇），在客馆入住后向店主求浆汤喝，男主人说："没有浆，只有尿。"他怀疑来客是作奸犯科的盗贼，遂叫了些年轻人准备将其捉获。女主人见刘彻状貌异常，劝阻男人说："来客非平常之人，他也有准备，不可对他下手。"见男人不听，就将其灌醉绑了起来，年轻人都离去了，女主人杀鸡做饭，款待客人。第二天刘彻回京，召女主人赐金千斤，任其夫君为羽林郎，做宫中宿卫。在这里，赐金女主人，是知恩而报，但对出言不逊、曾怀恶意的男主人为什么还要予以任用呢？因为刘彻从他身上看到了一个好事、敢为和执拗的人格，看到了自己的影子，心中生出的反而是认同和怜爱。

前135年刘彻执政六年之时,窦太后去世,没有了太皇太后的牵制和压力,刘彻的时代才真正开始了。丞相许昌和御史大夫严青翟因办理丧事不周被免职,田蚡与韩安国分别接任上述两个职务。许、严是四年前窦太后打击兴儒之事后所任用之人,应该是窦太后政治上的支持者。刘彻被窦太后压抑数年之久,一主政就撤换窦太后同党,显示了一种敢作敢为的气概。被免职的两人感情所使,想必对窦太后的后事不会怠慢,但他们被免职的理由恰恰是给窦太后办丧不周。刘彻除掉了窦太后的朝中余续,又让他们背上办丧不周的恶名,而隆葬尊亲的美名当然就落在了自己身上,这也足显青年刘彻处事的老道。

武安侯田蚡是王太后的同母弟,刘彻的舅舅,又是当年同兴儒学之人,继许昌之后被任为相,应该是能与刘彻互为倚重的政治搭档。然而事情并非如此,他们共事不久就产生了不小的隔阂。有两件事情可以表明这种隔阂产生的缘由:田蚡常入宫奏事,谈话大半天,刘彻基本都予听从,其后田蚡推荐官吏,有从平民一下提拔到二千石的情况。有一次,刘彻听了田蚡的荐举,对他说:"你的荐举完了没有?我也想荐举些官员。"田蚡荐官太多,是把用人权力从皇帝那里转移到自己手中,刘彻心中一种极不耐烦和颇感厌恶的情绪此时已难压抑。另一件事,骄奢贪婪的田蚡总想处处表现丞相的尊贵,他曾请求把少府署下制造器械的管理部门的一块地盘划给自己扩建住宅,刘彻听说后发怒道:"你干脆把武库去占了吧!"武库是未央宫的主体建筑之一,一直作为储存武器的仓库,也属少府署下管理,但它属保卫皇宫的器用储备之所,擅动者罪无赦。刘彻的回答表明,田蚡的要求已到了自己难以容忍的地步。他是在借武库而警告田蚡:不能在放肆的道路上走得再远了。

当然,对刘彻而言,田蚡是自己至亲,又有母亲王太后尚在,他对这位丞相当面的言辞不恭当属率直为政的性格使然,还不至于因此而有什么裁制措施,但已由此明显地暴露出了国家最高执政权上的排他性,这是专制制度的根本特性之一。没有刘彻对田蚡的厌恶和限制,就必然会出现田蚡对刘彻的掌控和取代,君权和相权就是这样在专制体制表面的倚重中发生着实质上的冲突。

刘彻无疑是一位率性、刚毅、敢为的君主,虽然年轻,但不会在丞相的掌控中生存,也不甘心于作那种无休止的权力争夺,他不愿在陈旧的体制中窒息自我,于是在不长的政治实践中,在招致了大量才俊的同时,自觉或不自觉地网构出了一套以个人心腹为主体、直接听命于皇帝的政治运行系统,即所谓"中朝",

它与以丞相为首,包括太尉、御史大夫为骨架的行政系统,即所谓"外朝"相抗衡。刘彻朝廷皇权的扩大及中央集权的加强,是与"中朝"的壮大相伴随的。

刘彻先前招罗了一批天下才俊,有些曾给封以官职,如董仲舒等,但更多的是给了侍中、常侍、散骑等头衔。如严助、朱买臣、司马相如、东方朔等等。侍中是皇帝身边的近臣,跟随皇帝,以备顾问,他们是皇帝的心腹之臣,也常作为皇帝使者,代替皇帝行权。被招致的这些近侍宾客均以贤良文学之士起步,多有才气。刘彻曾组织他们讨论国家大计,让庄助等人与朝廷公卿大臣辩论,双方彼此以义理之辞相诘难,朝臣们多次窘困无辞。这些侍中内臣后来被朝廷重用的不少,有些甚至官至丞相之位。除贤良文学之士外,刘彻还让有些外戚和其他心腹之臣成为侍中,给他们加上将军、大司马、太中大夫、给事中等头衔,使其成为中枢机构的官员。如以侍中起步的外戚卫青后被任为大将军,位在丞相之上。这些人物秉承皇帝之意,参议军国大事,渐次成为掌控国家政权的中心力量,而以丞相为首的行政系统则成了一般的政务执行机构。

汉承秦制,在九卿中设有少府,该府掌管山川地泽之税和皇家衣物器用的制造,为皇帝的私府,府下置有尚书,掌管文书章奏的收发。尚,即是主管之意。尚书原本是六百石的小官,执掌机密文书章奏的尚书令也秩位不高,但他们可以在皇帝身边办事,刘彻遂视其为近臣,渐次提升了他们的地位,甚至用宦者来担任,称为中书、中书令。他们秩轻任重,职权不断扩大,后来的尚书台更成了总理国家政务的主要机构。为了加强对地方的控制,刘彻在执政后期又将全国划分为十三个州部,每州派部刺史一人,负责监督州部内各郡县的官员。刺史秩六百石,但他们是皇帝的代表,有权监察二千石的郡守和王国相,甚至诸侯王。刺史的巡视监察从每年八月开始,监察内容有明确的六条规定,年终向京师奏报,直接对皇帝负责。通过这些措施,刘彻将中央和地方的权力全面控制在自己手中,皇帝专断的中央集权遂被进一步加强。这位刚愎自用的皇帝再也用不着为日常政务的处置而与田蚡之流议事怄气,因为一切决策和用人全都在自己的掌控之中了。

由刘彻所造就和壮大了的权力系统被后代学人概括为"中朝",刘彻为帝的时代也许没有这样的概念称呼,因他不愿引起两个权力系统间的隔阂与磨擦,自然要有意避免把原有的行政系统明确地视为"外朝",但班固在叙述刘彻之后约七十年的事情时,就直截了当地提到"中朝左将军"某人,可见在刘彻身后不久,"中朝"就成了人所通晓的一个称谓。"中朝"一般包括将军(大将军、骠骑将军、卫将军和前、后、左、右将军等)、近臣(包括侍中、左曹、右曹、诸吏、散骑、常侍、给事中)和尚书。由于中朝支配外朝,丞相的权力就日益转到中朝,皇权大为加强。而另一方面,和皇帝最为亲密的宦官、外戚,在失去了丞相权力制约的情况下极易变成中朝的主宰。刘彻手中并未出现这一现象,却为这一现象的产生准备了体制上的客观条件。这位率性为政的皇帝,只想满足自己的权力欲望,以"中朝"建制收归了属于丞相的许多权力,但他的后代无力驾驭巨大的权力,或者不愿经受权力操作的煎熬,却把手中的权力滑落到宦官和外戚手中。西汉后期发生的许多恶劣事态,正是刘彻由此酿成而他本人万万没有预料到的。

藩邦起衅,兵讨闽越

文景时期朝廷与周边政权寻求和好,成就了多年的稳定局面。刘彻执政时,南方藩邦由于其内部关系的演变,进入了多事之秋,汉朝廷则以邦主或天下共主的身份为属邦解纷排难,遂使兴军征讨成了一项重要活动。

对外兴兵的理由是建汉以来就有的,关键在于主政者的治政选择如何。刘彻的时代是一个崇尚有为、策励进取的时代,一大批发奋立业的功名之士待诏侍中,君臣们意气勃发,雄心宏大,凭借前朝积累的物质基础,很快选择了一条兴兵黩武、征服四境的功业之途,不仅兵指属邦,而且平定外乱,北讨匈奴,四面开拓,在东亚、中亚及其毗连的广阔土地上耀武扬威,纵横捭阖,做出了许多不易磨灭的垂史功业。刘彻恃武拓疆的活动是在不同的方向上,以不同的方式展开,这一持续了几十年之久的战争是从对南方藩邦的解纷救难开始的。

刘彻执政第四年,即前138年时,汉朝南边的藩邦闽越发兵包围了东瓯,东瓯城中粮尽,难以坚持,穷急无路时派人向朝廷告急求救。闽越王和东瓯王都是春秋时越王勾践的后代,刘邦立国时因闽越君长无诸曾率众随鄱阳令吴芮助汉击楚,封其为闽越王,治所在东冶(今福建福州),立国于秦时闽中郡之地,辖境相当于今浙江南部和福建北部地区。刘盈在位时的前192年,朝廷奖赏前朝功臣,认为闽越君长摇也曾助汉击楚,遂封摇为东海王,治所在东瓯(今浙江温州),俗称东瓯王。前154年刘濞反叛时东瓯相从,刘濞兵败后逃至东瓯,不久前 140 年　建元元年 ⟶ 举贤良，严助东方朔等应征/ 窦太后罢儒士。刘彻得卫子夫。
　　　　　　　　　 ⟶ 张骞出西域,重修上林苑 /南越王赵佗死，孙赵胡立。
　　　　　　　　　 ⟶ 窦太后死。汲黯为都尉。董仲叔以"天人感应"论天灾。
前 134 年　元光元年 ⟶ 举贤良。司马相如约此时被召为郎/ 信方士李少君。
　　　　　　　　　 ⟶ 窦婴与田蚡因灌夫相攻讦，庭辩决案。/杀窦婴，田蚡病死。
　　　　　　　　　 ⟶ 陈皇后因巫蛊罪被废。张汤定律令/ 相如使蜀。
前 128 年　元朔元年 ⟶ 刘据出生，卫子夫为皇后。下推恩令。主父偃治齐王罪。
　　　　　　　　　 ⟶ 拜张骞太中大夫。张汤为廷尉/
　　　　　　　　　 ⟶ 公孙弘为丞相，排挤汲黯、董仲舒/ 使民买爵补军费
前 122 年　元狩元年 ⟶ 淮南王刘安谋反案发/
　　　　　　　　　 ⟶ 用鹿皮造皮币/ 行算缗法。方士少翁被杀。张骞出乌孙。
　　　　　　　　　 ⟶ 铸五铢钱/ 杨可主"告缗"。"腹诽"论死。
前 116 年　元鼎元年 ⟶ / 张汤被陷，自杀。张骞自乌孙还。
　　　　　　　　　 ⟶ 　以方士栾大为五利将军。
　　　　　　　　　 ⟶ 以酎金罪劾夺 106 人侯爵。栾大事败被斩/ 方士公孙卿受宠。
前 110 年　元封元年 ⟶ 推行均输平准。举行封禅大典/ 因公孙卿言修宫观，求神仙。
　　　　　　　　　 ⟶ 建亭障至玉门。司马迁为太史令/
　　　　　　　　　 ⟶ 刘彻南巡。设刺史/
前 104 年　太初元年 ⟶ 东巡海滨求仙。造《太初历》/
　　　　　　　　　 ⟶ 发"七科谪"及大部国力支持大宛之战/
前 100 年　天汉元年 ⟶ / 司马迁被下腐刑。暴胜之赴各地平"群盗"。
　　　　　　　　　 ⟶ 巡行泰山，还祠常山/
前 96 年　太始元年 ⟶ 公孙敖妻因巫蛊事被杀/
　　　　　　　　　 ⟶ 刘彻东巡，浮大海。刘弗陵出生。江充得宠/ 西巡。
前 92 年　征和元年 ⟶ 公孙贺父子被告巫蛊事/ 巫蛊案发，卫太子刘据败死。
　　　　　　　　　 ⟶ 田千秋为刘据讼冤被重用。族江充/ 轮台悔过。
前 88 年　后元元年 ⟶ 杀刘弗陵母，画周公负成王图赐霍光。
前 87 年　后元二年 ⟶立刘弗陵为皇太子，封大司马大将军等辅幼主，刘彻逝。

汉武五十四年内政大事

东瓯接受朝廷重金收买,在丹徒(今江苏省)诱杀了刘濞,献其首级于朝廷,因而将功补过,免予追究。当时刘濞的儿子子驹逃至闽越,他对东瓯杀了父亲心怀怨恨,经常说服闽越攻打东瓯。刘彻刚执政不久,闽越王郢大概以为汉主年轻,朝政不明,是难得的扩张机会,遂听从刘子驹的劝请,出兵围攻东瓯。

接到东瓯的求救,朝廷内部发生了一场救与不救的大辩论,中大夫庄助力挫丞相田蚡关于弃而不救的建议,主张出兵,刘彻公开支持了内朝人士的意见,但表示说:"我刚刚即位,不准备用虎符征调郡国之兵。"他让庄助持符节去征用会稽郡的军队。庄助去会稽,经过一番周折,掌控了兵权,即刻率军乘船渡海去救东瓯。行至半路,闽越的军队惧而撤围回归。东瓯人请求举国迁往内地,得到朝廷允诺,遂于当年全部内迁,徙居于江淮之间,约在今扬州、淮安一带。

救援东瓯是刘彻朝廷对边境地区的首次用兵,古代以虎符作为调兵的凭证,这是用铜铸成的虎形器物,分为两半,右半存于朝廷,左半给统兵将帅,调动军队时须持符验证。即位不久的刘彻此时尚无动用虎符的先例,他大概是想避免用正规的方式调动军队,遂让庄助持符节,以皇帝使者的身份自去会稽调兵。符节是古代派遣使者所用的凭证,以竹、木、玉或铜制成,刻有文字,分成两半,一半存于朝廷,一半给受命出使的官员。刘彻以非正规的方式征用会稽军队,反映了他初次用兵的谨慎,他不愿以此在朝野造成过大的声势和影响,只是权作一个讨逆的尝试。闽越的军队听说汉军到来,闻风而撤,汉军未曾交战即救援成功,这极大地增强了汉朝君臣的作战自信,当朝的大多数人未历战事,但他们已由此感到了自己的力量,以战立功的兴致被极大地刺激起来。

三年之后,闽越又兴兵攻打南越。南越王赵佗早年已向朝廷称臣,当时主政的是赵佗的孙子赵胡,赵胡将事情报告给了刘彻,刘彻派朝中掌管宾客接待事务的大行王恢率兵出豫章(治所在今南昌市),另派掌管钱谷金帛事宜的大农令韩安国率兵出会稽,封两人为将军,使南下讨伐闽越。大军还未越过阳山岭,闽越王的弟弟馀善与相国等人杀掉了闽越王郢,献其首级求降。刘彻下令两路军队罢兵,并封无诸的孙子繇君丑为越繇王。后来鉴于馀善在闽越国势大难治,又封馀善为东越王,与繇王并列。

此后朝廷向北方匈奴大规模用兵。二十多年后的前111年,东越王馀善率众反叛,刘彻派横海将军韩说、楼船将军杨仆等五将军分路出兵讨伐,次年各军攻入东越,馀善为部下所杀。刘彻考虑到东越之地险要多阻,当地人强悍难制,又叛服无常,下令让军吏将东越人众全部迁至江淮之间,使当地空虚无人。而繇王居股被封为东成侯,食邑万户,越繇的地盘上另有其他五位功臣受封为侯,闽越的土地实已归汉所有。

自前138年的近三十年间,刘彻向闽越三次用兵,震慑了当地的叛逆,维持了东南境的安定,考虑到闽越立王的多变,主要也是为追求皇朝的权力一统,刘彻乘第三次战争胜利的机会,对闽越废王封侯,取消了其国号,并将其一半土地上的国民全部内迁。刘彻将闽越之地一开始就划为两部,分而治之,在条件成熟时以不同的方式将其一同扩并。

逐次推进,归并南越

在处置闽越的同时,刘彻对南越采取了以恩胁迫、派使拉拢、支持内应、必要时果断出击的灵活策略,最终实现了对岭南之地的真正占有。

前135年,南越王赵胡向朝廷上书报告闽越国进犯之事,刘彻取围魏救赵的方略,给朝臣王恢和韩安国以将军之任,让他们率兵分两路讨伐闽越,不久闽越内变而降,汉军中途撤兵。这是刘彻的朝廷给南越赵胡政权的一次重大恩惠。

南越处五岭之南,占有今广东、广西及周边广大的地盘,建都番禺(今广州市),立国者赵佗是赵胡的祖父,他几十年称臣于汉,有象征性的进贡,但一直没有像内地诸侯那样入京朝见天子、由朝廷任相及使用汉法,仅属名义上的藩臣而已。刘彻肯定是有心改变这一状况,这次出兵救援之后,他派中大夫庄助向赵胡说明了自己的意图,大概希望南越与朝廷能有更紧密的臣属关系,赵胡在感激的心情下派太子赵婴齐随庄助入朝,并答应自己做些准备,随后将去长安朝见天子。然而庄助离去后,南越大臣反对赵胡入长安,他们认为这会危及赵胡个人和南越国的安全,且搬出赵佗的遗训相劝谏,赵胡于是自称有病,取消了长安之行。应该说,刘彻在军事援救后的外交联络策略在此见到了成效,虽然赵胡的反悔使应有的成效打了折扣,但国储入朝,且国君赵胡对入朝也有承诺,并未公开拒绝,这毕竟比赵佗时的臣属关系前进了一步。

二十多年后的前113年,赵胡病重而逝,太子赵婴齐自长安回到番禺,被立为王。赵婴齐在长安时娶邯郸樛氏女为妻,生子赵兴,他做了南越王,遂立樛氏女为后,赵兴为继承人。汉朝廷派使者暗示他朝见天子,但赵婴齐乐于在南越独揽生杀大权,为所欲为,他担心去长安后朝廷会胁迫他逼南越采用汉朝法度,比照内地诸侯去约束他,因此坚持称自己生病,始终不肯入朝,后来打发儿子次公入京担任宫中警卫。在这里,刘彻的朝廷想让当政的藩邦之主入朝晋见,并想不失时机地督促其国采用汉法,希望以此作为突破口,实现管束权力的渗透,最终在政治上同化藩邦,达到强而有力的天下一统。南越王赵婴齐则迷恋于权力独揽,他不愿使南越国的政权系统出现汉朝过多插手的缝口,于是采用父亲的旧有手法,称病不去,他不公开与朝廷作对,但拒绝给朝廷提供实施其权力渗透的机会,也属一种维护自我独立性的精明之举。赵婴齐的祖籍在原赵国真定(今河北石家庄市东北),他娶赵都邯郸女为妻,并宠爱立后,也属一种心灵默契的故土文化认同。他即位之初立后立嗣,曾上书奏请朝廷,又把儿子次公派往长安,尽管自己借口辞朝,但与朝廷的关系并未比父王时疏远。刘彻一统南越的步伐在此没有如期推进,但也没有倒退。

赵婴齐执政不到一年就因病去世,太子赵兴代立为王,他的母亲樛氏为太后。樛太后出身邯郸,情系中原,她听从汉朝使者之言,劝说赵兴和群臣归附朝廷成为属国,甚至上书刘彻,请求让南越比照内地诸侯,三年入朝拜见一次,并撤除边境关防。刘彻答应了南越的请求,双方开始实施许多计划,但这些措施却遭到了老相吕嘉的反对。吕嘉在南越颇有势力,赵兴和樛后不能制服,刘彻在前112年派韩千秋与樛乐率二千军队入南越协助对付吕嘉,吕嘉遂公开反叛,他攻杀了赵兴和樛太后,另立赵婴齐与南越籍妻子的生子赵建德为王,并引诱和消灭了韩千秋的部队。他事后向朝廷说好话谢罪,同时发兵防守要害之处,断绝了与汉朝的使臣往来。刘彻曾希望依靠樛太后的内应,以少量兵力制服吕嘉,这一策略很快失败。新立的南越政权基本上处于与汉朝廷的敌对状态。

刘彻不甘挫败,这年秋天,他安排五路军马直捣番禺:伏波将军路博德出桂阳,沿汇水(又名洭水,今广东连江)进发;楼船将军杨仆出豫章(今南昌市)沿浈水(今广东北江东源浈水)进发;戈船将军严兵出零陵,沿漓江进发;下濑将军甲进军苍梧,他们率领由罪犯组成的军队,再征发江、淮以南水军十万人一并进军,另有将军遗率巴、蜀之地的罪犯,再征发夜郎国(今贵州遵义、桐梓一带)的军队沿牂柯江(约今濛江)进发。约定五路人马都在番禺会合,一齐攻打南越。

次年冬,杨仆一路数万人进入南越之地,攻下寻陜(即涅阳峡,今广东英德南),击破石门(广州市西北),挫败越军精锐,等路博德一路军队到达后一起进兵,很快攻破了番禺。南越王赵建德和丞相吕嘉乘夜逃入大海,被汉军抓获,其他三路将军尚未赶到,南越已被平定,朝廷遂将南越划分为九郡:

郡名	治所	今地
南海	番禺	广州市
苍梧	广信	广西梧州市
郁林	布山	广西桂平西南
合浦	合浦	广西合浦东北
交趾	嬴喽	越南河内市
九真	胥浦	越南清化西北东山县阳舍村
日南	西捲	越南广治西北
儋耳	儋耳	海南省儋州西北南滩
珠崖	暽都	海南省海口市东南

赵佗于前203年在南越建国,历五世,九十三年,前111年国亡,其国土被并入汉朝的版图。刘彻对待南越的方针至此取得了全面胜利。

大兴兵革,北讨匈奴

刘彻朝廷外部的最大威胁仍是北方匈奴,因此他们始终以匈奴为最主要的敌人,前138年和前135年分别由庄助和王恢等人两次向闽越出兵,不过是初试剑锋的练兵措施和稳定后方的战略先声而已,真正的对外战争是前133年在北方马邑(今山西朔县)拉开的,在其后的四十多年间,刘彻大兴兵革、发军命将,一直把匈奴作为军事打击的重点。

汉朝自刘邦于公元前200年平城(今山西大同西北)之败后,一直对匈奴采取妥协的和亲之策,这种迫不得已的办法并未彻底消除匈奴的侵扰,因而始终成为汉朝执政者不大愉快的心结。谋求兴国、志存高远的刘彻其实一上台就对用兵匈奴有所考虑。他曾经说过:"高皇帝留给我平城之忧,高皇后时单于来信极其无礼。从前齐襄公远报九世之仇,《春秋》上赞扬此事。"这正表达的是他的心迹。征讨匈奴和复仇兴国当是刘彻心中早存的愿望。前138年时一位降汉的匈奴人说到，匈奴攻杀了月氏（yuèzhī）王，以其头为饮器，月氏人怨恨匈奴，苦于无人援助。刘彻一听此言，立即招募能出使月氏之人，遂有汉中人张骞应募出使。刘彻的招募和遣使，是他寻求同盟国而准备对付强敌匈奴的一步战略措施。前135年，匈奴请求和亲，刘彻让群臣商议此事，刚从闽越前线凯旋回朝的王恢和韩安国均参与了这一讨论。与匈奴和亲本是汉朝延续了几十年的惯例，刘彻在临事前让群臣商议讨论，可见他对这一实行多年的方针已在重新审视，由于群臣大多附和韩安国的和亲之议，刘彻遂答应了和亲，但他对该方针的持疑态度已非常明显。前134年，他将英勇善战的李广和程不识分别任为骁骑将军和车骑将军，让他们屯守北方的云中和雁门之地，对匈奴的战争部署已开始实施。

前133年，经汉朝廷精心策划，边塞之人以利引诱单于十万骑兵入马邑，三十万汉军伏兵以待。但此战进行得并不顺利，因为单于尚未进入汉军的包围圈就引军而遁，然而汉军的意图已经暴露，战争的序幕已经拉开，两个强大的对手撕开了温情的面纱，毫无掩饰地亮剑朔漠，注定要发生决胜雌雄的较量。这一决战因中间十多年的休战和准备分为前后两个时期：马邑诱敌至前117年的十多年为前一时期，这期间汉朝大规模地用兵匈奴，双方交战许多次。卫青、霍去病以及李广、公孙敖、赵食其等名将连出边塞，屡获大捷，汉朝在与匈奴的较量中终于渐占上风。匈奴力不能敌，向北远遁，把王庭也从漠南（蒙古高原大沙漠以南地区）撤离。前99年，刘彻派李广利、李陵两将分路向匈奴进击，开始了汉与匈奴后一时期的一轮决战，直到前90年，战争仍在继续。这十年交战汉军已不能保持原有的优势，双方消耗都很巨大，两年多后刘彻去世。

战争是造就将军的场所，在对匈奴的规模化作战中，汉朝的一大批军事人才脱颖而出。在"将军篇"的论析中会看到，这些将领曾统兵十几万，挥师数千里，深入漠北，斩将杀敌，为汉朝的赢战立下了不灭的军功，使刘彻北讨匈奴的战略得以成功推行。

任何时候执政者对统兵之将的任用都持极谨慎的态度，要以将领的绝对忠诚来保证军权的安全。刘彻在这一事情上也毫不例外，他对匈奴用兵几十年，战场上大部队的最高统辖权始终是在自己的亲戚手中。卫青是刘彻早期宠爱的夫人卫子夫的弟弟，前129年被拜为车骑将军，他初次率兵北征时，名将李广即为他的麾下一部;与卫青相并列的军队统帅霍去病是卫子夫姐姐的儿子;后期重用的将军李广利又是刘彻当时宠幸的李夫人之兄。国家的最高将领偏偏都出在皇帝的内亲当中,刘彻选人命将的主观意向当是非常明显的。刘彻在战争中让自己的内亲统兵领将,既出于军权安全的考虑,也是对任用者宠幸的表示。这是一个崇尚进取,讲求军功的年代,把自己的爱幸之人放置于统兵之位,实际上是给了他们建树功勋的机会。前99年李陵要求从李广利的大军中划拨出来,由自己独率一军北击匈奴,刘彻只拨给了他五千步卒,终使其立功之愿化为泡影。相比之下,刘彻对内亲们的信任与爱幸显而易见。

在迎战匈奴的这条北方战线上,汉军并非每战皆胜,曾经有过不少折兵损将的失利,尤其是李广利掌军的后期出征。但无论如何,几十年的大规模战争毕竟从根本上重创了匈奴的威势,迫使其远遁北漠,为汉朝开拓出了一大片辽阔的疆土。与此同时,为配合对匈奴的战争,汉朝与匈奴以及为数众多的西疆诸国进行了必要的外交活动,通达西域的张骞、不辱使节的苏武产生于这样的时代,其垂世的功业和不朽的人格为这个时代增添了不小的光彩。

开疆西域,征服朝鲜

刘彻的朝廷不仅南北用兵,而且东西开拓,其对西域的经营直接服务于北方的战争。

古代把阳关、玉门关以西的地区称为西域,多指葱岭东西的广大地区,该地区当年有多种民族建立的大小几十个国家,它们与匈奴有较多的瓜葛。刘彻上台第三年,听说西域大月氏与匈奴有仇,遂招募张骞一行出使西域,欲联络大月氏合攻匈奴。张骞出使十二年,历经千辛万苦,前126年回到长安,向刘彻报告了西域若干国家的政治状况和风俗文化,使汉人对西域有了初步的了解。

前121年,匈奴浑邪王在汉军的打击下率众投降,河西至盐泽(今新疆罗布泊)之地空虚。张骞遂向朝廷提出建议:联络乌孙国使之内迁,以实空虚之地。他于前119年受命带一批使臣再出西域,其本人两年后归还,虽未达到直接的目的,但由此打开了与西域各国的广泛联系,汉皇室后来还把族女刘细君作为公主嫁给乌孙王昆莫。刘细君逝后,朝廷又将楚王刘戊之女刘解忧嫁给乌孙王岑陬,双方关系不断加强。

为了打通和巩固与西部交往的通路，朝廷自受降浑邪后的数年间，沿河西走廊在令居县（今甘肃永登西）以西设置了酒泉郡、武威郡、张掖郡和敦煌郡，这加强了与西部的联络，也开拓了一片广大的疆域。

汉朝在与大宛的联系中曾有楼兰、姑师当道，楼兰国地处今罗布泊北岸，孔雀河入海处，姑师约在今吐鲁番盆地。两国受匈奴支持，经常攻劫汉朝使者，并给匈奴通风报信。前108年，刘彻派将军赵破奴率军数万出击两国，王恢之部配合。汉军先以七百轻骑突袭楼兰，抓获了楼兰王，乘势攻破姑师，又借机向乌孙、大宛等其他国家显耀武威，汉朝的亭障于是向西修至玉门（今甘肃敦煌西北小方盘城），向西的通路更加便畅。

楼兰处在汉朝与匈奴的两面打压之中，只好两面讨好，楼兰王一度向汉朝与匈奴各遣一子为人质，前92年楼兰王死，国人欲请回在汉的质子立王，但这位儿子在长安犯法，被处了宫刑，汉朝无法送回，就对楼兰人说："天子宠爱这位儿子，不能送还，请别立其他儿子为王。"楼兰另立新王，汉朝又让其送子为质，新王向汉与匈奴各送一子。不久新王又死，匈奴闻讯，即将本国的质子送回，被立为王，汉朝责令这位新立之王入长安朝见，申言加赏，这位新王知两位质子未还，不愿入朝，遂告诉汉使："刚立为王，国未定，等到后年再来见天子。"汉朝采取的歧视政策终不能使楼兰诚心臣服，加之大量汉使往来路过需要供粮和招待，骚扰频繁，楼兰始终在汉与匈奴间首鼠两端。

刘彻听使者说大宛国有好马在贰师城（吉尔吉斯西南部乌尔哈马特），他派使者持千金和金马去求，未料大宛仍拒绝给马，前104年，刘彻拜宠妃李夫人之兄李广利为贰师将军，让其率数万人伐宛，中途受阻而回。前102年，刘彻再次组织大军，派李广利率领伐宛，兵临宛城，宛人杀掉国王，献出宝马，汉军为其立下新的国王后撤归。这次对大宛的胜利对西域众国有不小的震动，很多国家送物贡献，派子弟入朝为质，西域对汉朝的归属进一步加强。在前89年，为配合李广利大军出击匈奴，刘彻还派马通率四万骑兵从侧翼包抄，马通的军队经过姑师，与匈奴降者介和王所率地方武装合围姑师，姑师王投降，自此臣属汉朝，朝廷在西域的开拓呈不断扩大之势。

除西向用兵和交往外，刘彻还向东征服了朝鲜。相传殷纣王的叔父箕子于殷末周初率族人进入朝鲜半岛，在半岛北部及辽宁东部一带建立国家，传四十余世，秦时内属为臣。汉初，燕人卫满率移民入居，驱逐当地势力，自立为王，都城王险在今朝鲜平壤市。当时辽东太守约卫满为外臣,让他保护塞外蛮夷部落,不得攻掠边境和禁止各部落君长入朝,卫满控制的地区纵横数千里。

卫满的王位经过儿子,传到孙子右渠时,朝鲜与刘彻的朝廷发生了摩擦。汉朝认为朝鲜引诱走很多本国流民,未入京拜见天子,又阻挠其他小国的君长入朝,于是在前 109 年春,刘彻派使者涉何去责备右渠,右渠不肯接受,涉何返回时到了边界,临过浿水(指今平壤之北的清川江,也可能指今大同江或鸭绿江),使赶车人刺杀了护送自己的朝鲜小王,然后渡过浿水,驰马入塞,回朝向刘彻报告杀了朝鲜的将军。刘彻觉得涉何有杀将的美名,也没有追究查问,即任涉何为辽东东部都尉。朝鲜人怨恨涉何,发兵突袭,杀掉了涉何,两国的关系自此更加紧张。

这年秋天,刘彻招募罪人攻打朝鲜,他派楼船将军杨仆率五万人,从齐地进军,又派左将军荀彘出兵辽东,两路齐发。朝鲜王右渠扼守险要,以兵相抗。杨仆率军七千人先至王险城下,因为兵少而被右渠击溃,杨仆逃匿山中十多天,才收拢了溃散的士兵;荀彘一路的先头部队战败逃散,统兵的军吏逃回,被依法处斩,荀彘领军击败了浿水之西的朝鲜军队,但也无法向前推进。

刘彻见两路部队未能取胜,遂派使者山卫借兵威晓谕右渠,右渠担心自己不能取胜,乃谢罪说:"我愿投降,只是怕杨、荀两将军骗杀我。现在看到了天子的符节,我情愿降服。"他打发太子入朝谢罪,并进献五千马匹,馈赠给汉军粮食。当时有万余朝鲜兵手持武器护送太子,西渡浿水时,卫山和荀彘疑心太子会中途变乱,提出不许朝鲜人持有兵器,朝鲜太子则怀疑汉人要设局杀他,遂在浿水前率众返回。由于双方互不信任,这场外交和局最终没有进行到底。刘彻听到卫山回朝后的情况报告后,觉得卫山处事有错,将其杀掉。汉朝的两路军队遂向前推进,抵达王险城下,荀彘军攻其西北,杨仆军扎驻城南,两军竟数月没有拿下王险。

杨仆的军队先前战败,有怯敌情绪,攻战不坚决;荀彘曾受刘彻宠幸,所率燕代士卒英勇强悍,加之有浿水之西的胜绩,因而士气振作,攻城坚决。朝鲜人感到了两支部队的不同,暗地里向杨仆表示投降,使者往来传话,却未决定下来。荀彘几次与杨仆约定一同开战,杨仆暗中招降朝鲜,并不前来会师。两支军队不相协调,故对王险久攻不下,荀彘怀疑杨仆别有他意,也未敢发作。

刘彻听说两位将军不能同心协力,就派济南太守公孙遂前去处理,让他见机行事。公孙遂一到前线，荀彘就对他说："朝鲜本来早就攻下了，没有攻下是有原因的。"他将杨仆约期不战，及自己对杨仆的怀疑告诉了公孙遂，认为不查办杨仆，汉军会有危险。公孙遂认为荀彘言之有理，就以符节召杨仆来荀彘军营"议事"，到后逮捕了杨仆，收其军权。刘彻闻报，诛杀了公孙遂。

荀彘并统两军，急攻朝鲜，朝鲜内部发生分化，三四位将相出城降汉。前108年夏，右渠被国人杀害，部队发生哗变，右渠的儿子投降了汉朝，汉朝廷封几位投降有功之人为侯，在朝鲜之地设立乐浪、玄菟、真番、临屯四个郡，朝鲜遂定。

对朝鲜的降服持续了两年。自涉何被杀后，刘彻除派出两支部队外，先使山卫借兵威招降朝鲜，后使公孙遂监护协调两支军队，两人的处置不合刘彻心意，均被杀掉。荀彘撤军回朝后，朝廷认定他犯有争功嫉能、违背军事计划之罪，将其杀头示众，杨仆也因抢先进军、造成损失而被判死刑，他以钱赎罪，得以免死，罢官为平民。相比而言，在与四夷的争战中，朝鲜应该是汉朝代价最少的军事征服。

以术驭臣，阴鸷为君

刘彻执政时大力倡导儒术，其间重用了庄助、公孙弘、倪宽等一大批儒学之士，但他本人并不纯粹是儒家学说的信奉者。受父亲刘启执政理念的影响，同时作为治政方式的需要，他也看重和使用法家的政治学说，不仅任用了赵禹、义纵、张汤、王温舒、减宣、杜周等一批法吏之人，而且自己也常借势逼人，并使用权术。君主的权术并不被刘彻所常用，但却是刘彻用来驾驭群臣的一种方法。这里选取几例：

之一：核查档案，陷人以罪

窦太后去世后的几年中，现任丞相田蚡和卸任丞相窦婴逐渐形成了不容之势，田蚡是王太后的同母弟，刘彻的舅舅，为当时仗势骄横的外戚丞相，有侵凌君权之嫌；窦婴是窦太后的堂侄，失势后与灌夫交好。前132年春，灌夫在田蚡举行的一次婚筵上借酒骂座，田蚡让人弹劾灌夫席间骂人闹事的不敬之罪，窦婴则力保灌婴。刘彻想借用窦婴抑制田蚡的骄横之势，让两人就灌夫定罪的对立意见在朝廷进行公开论辩。由于廷辩后母亲王太后对田蚡的支持，刘彻被迫必须违心地做出有利于田蚡的裁决。但廷辩并未区分出两人谁是谁非，在场的朝臣多数不愿表态，有个别赞同窦婴者，而尚无明确支持田蚡之人。刘彻因无法根据廷辩的结果来否定窦婴，于是使用了核查档案的手法。

廷辩中窦婴为了否定田蚡对灌夫的定罪，他曾历数灌夫当年平定吴楚之叛时冲锋陷阵的功劳和带伤请战的英勇，刘彻于是让朝中掌管文书记事的御史根据手头的卷宗簿记查看窦婴所说到的灌夫之功，结果发现有许多不相符合之处，朝廷遂以欺君谩上的罪名弹劾窦婴，将其拘禁。

窦婴是前朝名臣，刘彻的父亲刘启临终前给窦婴留下遗诏："遇到紧急情况，可以直接上奏。"窦婴感到事情的进展对自己大为不利，因他并不知道刘彻的真实心意，情急之下托侄儿上书，想利用刘启遗诏所赐予的特权面见刘彻。刘彻收到窦婴要求立即召见的奏书，责令身边掌管诏令奏章的尚书查阅有关档案，没有发现先帝的遗诏副本，窦婴所持的遗诏只由他的家丞盖印加封。朝廷于是弹劾窦婴伪造先帝诏书之罪，这一罪行可判处杀头示众的"弃市"之刑。刘彻自己没有出面，他暗中运作，让人两次查阅档案，即把窦婴陷入了罪当必死的地步。

一个人的生平事迹并不能靠文书档案得到全部反映，这是刘彻不会不清楚的。廷辩中田蚡大讲灌夫的许多罪过，刘彻并没有让人就这些事情在档案中查证，这一单方面的核查本身就包含了特有的用心。另外，皇帝写给亲属和亲信的文字，尽管接受者或可视为诏书，但皇帝自己未必有多么严肃的认定，也许仅仅只是一条简单的便笺，未留副本的事情应该并不稀有。刘彻要照顾母后的要求，不想面见窦婴，又不愿落下不遵父诏的口实，就转而否定诏书的真实性；但他明白文字鉴定一定不会支持自己对诏书的否定，故而又从档案的备份中寻找突破，而备份的缺失正好就成了他否定诏书的借口。不去鉴定窦婴所持诏书的文字真实性，而在档案中去查找副本，以副本之无否定先帝遗诏之真，自然也是刘彻有意而为的手段。

抛开事实本身而从文书档案上证其真伪，利用文书记载和档案备份的不足反诬事实，是刘彻有意挟制臣属而独出心裁地创造。

之二：设题逼问，陷人入窘

在汉朝对匈奴的战争已取得重大胜利之时，匈奴伊稚邪单于曾遣使请求和亲，这大约是前117年的事情。当时朝廷群臣在刘彻面前议论此事，博士狄山

前140年　建元元年
　　　→ 闽越围东瓯，严助发会籍兵往救得胜。张骞出西域。/
　　　→ 越王攻南越，王恢等击闽越。南越遣太子婴齐入宿卫。
前134年　元光元年 → 李广、程不识屯边防匈奴/ 伏重兵诱降单于，谋未成。

　　　→ 开西南通夜郎。/卫青等大击匈奴取胜，李广被俘逃脱。
前128年　元朔元年 → 匈奴入辽西，卫青出雁门取胜/ 议建朔方郡，修缮秦要塞.
　　　→ 张骞归。罢西夷事，专筑朔方城/ 匈奴攻扰代郡
　　　→ 卫青率四将出朔方大胜/ 卫青两出定襄。霍去病封侯。
前122年　元狩元年 → 重开西南夷/ 霍去病两出匈奴，匈奴休屠王降。
　　　→ 迁民于关西/ 卫青霍去病入漠大击匈奴，李广失道。
　　　→ /霍去病逝。
前116年　元鼎元年 → / 张骞自乌孙还，副使们出使西域多国。置酒泉等郡。
　　　→ /召南越王赵兴入朝，南越相吕嘉阻止。
　　　→ 南越内变，五路军讨伐/ 俘吕嘉，置九郡。杨仆击东越。
前110年　元封元年 → 平东越，移其民于江淮间/ 置益州郡。出兵击朝鲜。
　　　→ 赵破奴虏楼兰王，破车师。朝鲜降/ 与匈奴和亲无果。
　　　→ 卫青逝/ 以细君嫁乌孙王。
前104年　太初元年 → 贰师将军李广利出击大宛/ 李广利兵败，退还敦煌。
　　　→ 李广利再出大宛取胜，得善马/ 在轮台以东置校尉。
前100年　天汉元年 → 苏武出使匈奴被扣/ 李广利出酒泉。李陵击匈奴力竭而降。
　　　→ /李广利率十余万大军击匈奴，不利而还。
前96年　太始元年

前92年　征和元年 → / 匈奴入上谷、五原。
　　　→ 李广利率七万军出五原，降匈奴/
前88年　后元元年 → / 刘彻逝

汉武五十四年对外大事

认为军队是凶杀之器,不宜频繁使用;他举出了汉初平城之战的失败及和亲后的安乐,说文景时期不用兵遂致天下富实,而当朝举兵打击匈奴,致使国库空虚、边民贫困,因此坚持兴兵不如和亲。刘彻转身问御史大夫张汤对此议的看法,张汤回答说:"这是愚蠢儒生的无知之见。"狄山于是揭露张汤是诈忠。刘彻变色对狄山道:"我让你驻守一个郡,你能保证不使匈奴来抢掠吗?"狄山回答:"不能。"刘彻追问:"驻守一个县呢?"狄山回答:"不能。"刘彻再问:"驻守一个边塞城堡呢?"狄山忖度如果不断认输,自己会被交给法官惩办,就回答:"能。"于是刘彻派狄山去驻守边境上的一个城堡。过了一个多月,狄山被入侵的匈奴军队斩首。此后,群臣震恐,没有人敢就兴兵作战多说什么了。

在汉朝对匈奴的战争已取得规模性胜利的时候,对匈奴的和亲之请自然须重新考量。然而无论狄山的和亲意见本身正确与否,都与刘彻的匈奴政策相对立。他在论证中褒文景而贬当朝,更是触撞到了刘彻自尊的神经。正当刘彻从宠幸之臣张汤那里寻求到了对自己的应有支持时,狄山对张汤又放肆攻讦,脱身出局的刘彻于是找到了设题逼问、制服狄山的机会。

在刘彻的观念中,因为和亲方式不能保证匈奴不来侵掠,才要举兵打击匈奴。既然你狄山认为和亲能使民众安乐,那不妨让你试试。于是他让狄山去驻守一个郡、一个县、一个城堡。刘彻的两个论辩逻辑是:只有你能保证匈奴不来侵掠,那才说明和亲是可行的;如果你不能保证匈奴不来侵掠,那就说明和亲之策已不可取,举兵讨伐就是正确的。狄山是一位儒生博士,他可能一时没有弄清刘彻所设定的论辩逻辑,只是明白自己无法保证一个郡、一个县不受匈奴侵扰,于是在刘彻追问时作了如实的回答;但当刘彻第三次追问时,他反应过来了:如果自己驻守一个城堡都不能保证匈奴不来侵扰,却要主张和亲,反对兴兵,那就是对朝廷的欺罔,就有被审罪下狱的危险。来自论辩之外的恐惧使他硬着头皮,对刘彻的第三次追问作了反向的肯定回答。狄山的这一回答是以自己的勇气将论辩导入了刘彻的第一个逻辑:我能保证让一个城堡不受匈奴侵扰,那表明和亲是可行的。

刘彻其实知道狄山的第三次肯定性回答只是论辩中穷困无奈之举,但既然你狄山口出大言,能保证一个城堡的安全,那就不妨让你真的试试。刘彻于是让狄山去驻守边塞城堡。一个儒生去驻防两国交战的边塞,既无大军作守卫保障,又无作战经验,其后果是可以预料的。刘彻正是要让这位儒生亲身尝试论辩中不愿认输的倔强之果,要让狄山以付出生命的代价来践行自己的第二条论辩逻辑:你驻守一个城堡尚不能保证匈奴不来侵掠,那充分说明和亲之策不可取。他让狄山驻守城堡,是要用事实向所有朝臣证明兴兵讨伐是正确的决策。

其实,刘彻所设定的两条论辩逻辑内含着十分错误的前提:狄山的观点应该是以和亲来推动和平,和亲是因,匈奴不侵掠是果,因果关系不能颠倒。在国家间的和亲关系未确立时,狄山自然是不能保证一个郡、一个县和一个城堡的安全,刘彻的两条逻辑都将匈奴不侵掠作为因,而以和亲为果。颠倒因果,显然与狄山的原意不相吻合。另外,在战争状态下,驻守一个要塞城堡比驻守一个郡更为困难,后者会拥有较雄厚的实力和较大的战略回旋,前者则无权指挥较多的军队,纯粹是一个孤立的战术问题,儒生狄山面对强敌,除了回避,就剩下死亡。从刘彻的设论和处置上,人们可以看到他对自我尊严的看重、他心性的机敏,能看到强势者对论辩话语权和事情处置权的随意掌控,也能体会到身处下位之人常有的心理劣势。

之三,验查贡金,处罚列侯

前112年,南越相吕嘉攻杀了意欲内属的南越王赵兴和樛太后,又消灭了朝廷派往岭南的两千部队,公开反叛。刘彻闻讯,于当年三月派出路博德、杨仆等五路兵马,分头进发,意在荡平南越都会番禺。

齐相国卜式听说南方战事吃紧,于是上书刘彻,请求批准他与儿子带领齐国熟悉水战的人前往南越,拼死一战。刘彻下诏褒扬了卜式,赐予其关内侯爵位,赏金封田。刘彻还把卜式的事迹布告天下,大概是希望人们效法吧,但公布后天下无所响应,当时的列侯有上百人之多,却没有人要求从军攻打南越。

到了八月份,南越战争尚未结束,刘彻按常例祭祀宗庙,他要求列侯都要献金以资助祭祀,称为"酎(zhòu)金"。等列侯献了酎金后,刘彻责成少府审查所献黄金的品质凡是金子中有质量轻、成色差的情况,均按酎金罪,以不敬的罪名加以审判处罚,这次丢掉爵位的人达106人。

南越反叛,前线吃紧,这是国家的大事,齐相卜式上书请战,表现了对国家利益的看重和对刘彻出兵决策的明确支持,刘彻感到无比欣慰。给卜式封爵赏金,但并未安排他出征南越,表明刘彻此时最需要的不是人力,而是来自舆论的支持和鼓舞前线的声势。他把卜式的事迹布告天下,是期望借此引起一场轰动效应,造成大范围请战、助战的热潮,既激励士气,又凝聚人心。然而,卜式事迹公布后竟没有得到任何响应,这大出刘彻心中所料,他没有想到如此重要的国家大事和如此典型的舆论引题,得到的竟是如此麻木的回应。深思下来,百姓们群氓无心,不足计较,而那些专食俸禄的高级官员和得到封邑之赏的公侯皇亲们无动于衷,却是不能容忍的。但要惩罚他们没有像卜式那样请战从军,却不是一个能拿得出手的理由。为此,刘彻有意策划了这次祭祀助金活动,他是要以此作为惩罚公卿的借口。

朝廷祭祀宗庙,列侯贡金相助。因为战争开支过大,国库空虚,朝廷也需要这笔资金。列侯们要献出"酎金",无论内心情愿与否,大概都会虔诚地拿出不少于要求数量的金子贡献给朝廷。侯爵本人一般不会经手这些具体事情,他们只要张口就行,筹集、出库、运送、交付都由府下经办人完成,经办人将此作为一种正常的货币支付活动,只求数量上的保证,不会特地去准备未经磨损和上等色泽的金子。

金子本来仅是作为一种流通手段,只要能用它交换到祭祀需要的物品就行。但少府这次受刘彻指令,对交来的助祭之金登记核对并检查验收,不知以什么标准,却发现了单位金块大量存在重量轻、成色差的问题。金子在流通中多有这种情况,而一旦作为祭祀的贡献品,加以追究,却是贡献人对祖宗的不敬,刘彻按酎金罪对献金者作正当的处罚,受封或袭封的绝大多数为侯者竟被免爵,刘彻对他们数月前不响应请战的惩罚借此得以实现。

朝廷对皇亲功侯们送来的金子也是真有需要的,但刘彻这次提出的助祭活动纯粹是对列侯们制造的一个陷阱。对黄金的品质,他往昔没有要求,事先没有提醒,等列侯们如往常一样送来黄金时,朝廷却一反惯例,逐一检验,并按律追究,列侯们虔诚的助祭送金反倒成了对宗族的不敬,尊贵的爵位也糊里糊涂地丢失。而刘彻以这种愚弄列侯的手段不仅为朝廷收回了一笔财富,而且剥夺了一大批不念国事、枉食田赋者的生活特权,他对未支持自己南越征战的百余列侯作了一次凶狠的报复,却使他们有口难辩、肠痒难挠。

之四,亮出暗线,撒手出铜

前111年,东越王馀善狂妄自大,击杀汉军,与朝廷作对,刘彻准备派楼船将军杨仆率军讨伐,但杨仆在上一年诛灭南越相国吕嘉有功,回军后颇有自矜自傲之气,刘彻特意下诏给杨仆说:"你去年的功劳只是首先攻破了石门、寻陕,并没有斩将夺旗,没有什么值得骄傲之处!后来攻破番禺,你抓捕主动投降者作为俘虏，从坟墓中掘出死人冒充战场所杀，这是一过；吕嘉的叛逆之罪不容于天下，你带领着精兵不去穷追猛赶，却希望东越派兵支援，这是二过；士卒连年露宿在荒山野岭，你不念及他们的辛劳，反而请求乘驿车离开边塞趁机回家，怀揣金印、银印和三条绶带，向乡亲邻里夸耀，这是三过；因顾念妻妾误了回营日期，却以道路难行为借口，这是四过；我问你蜀郡的刀价，你假装不知道，用欺诈手段冒犯君主，这是五过；当初你不到兰池宫接受诏书，第二天又不作解释。假如你的下属，问话他不回答，下令他不听从，该给他定什么罪？把你的这些事情公布于世，天下谁还会相信你呢？如今东越军队已深入汉朝领土，将军能率领大军补救你的过失吗？"杨仆见书，诚惶诚恐地回答说："我愿尽力以死赎罪。"刘彻于是派他与其他四位将军一同向东越出兵，当年攻灭了东越。

刘彻本来是要向杨仆下达作战命令，但送给他的首先是述罪之诏。杨仆也许是一个对小节不大经意、有时也喜打马虎眼搪塞君上的人，南越作战之胜，正使他乐得以功臣自居，逢意气高昂之时。接到刘彻的诏书后，他自然会惊恐万分：

一是，杨仆没有想到自己有那么多的过失。许多未曾在意的生活小节，原来却是自己的罪过。自然，"人非圣贤，孰能无过？"但自己的过失被皇帝清清楚楚地记下，又逐一陈述出来，却是不曾多见的，而有些打马虎眼的事情其实已改变了性质，沾上了欺君之罪。

二是，自己抓降充俘，掘尸冒功，以及回乡夸耀和对回营失期的误释都是事实，但这些均是自己隐秘而为，远在京城的皇帝如何知晓？杨仆已经蛮有把握地肯定，自己的身边有刘彻安插的暗线。平时的一切原来都在皇帝的掌控之中，自己对此竟浑然不觉，还自以为聪明地在欺瞒他人。杨仆的自信一时被击垮，他开始感到了自我的渺小。

刘彻向杨仆陈述的事实不可能虚假，如果虚假，将失去任何震慑力；但如果陈述为真，那必定是有暗线安插于杨仆的最近处，充当着杨仆的贴身之人。刘彻陈述杨仆罪错，其实也把暗线存在的事实亮了出来，这撒手出铜的一着严重打击了杨仆的自矜和自傲。刘彻也暗示杨仆：你虽有许多罪错，但如能在平定东越的战斗中立功补过，那我也不会把这些事实公布出去。刘彻用这一连串方式摧灭了杨仆的骄气，亮出了其可控把柄，又为他指出了弥补过失的立功之路，达到了用其人并控其心的目的。

在领军的将领身边安插内线,实施监控,可能是刘彻常用的一种方式。十多年前他对卫青、霍去病等大将军是否采取过这种方式,不得而知,这次对杨仆的诏书亮出了这一方式,却是一种极有效的恐吓。然而,杨仆即便知道了自己身边有刘彻的暗线,甚至猜到了具体的人选,也绝不敢对其人稍作黜远,如果知道某人为皇帝内线而有意罢黜,那就不仅表现了自己对皇帝的不敬态度,而且表明自己会有不可见之于君上的行为,会引起更多的麻烦和更大的危险。明智的做法只能是对其人的暗线角色佯装不知,同时收敛自己的不诚不敬行为,就像皇帝在自己身边一样老老实实地做事。从这一意义上看,刘彻向杨仆亮出自己的底牌,也不是无意的疏忽。

耗空国库,多方筹财

刘彻上台之初,汉朝经六十余年的恢复,百姓自给不乏,各郡县库足仓满,京城府库的钱累积万万,穿钱的绳子腐朽,无法点数,太仓的粮食多年陈积,堆积于露天,甚至烂掉不能吃。国家和百姓一片富足景象。刘彻亲政之后不到十年,国家的积累就被消耗殆尽,朝廷开支已呈捉襟见肘之势,造成这种情况的原因是多方面的:

其一是维持战争需要巨额开支。自前138年汉朝出军东越与南越,招徕东瓯以来,江淮之地就已不安宁。前133年采用王恢的马邑之谋,与匈奴断绝和亲,从此北方就战事连绵。前129年之后,卫青连年率数万军队出击匈奴,前124年后,霍去病亦有几次大规模的出击,后期又有李广利的出征。战争的开支一是粮饷耗费,当时的粮饷运程达千里以上,大约十多钟粮食可以送到一石,古时一钟粮食为六石四斗,即六十四石以上的粮食才能送给军队一石,转输消耗达几十倍之多。战事取胜后,又以十多万人筑朔方城,粮食运自华山以东的广大地区,转漕甚远,耗费数十亿甚至百亿,以致府库空虚。战争开支的第二项是对有功者的奖赏。前124年后,卫青连年率十多万军队出击匈奴,斩首或捕捉敌人的战士受赏黄金二十多万斤;霍去病与李广利均是宠幸之臣,刘彻对他们以及所率属将的立功奖赏更是出手大方。前121年,匈奴浑邪王在霍去病的打击下率数万军队投降,汉朝发几万辆车迎接,后来赐给来降者及有功将士百余巨万。匈奴来降的数万人不仅得到厚赏,他们的衣食还要政府供应,朝廷难以维持,以致刘彻缩减自己的膳食开支,减少乘舆之马,拿出皇家少府所藏的财物。战争的第三项开支是大养战马。刘彻为了战争的需要而提倡养马,长安城就养了数万匹,修订马掌的人在关中还不够,以致调拨邻旁之郡的人手。每次出征数万、十余万匹马,战场消耗极大,下次出征又须及时补充,其耗费难以计数。除上述各项之外,供应战争军需的漕运总是不能满足需要,于是有不少凿漕修渠的工程。河东郡(今山西省西南部)太守番系认为当时每年从山东地区往京师长安运粮一百多万石,经过底柱(河南省三门峡市屹立黄河急流中的山)险流,损失很大,遂向刘彻建议修渠引汾水与黄河水灌溉上游田地五千顷,每年得谷二百万石以上,这样就可免去从底柱漕运粮草。刘彻采纳了他的建议,征发数万人修渠,渠成之后却因黄河改道而作废。大司农郑当时认为渭水漕运的河道弯曲难行,路程又远,前129年征发数万人主持开凿了一条直渠,从长安直达华阴,河套地区的朔方郡也组织数万人修渠,经过两三年时间,工程没有完,花费的钱以十万计算。朝廷还组织人力开通五百里褒斜槽道,试图漕运汉中粮草直到京师,但开通后湍流激石,不能漕运。由于技术所限,论证不足,许多漕运工程没有发挥作用,反倒耗费了大量钱财。

其二是经营西南的开支。前135年,番阳令唐蒙建议开通西南夷夜郎(今贵州西部及北部)道,旋以中郎将出使夜郎,使夜郎归附。前130年,朝廷发巴、蜀数万人治南夷道,死者甚众,费以亿万计。接着,刘彻又采纳司马相如的建议,使其持节通往西夷邛(今四川西昌地区)、筰(今四川汉源一带),设置十余县,隶属蜀郡。二十多年后在此改县为郡,又派兵至滇(今云南东部滇池附近),置益州郡。当时朝廷攻灭南越后在岭南也置有十七郡。这些初设之郡按原来的习俗治理,没有赋税,其郡中吏卒的俸禄和车马之需都由邻近之郡供给。而初设的郡又常常有小规模的反叛,朝廷要征发南方的吏卒前往征讨,大约隔年要动用万余人,这又增加了大量开销。与西南开发同时进行的还有对东部朝鲜的开通和沧海郡的修筑,据说其费用与经营南夷之费不差上下。

其三是刘彻的奢侈之费。刘彻好大喜功,穷奢极欲,由此挥霍掉大量的钱财。他上台之初就喜欢率众微行出猎,使近郊之民难以安宁,后来不听劝谏,干脆除田陌建起了上林苑。前120年时,刘彻为准备与滇王作战而训练水军,也为解决长安水源不足,让废免的官吏在上林苑中砍掉几十里树木,开凿出周长四十里的昆明池(故址在今西安市西南斗门镇东南洼地中)。五年后为训练水兵与南越作战,又再修昆明池。池周围排列楼馆,修造出高十余丈的楼船,插上旗帜,十分壮观。他又特意建造以香柏为材料的柏梁台,高几十丈。其后又在甘泉宫(今陕西淳化西北甘泉山)建延寿馆、通天台,前104年在长安修造建章宫,所建务求高大壮美。他一生喜欢营造离宫别馆,宫室苑囿中陈列着大量的珍宝和异禽,这些修建、构置和供养都耗费了无数财力。刘彻的又一巨额开支是追求长生不老。他崇信方术,痴迷神仙而不悟,一生豢养过许多方士巫女,对他们的胡言乱语深信不疑,为此耗费了大量金钱,还以巨资赏赐他们。另外,刘彻的离京出巡活动不少,每次规模甚大,随从众多,常使地方难于应付。前113年他出巡郡国,东渡黄河,河东太守没有想到皇帝驾临,来不及办理接待事宜,自杀而死。次年刘彻向西越过陇山(今陕西省陇县西北),因为突然驾到,随从官员没有吃上饭,陇西太守也畏惧自杀。刘彻向北出萧关(今宁夏固原东南),有数万骑兵跟随,在新秦地区围猎,以检阅边兵。当时他看到该地区千里之远没有设置亭障、关塞,就诛杀了北地太守等官员。前110年的封禅大典,除有许多立祠外,天下各郡国都预先筑路修桥,修缮旧宫,靠近驰道的各县均置办饮食之物,储备下供刘彻和从官所用的酒食器皿以待驾临。还有其他皇家的开支都难以计数。

其四是赈灾济民的支出。前132年时黄河在瓠(hù)子(今河南濮阳境古黄河南岸)决口,梁、楚之地十六郡受灾,大批良田受淹。沿河各郡筑堤堵塞,堤坝多次被冲垮,花费钱财无数。前120年,山东发生水灾,百姓没有吃的,朝廷派使者把各郡国的粮仓取空救济灾民。由于当地粮食太少,遂迁移大批贫民到关西,充实朔方城以南的新秦地区,共有七十多万人口,衣食都靠政府供给。在刚迁去的几年,政府给他们提供生活用品,派大批使者对其划分管理。移民和管理的花费用亿来计数,无法统计。前114年关东发生河灾,粮食已几年没有收成,发生了人吃人的现象,灾区达一二千里,朝廷让灾民迁徙到江、淮之间就食,对愿意留下来的加以安排,并运送巴、蜀地区的粮食来救济,其迁移、运输和管理的费用也不可胜计。

主要由于上述种种原因,西汉政府的财政常常处于危机状况,但困难总是能引发出解决它的办法。刘彻的朝廷除使用增加税赋和改革币制的手段外,还重用东郭咸阳、孔仅和桑弘羊等理财能手,相继推出了一系列财政经济措施,多方筹措钱财,竟勉强对付了严重的经济困难。这些措施主要包括:

第一，盐铁官营。食盐和铁器是百姓生产生活必不可少之物，盐商出身的东郭咸阳和铁商出身的孔仅自然明白其经营中的利润之大，两人时为主管财政经济的大司农颜异的属下官员，他们经过一段时间的斟酌，在前118年通过颜异向刘彻提出了将盐铁经营收归政府的计划，其内容大体是：取缔和禁止民间私自铸铁、煮盐，违禁者处以刑罚，没收器物。与此同时，政府招募盐户，给他们提供必要的生产器具和生活费用，生产费用由盐户自理，产品由政府专卖，所得收入归政府所有。这一经营大大增加了政府的收入，尽管这种经营有质劣价贵之弊，民间和朝臣多有诟病，许多人也指斥这是与民争利，但刘彻还是立即批准并一直坚持了这一措施，终未动摇，因为它无论如何都是政府财政的一项重要保证。

第二，推行"算缗"。算，本意是计算；缗（mín），是穿线用的丝绳，一缗千钱。所谓算缗，即是征收工商业资产税。这一措施大约自前119年实施，其主要内容是：让工商业者自己估计财产上报，然后按类别收取不同比率的营业税。对商人和高利贷款者二千钱收一算，对手工业者四千钱收一算，对商贾轻小便捷的马车(称为轺车)收两算，五丈以上的船收一算。这里的算，指税额单位，每算120文。政府对隐瞒不报或报而不实的罚守边一年，没收漏报的缗钱。政府通过这一政策也增加了不少收入。

第三，均输平准。前110年，桑弘羊以搜粟都尉兼领大司农的身份总管朝廷财政经济，他认为政府各部门在市场上争购物品，致使物价昂贵，而各地向朝廷上缴的贡赋，由于路途遥远，运来的物品尚不抵其运费。于是建议将大农令的属官几十人分置各郡，为均输官、盐官、铁官，让各郡县按缴纳物品时最贵的卖价抵赋税，均输官把当地所产之物运销外地，又从外地购来稍微廉价的物品销售，使各地的货物相交流。同时在京师设置平准官，以各地输进的物品及大农工官制造的东西为本钱，与各地交换买卖，贵时卖出，贱时买进，既调剂各地各部门所需之物，减少了运输费用，又平抑物价，打击了囤积居奇的投机行为。这一政策使政府减少了一些赈济的负担，又增加了不少财政进项，刘彻曾积极地支持实施。这年刘彻北到朔方，东到泰山，巡视沿海，沿北部边境至九原，然后从秦时所修的云阳直道回甘泉宫，行程一万八千里，途中赏赐布帛一百多万匹，钱以万万计，都取自大农府。均输平准的筹财成效是显著的。

第四，卖爵赎罪。前124年，卫青率大军击败匈奴，斩首一万九千级，当时用光了库存之钱和新收的赋税,仍不够军队赏赐之需,于是刘彻提议以百姓买爵和赎罪的办法筹款,主管官员于是提议:设置"武功爵",每级卖价十七万钱。当时的武功爵共设十一级,第八级以下可以买卖,根据可卖数目,预计卖爵总值为三十余万钱。凡是买第五级(称"首官")的优先使用为官吏,第七级(称"千夫")比照五大夫的爵位待遇,免除徭役,选任为吏。并规定买爵最高只能买到第八级(称"乐卿")为止,第九级(称"执戎")以上爵位只有真正立下军功才能得到。有罪的人买爵可降罪二等。朝廷用这一办法筹措了大笔款项奖励军功。几年之后,许多百姓都买爵至千夫一级以免除徭役,这使可以征发服役的人口不断减少。本来买千夫爵可以做官,但后来法令严峻,做官容易获罪,因此买得此爵的人不去做官,朝廷于是下令:千夫与五大夫必须做官,不愿做官的必须交出一匹马。新令实际上是强迫买爵者再献马匹,以弥补服役人的减少。朝廷还实行过入谷补官的办法,允许郎吏向政府献纳谷物,官秩提高到六百石为止。刘彻的近臣所忠曾进言:"世家子弟和有钱人,有的斗鸡走马,涉猎游戏,惑乱平民。"于是朝廷颁布了相关禁锢之令,然后捕获惩罚犯禁之人,并从先捕的犯人口供中获得同案犯,相互牵连出数千人,称他们为"株送徒"。又规定缴纳财物的可以补为郎官。郎官原本是刘彻的亲近之臣,这里的纳财为郎实际是以对郎官选拔制度的败坏为代价换取钱财,是卖爵赎罪之策的延伸。

第五,改革币制。汉朝建国之初,废除了秦朝的半两钱,使用过荚钱、八铢钱,刘恒执政时造四铢钱,郡国和民间都可铸钱,贾谊建议禁止民间造钱,未被采纳。刘启执政时颁布了禁止民间铸币的法律,但并未完全落实。刘彻执政初年,下令废除四铢钱,改行三铢钱。后来有关官员反映三铢钱太轻,容易作假,前123年左右又改铸五铢钱,在钱的反面铸出轮廓,使其不能磨取铜屑。同时开始禁止民间私铸钱币。

大约在前119年,朝廷因战争开支浩大,财政异常困难,公卿们商议,效仿古法,以白鹿皮制作皮币,供王侯宗室朝觐聘享专用,每块鹿皮值四十万,贵族们使用该物时只能向朝廷购买,这样就有大量金钱流入政府之手。同时又以银锡合金的材料铸成龙、马、龟三品"白金",各有固定面值,参与流通。几年后白金因贱而无益退出了市场。

鉴于以奸巧投机之法盗铸钱币者甚多,钱的重量越来越轻,前115年公卿们又提议政府的专门机构钟官(掌管皇家财物的水衡都尉属官)铸造外廓为赤铜的"钟官赤侧",一钱当五钱,纳赋税和给朝廷缴款非该钱不可。事实上,因赤侧钱贱,人们在流通中并不把它按一当五来使用,总是以巧诈的方式抵制政府规定,使用起来反而不便,两年后即被废止。于是朝廷严禁郡国铸钱,专令水衡都尉设在上林苑中的钟官、辨铜、技巧三官铸钱,下令天下非三官钱不得流通使用,把各郡国以前所铸之钱全部废销。因三官钱铸造的技术含量高,工序复杂,币值与重量又基本相符,盗铸者无利可图,因而三官五铢钱通行于世。

刘彻执政期间的币制改革几经波折,但其改革的核心一是想制止钱币私铸,加强政府对财政的统一管制,二是想从币制的改变中增加政府的财政收入。前113年前的多次币制变革都直接达到了第二项目标,但因其中利润过大,私铸者难禁,并未能实现第一项目标;经过多次反复而推出的三官五铢钱才真正达到了两项目标的兼顾和平衡,成为朝廷财政经济稳定的一个标志。

朝廷筹措钱财的多项措施中有压缩运输及降低交换成本的意图,而更多的是对社会财富的重新分配,是一种利益争得的方式,被剥夺的对象是天下百姓,尤其是豪强大族与工商业者,这就不能不引起受剥夺者的消极抵制和暗中对抗,引出朝臣的非议。刘彻的朝廷始终是用强制手段实施财政政策,强迫各阶层就范的。

朝廷制定了严苛的法令,重用了赵禹、义纵、张汤、王温舒、减宣、杜周等一大批酷吏,并逐步将法令细密化。史载,当时的律令359章,死刑罪409条,1882件案例,可参照的死罪案例13472件,当时每一酷吏和狱吏的双手都应是沾满了淋淋鲜血。前109年起杜周任廷尉时,皇帝交办的案子越来越多,俸禄二千石的高级官员前后被审讯的不下百人,郡守和丞相府转来的狱案每年达千余件,有些大案要逮捕查办数百人,廷尉及京师诸官府逮捕拷问者有时达六七万人,有的案子拖了十多年不能了结。

民间的案子多是所谓无道之罪,实际上都由经济原因引起,是人们对朝廷财政法令的暗中对抗,被称作奸犯科。如朝廷禁止民间私铸钱币,但因其中利润颇大,各地盗铸钱币者甚众,官吏在追究中,被拷问致死的不可胜数,自首被免的有一百多万,据说被处死者达几十万人。又如朝廷在颁布算缗令后,工商业者自报财产时常隐瞒少报,以尽量减少自己的税负,而朝廷又制定了告缗之法,宣布有能告发隐匿的财产,将其一半给予告发者,以政策鼓励人们告缗,刘彻于前117年还任杨可专掌告缗之事。在朝廷的鼓励支持下,两年后造成了

"杨可告缗遍天下"的局面,致中等以上的人家大多遇害破产,朝廷由此得到了数以亿计的财物和千万奴婢,这实际是以民间富有者的财产与鲜血换得政府的收入。

在政府财政危机的年代,河南郡出了一个自愿捐献家产而毫无所图的卜式。刘彻发现了这个典型,大力表彰,授给郎官之职,又逐步升迁为县令、齐相、御史大夫等职,希望以卜式的模范行动带动天下,形成捐资助战的风潮。但失望得很,因朝廷与富户大族的关系已经恶化,连封侯做官的人都对卜式之行未予响应,刘彻一怒之下,设下险局,借酎金罪一下子废掉了一百多侯爵的封号。他认识到,政府自民间的财政筹措,靠正面的引导和号召是行不通的,只能靠严苛刑罚支持下的各项财政政策来实现,他由此更加相信和依靠了严苛施法的力量。

杨可主掌告缗之时,另一酷吏义纵认为此事乱民,让属下逮捕杨可派往郡县的使者。刘彻听说后,让杜式治义纵之罪,认定他破坏了告缗的法令,将其处死示众。这一判决表明了刘彻的一种态度,对天下告缗推波助澜。大司农颜异曾是主掌财政的人物,在朝廷将白鹿皮以四十万钱的价格卖给宗室供朝觐聘享时,颜异表示说:"王侯们用以朝贺的玉璧值几千钱,而鹿皮反值四十万,轻重不相对称。"刘彻闻言很不高兴,因为有人以其他情节告发,颜异被张汤以腹诽罪处死。被刘彻树立为助国楷模的卜式,在御史大夫的职位上对官营盐铁的质劣价高和船只收税提出异议,刘彻即把他调为太子太傅。桑弘羊推行均输法,让官吏坐市经商,由此受到某些官员指责,卜式甚至认为烹杀桑弘羊才能消除久旱不雨的灾情,但深迷天人感应的刘彻最终还是提升桑弘羊为御史大夫,给其以高度信任。在这一切行为选择中,刘彻的所重所轻,他的治政意向是十分清楚的。

刘彻的朝廷所欲极多,财政吃紧,他要不顾一切地保证财政的开销。为了筹措足够使用的钱财,就必须把相应的财政政策坚持下去,必须毫不手软地严苛施法,并不断清理对政策法令怀疑反对的人物。专制权力在不断的伸张中保障着自身。

追求生长,痴迷仙道

刘彻执政期间对神仙之道尤为痴迷,这种痴迷后来更衍生出追求长生的功利目的。作为专制权力的最高统治者,他的个人信仰及其实现活动自然被推升为相关的国家行为,因而追求神仙成为西汉当朝治政活动的重要内容。

刘彻上台不几年,按皇家常规在雍县(今陕西凤翔县南)郊祭五時时,就顺道去长陵(今西安市西北)拜祭所谓"神君"。这位神君据说原是长陵一女子,出嫁于当地,她生下一儿子却夭折了,该女子悲痛而死,死后常在她妯娌宛若身上显灵,宛若便把她供奉在自己室中,很多人都去祭祀,称其为神君。刘彻的生母王太后早年曾出嫁长陵田氏,在此地生活过一段时间,王太后的母亲臧儿(被封平原君)也常去祭祀,刘彻大概是从母亲和外祖母那里知道了神君之灵,于是特去拜祭,之后又将其神灵安置在皇家上林苑的蹄氏观中,以丰厚的祭礼供奉祭祀。据说祭祀时能听到她说话,见不到身影。

刘彻接触到的第一个方士是李少君。李少君曾被推荐来主管宫中药方,他凭着祭祀灶神、种谷得金和延年益寿的方术进见,得到了刘彻的敬重。李少君不向人告诉他的年龄、籍贯和生平,没有妻室儿女,靠自己的方术游历各地。人们听说了他的本领纷纷馈赠,使他余下很多金钱财物,而新识的人见他没有经营产业却很富裕,又不知道他的出身,越发相信奉侍。李少君曾陪武安侯田蚡宴饮,见席间有位九十多岁的老人,便说出曾与老人的祖父一道打猎游玩的地方,这位老人小时候曾跟随祖父同行,知道那个地方,认为说得很准,于是满座客人大为吃惊。李少君见刘彻时,旁边有一件古铜器,被问及时他说:"这是齐桓公十年时放在柏寝台上的器物。"查看铜器上的铭文,果然如此,于是满宫为之惊奇,都认为李少君是活了几百岁的神仙。

李少君对刘彻说:"祭灶神可招神物,有了神物就可将丹砂炼成黄金,用这种黄金作饮器可以延年益寿,益寿就能见到蓬莱岛上的仙人,见仙人后举行封禅就可以长生不死,黄帝就是这样的。"他又向刘彻说:"我曾经游历至海上,见到了仙人安期生,他拿出瓜一样大的枣子给我吃。安期生是住于蓬莱岛上的仙人,缘分合则见,不合就隐。"刘彻于是亲自祭祀灶神,并派方士到海上寻找安期生一类仙人,同时着手用丹砂等各种药物炼制黄金。

刘彻梦见自己与李少君共登高山,对方乘龙从云而去。梦后不久,李少君病死了,刘彻认为他化身升天,并没有死,便令海边某县的文书官宽舒按李少君提供的方法继续寻找蓬莱仙人安期生,最终没有找到。于是燕、齐等沿海一带许多怪诞的方士都效仿李少君,前来谈论仙道。

其实,神君的事情有许多传说和记载的不实,但民间的神祇进入皇家的宫苑受到祭祀,可见刘彻所受到的环境影响以及他对神灵之事的敏感和迷信。李少君的大言自吹本来也没有过分的神秘之处,但他的荒诞之言把刘彻的迷信心理引导到追求长生不死的方向上,具有极大的迷惑性,痴迷神仙之事的刘彻对此竟深信不疑,甚至不能从李少君肉身死亡的现实中惊醒过来,将他的病死误读为幻化升天。这一观念的影响自然会使求仙觅神的活动进一步升级。

刘彻接触的第二个方士是齐人少翁。少翁是"少年老头"的意思。据《汉武故事》讲,此人年纪二百岁,色如童子,故称少翁,他以能招引鬼神的方术进见。前120年刘彻宠爱的王夫人去世,少翁在夜间用方术找来了王夫人和灶神的形貌,刘彻从帐幕中望见了,便封少翁为文成将军,赏给很多财物。少翁对刘彻说:"要和神仙相会,如果宫室、被服等不像神仙的用物,神仙是不会来的。"刘彻便让人制作了画有各色云气的神车,按五行相克的原理在吉日分别驾各色神车驱除恶鬼。又扩建甘泉宫,宫中设置台室,室内画上众神之像,供设祭具以招天神。过了一年多,神仙并未光临。少翁见方术不甚灵验,便写下帛书让牛吞食,他自己佯装不知,说牛肚子有奇异之物,刘彻让人杀牛剖腹,看到了帛书,上面的话十分古怪,于是发生怀疑。有人认得帛书上的笔迹,查问后知道是少翁的伪书,于是在前119年诛杀了少翁,并将此事隐瞒起来。

在这里,少翁让刘彻在夜间隔着帐幕看到了王夫人的形象,其中的诡诈是不难想象的,刘彻却信以为真,进而相信了他打扮宫室、招致天神的鬼话。当帛书之伪造被证实后,刘彻才看清了少翁的骗子嘴脸。刘彻将处死少翁之事秘而不宣,表明了他对受骗一事的忌讳,但他在此仅仅是对少翁求仙方式的怀疑,并不是对求仙之事的反悔,他在求仙的邪道上继续前行。

刘彻接触的第三个方术之士是栾大。栾大本是胶东王刘寄宫中掌管生活事务的宫人,曾与少翁同师学习方术,前113年被推荐给刘彻。刘彻杀了少翁后,一直后悔没有得到少翁的各种方术,因而见了栾大非常高兴。栾大长得高大俊美,吹大话神态自若,他夸口说:"我曾往来于海上,见到过安期生、羡门高等仙人,他们认为我身份低贱,不信任我,又认为胶东王不过是诸侯,不足以将方术传授他。我的老师告诉我:'黄金可以炼成,黄河堤决可以堵塞,不死之药可以得到,神仙可以招致。'但我担心走了少翁的老路,怎么敢提方术的事呢?"刘彻说:"少翁是误食了马肝而死去的,你如果真能整理出他的方术来,我没有什么可以吝惜的。"栾大又提出了若干要求,并告诉刘彻:"神仙究竟肯见不肯见,还不能确定。只有特别尊重神仙的使者,才可能招致神仙。"刘彻让他先使个小方术验证一下,栾大便在棋盘上斗棋,几个棋子能够自相搏击。刘彻遂于不久封栾大为五利将军,月余后又佩给四枚将军金印,他让御史下诏书:"我君临天下已二十八年了,上天给我送来栾大这样的方士以通天意。"并封栾大为乐通侯,食邑二千户,赏赐列侯级上等府第和一千名奴仆,送给好多马车和宫中器物,又将卫皇后所生的长公主嫁给他,赠送黄金一万斤。刘彻亲临栾大的府第,派去慰问和供送物品的使者在路上接连不断。朝中将相以下都将备好的酒食送到栾家,大献殷勤。而栾大常常于夜间在家里祭祀众神,神灵没有下来,而百鬼齐集,据说栾大还能使唤他们。后来栾大整装出行,说要去海上,求见他的仙师。不久,使者回报说:蓬莱仙岛不远,而所以不能到达,大约是因为还没有见到天上显现的瑞气。刘彻便指派望气的官员前去协助观察节候瑞气。

次年秋,对南越的战争已经开始,朝廷为南方之战祈祷神灵。派去求仙的五利将军栾大不敢入海,去到泰山祭祀。刘彻派人暗中尾随观察,实在没有见到神仙,而栾大称见到了他的仙师。他的方术不能应验,谎话败露,刘彻遂杀掉了栾大。

栾大对刘彻进行了一次更大的欺诈,他关于海上往来的大话根本无法验证;棋子相互触击,仅仅是利用磁石玩弄的小把戏。刘彻在他的欺骗下,为了表示对神仙使者的尊崇,对栾大封爵授印,大赐财物,又把女儿嫁给他,可谓赤心一片,可惜栾大用尽其方,并未得到神仙的踪影。当栾大的谎言被看穿,骗人的伎俩破败后,刘彻将其怒而斩杀,只是被其挥霍了的钱财和公主的青春已无法挽回。

刘彻接触的第四个方士叫公孙卿。前113年,汾阴(今山西万荣西南)巫师锦在一土祠旁祭神时发现了一只特别的宝鼎,刘彻接报后把它迎到了长安,公卿大夫认为吉祥无穷,应该尊奉。齐人公孙卿献上"札书",称说得宝鼎的节令和黄帝制作宝鼎的节令相同,又说早年黄帝得了宝鼎后骑龙升天。刘彻见了札书大喜,召公孙卿相问,公孙卿说:"我从申公那里接受札书,申公现已死去。"他又告诉刘彻:"申公是齐地人,同仙人安期生有来往,受过黄帝的面教,只留下了一份鼎书。鼎书上写道:'汉朝的兴盛当与黄帝之时相同,汉朝的圣人出在高祖的孙子或曾孙一代。宝鼎的出现与神的意愿是相通的,应当举行封禅典礼。自古封禅的有七十二王,只有黄帝能登上泰山祭天,'申公说:'汉朝的圣主也应登上泰山祭天,这样就可以成仙升天'"。公孙卿还转述了申公关于黄帝升天时的描述:"黄帝铸了宝鼎后,天上有龙垂着长须下来迎接,黄帝骑上龙背,群臣和后宫七十多人也跟着上去了,龙才上天,其余的小臣不能上去,就都抓住龙的须毛,龙须被拔断,黄帝的弓也掉了下来。老百姓仰望着黄帝上天,就抱着他的弓和龙须大哭,于是后世称此处为鼎湖(在今陕西省蓝田县境),把那张弓称为乌号。"刘彻听到这些活灵活现的事情,非常感慨,说:"哎呀,我要真能像黄帝那样,那我放弃妻小,就像扔掉鞋子一样。"他即刻任命公孙卿为郎官,派他东去太室山(指中岳嵩山)等候神仙。

次年冬天,公孙卿在缑氏(今河南堰师县东南)城上看到了仙人的踪迹,有个像野鸡一样的神物在城上往来行走。刘彻亲自到缑氏城察看仙人踪迹,他问公孙卿:"莫非你效仿少翁和栾大么?"公孙卿说:"神仙不求人,只有人求仙。求仙如不稍宽时日,耐心等候,神仙是不会来的。求神的事似乎迂阔荒诞,要经年累月才有可能。"于是各郡国都整修道路,修缮宫殿楼台和名山上的神庙以待神仙幸临。

冬去春来的三月间,刘彻东临缑氏县,登上中岳太室山祭祀,从官在山下似乎听到有"万岁"的呼声,询问后知山上没有人呼喊,山下人也说没呼喊,刘彻遂将三百户划作太室山的封邑,以供祭祀,命之为崇高邑。接着东行泰山,派人将石碑运上山,竖立在泰山顶峰。

刘彻东巡海上,齐人上疏言神怪奇方的人以万计,而没有能验证者,刘彻增派船只,令称说海中神仙的数千人去寻求蓬莱仙人,公孙卿受命持节先行,去侍候名山的神仙。到达东莱时,他说夜晚曾看到一人,身高数丈,接近后那人就不见了,只看见他留下了很大的脚印,类似禽兽的脚印。群臣中有人说曾见到一位老翁牵着狗,说:"我想见天子",一会儿就不见了。刘彻去看到那大脚印时还不相信,听到臣子谈牵狗老翁的事,则确信那老翁就是仙人。于是在海上逗留下来,送给方士们驿车,并派出数千人分头去寻找神仙。

前110年刘彻在泰山封禅,次年春天,公孙卿说在东莱山见到了神仙,好像听到神仙说"想见天子"。刘彻于是驾临缑氏城,任公孙卿为中大夫,随后到东莱逗留了几天,又派出数千方士去寻找神奇之事并采集灵芝。公孙卿对刘彻说:"仙人是可以见到的,只是由于陛下前去相见时急促,所以未见到。现在陛下可以在京城建庙造观,像缑氏城所建的一样,供设干肉和枣果等祭品,神仙理当会来的,而且他们喜欢住在楼上。"刘彻于是下令在长安和甘泉宫建造多处楼观,派公孙卿捧着符节,摆好供品等待。当时甘泉宫的殿中长出了灵芝,刘彻以为是天上神光的瑞应,特下诏大赦天下。再次之年,夏天大旱,公孙卿说:"黄帝当年每次封坛祭天时必有大旱,连旱三年,会使封坛里的土干燥。"刘彻遂下诏书:"天下之所以干旱,看来是为了干燥封土。"特下令天下百姓尊祭主宰庄稼的灵星。

前104年,长安城中的柏梁台因雷电发生火灾,刘彻改在甘泉宫临朝接受各地年终汇报表。公孙卿说:"黄帝建成青灵台,十二天就被火烧,黄帝遂建了明庭,明庭就是甘泉宫。"甘泉宫在今陕西淳化西北的甘泉山,原有秦时建筑,当时方士们多说古代帝王有在甘泉宫建都的。刘彻此后就在甘泉宫召见诸侯,并在此修造诸侯府第,大兴宫殿。刘彻对公孙卿的话至此仍深信不疑。

可以说,公孙卿是在求仙一事上对刘彻欺骗得时间最长、也最为成功的一人,他以黄帝成仙为例证,引诱刘彻深深迷恋于求仙之道,又不断用巨人脚印和转述的神语等似是而非的证据来表明神仙的存在,甚至把灾祸也说得与黄帝有相同之处,使刘彻在每次的失落和丧气中总能得到及时的安慰与一丝欣喜,让刘彻虽然求仙不得,但却欲罢不能,终使骗术能够不断延续。刘彻对公孙卿的求仙之事似乎是有所怀疑的,他曾向其提起过少翁、栾大求仙之诈,似有逼问公孙卿之意。刘彻后来在桥山(今陕西黄陵县北)见到黄帝坟墓,就问身边人:"听说黄帝不死,为何有坟墓?"有人告诉他:"黄帝成仙上天,是群臣们把他的衣冠葬在此处。"刘彻虽然表示了对黄帝升天的一点疑问,但被方士的巧言轻轻掩饰,成仙的愿望使刘彻宁肯相信此言为真,从而打消了对公孙卿仅有的一点怀疑。前104年,公孙卿以太中大夫的身份奉诏与太史令司马迁、詹事壶遂共造《太初历》,可见公孙卿在朝中的涉事之广及刘彻对他的信任之深。史书上对公孙卿的结局未作记载,但有一点可以肯定,他推动了入海求仙的风潮,而本人却避免了少翁和栾大那样的被杀命运。他可能具备天文历法方面的知识,无论如何都应是方士中有识见和最狡猾的人物。

除上述四位方士外,刘彻还信奉越人勇之的巫术。前112年汉朝攻灭了南越和东越后,勇之对刘彻说:"越地人习俗信鬼,他们祭祀时能见到鬼,有效验。从前敬鬼的东瓯王活到了一百六十岁,后代怠慢了敬鬼,所以衰败。"他建议越地的巫师建立越式祠庙,设置祭品,祭祀天神、上帝和百鬼,并采用鸡骨占卜法。刘彻相信并采用了这些办法。柏梁台发生火灾后,勇之说:"越人的风俗,房屋遭火烧毁,再建时一定要比原来的建筑大,以便制服邪气。"于是刘彻在原址建造了规模宏大、门户极多的建章宫,宫内有的楼台高达五十丈,且有天桥相连。

刘彻的信巫求仙活动还远不止这些。人们由此能窥见他的一种荒靡生活及其对社会财富的无度挥霍,能观察到他帝王人格的一个侧面,能看出支配他许多施政行为的尚有儒家政治思想之外的其他信仰,也就能理解后来朝中巫蛊之祸的发生及兵戈相残的非偶然性。

刘彻曾花大量钱财筑蓬莱城,希冀蓬莱、方丈、瀛洲三山上的神仙降临,但神仙无踪,空自劳民。唐人罗邺在今山东蓬莱城北的望仙台前感慨埋于茂陵的刘彻,写《望仙台》一诗云:

> 千金垒土望三山,云鹤无踪羽卫还。
>
> 若说神仙求便得,茂陵何事在人间。

唐人李贺讽刺刘彻对炼丹成仙的痴迷和对人间名马的追求,写有《马诗》云:

> 武帝爱神仙,烧金得紫烟。
>
> 厩中皆肉马,不解上青天。

受惑巫蛊,诛杀亲族

刘彻忠诚地相信神灵鬼怪的存在,他一方面痴迷神仙,追求长生,另一方面也顾忌鬼怪,严防别人用巫祀的手段借鬼怪来伤害自己。这不过是同一观念的两种表现而已。

当时人们认为,以巫术调动鬼怪来伤害他人是可能的,这一手段被称为巫蛊。蛊,本指人腹中的寄生虫,又相传是可以人工培养的毒虫;巫蛊是指巫师用邪术嫁祸于仇人。具体做法是将木偶人埋于地下,诅咒害人。刘彻的朝廷大兴神仙之道,无形中也抬高了方士、巫师的地位,使巫蛊之术成了人人相信的东西。前130年,宫中失宠的皇后陈阿娇就被指控"挟夫人媚道",用巫蛊之术害人。御史张汤审理此狱,女巫楚服被枭首,相连被诛者三百多人。当时人人都相信巫蛊之术有效,朝廷因而特将针对君主的巫蛊作为重大犯罪事件,毫不留情地严厉惩处。

前100年,汉使苏武一行百余人被匈奴扣留,双方的战争已不可避免。汉军侦察兵自前线上书报告:"匈奴人将马邦住前后腿,放于长城之下,跑着喊道:'汉人,我们送给你马!'"刘彻将此上书让朝廷官员、郡国都尉及精通经书的人看,大家都不能理解匈奴自缚其马的意思,有人勉强解释:"兵法言不足者示人有余,匈奴是想显示自己的强大。"但不能被大家接受。次年,将军马通配合李广利部出击,此路偏师回军时抓了一个俘虏,俘虏说:"我们听说汉军会来进攻,故使巫者在汉军要经过的路上和水道埋下牛羊以诅咒。单于给天子做下马皮衣,常使巫人祝诅。绑住马腿,就是诅咒汉军。"汉朝官员们此前不能理解匈奴绑马之事,他们用优越的文化心态看匈奴,仅仅把巫蛊视为汉人才有的诅咒手段。但事实上,经过几十年的战争与文化交流,汉人的思想观念已极大地影响了匈奴,巫蛊之术就是其影响所及的表现。当然,巫蛊并非就是一种高明的对敌手段,但它体现着对人神关系的某种理解和利用,不能指望当时的匈奴人就能判断出这一手段的荒谬,它实是匈奴人对汉文化崇尚和迷信的反映。由其影响力的扩大,已经能够看到荒唐的巫蛊之术在当时被人们确信和毫不置疑的程度。

刘彻晚年多病,常住甘泉宫调养,远离内宫,他想象自己求仙不得,反为病困的原因,因而对可能来自亲族和内宫的巫诅也显得特别敏感。如他有次白天睡觉,就梦见几千个木偶人持杖打来,表现了对宫内巫诅的极大惊恐。刘彻该心理被复杂的宫廷纷争所利用,引发了持续日久的巫蛊之祸,这主要表现为三次大的狱案。

前92年,掌管皇帝舆马的太仆公孙敬声犯罪下狱,原因是他擅自动用京师卫戍部队北军钱财一千九百万。敬声的父亲公孙贺时为丞相,他想救出儿子。此前刘彻在建章宫住留期间,有一可疑男子带剑而入,抓捕时那人弃剑逃脱,朝廷旋即调集关中骑兵大举搜查上林苑,十多天没有结果。朝廷怀疑此人是阳陵(今陕西高陵西南)大侠朱安世,遂向全国下了通缉令,但一直未能获捕。公孙贺欲救儿子,提出自己想法缉拿朱安世,以赎敬声之罪,刘彻答应了。公孙贺不久果然捕获了朱安世,赎回了儿子。但朱安世从狱中上书,告发了公孙敬声的两宗罪行,一是他与阳石公主私通;二是在皇帝去甘泉宫的驰道埋木偶人,使巫人祭诅刘彻。阳石公主是刘彻与皇后卫子夫所生之女,而公孙贺的夫人卫君孺是卫子夫的姐姐,公孙敬声与阳石公主应是表亲关系。刘彻接到朱安世的上书后,交法官彻底追查,两事均被证实。朝廷于前91年初按法处死了公孙贺父子,并灭其族。卫后的生女阳石公主、诸邑公主及卫青之子卫伉均受牵连被杀。

事后,刘彻将庶兄刘胜之子刘屈氂(máo)由涿郡太守擢升为丞相。他次年让御史制诏,其中提到公孙贺"诈为诏书,以奸传朱安世。"即是说,公孙贺是伪造诏书,谎称赦免朱安世,诱骗其自首的。公孙贺为赎回儿子而诱捕逃犯,却犯了矫诏之罪;尤其是,儿子的巫蛊之罪更为刘彻不能容忍。公孙贺与刘彻应是连襟之亲,而涉嫌被君主特别看重的巫诅之事,他的家族亦不能保全。

巫蛊之祸起自朱安世,成于江充。公孙敬声的巫蛊事发后,刘彻在甘泉宫生病,前91年他让江充特别留意巫蛊之事,江充遂带着胡地巫人挖地寻找木偶人,晚上窥察逮捕祭祀祝诅者,让胡巫寻找鬼怪。江充有时让胡巫染污土地,伪造祭祀之处,他逮人后烧铁钳灼之,强迫认罪。在一种恐怖气氛下,民间常以巫蛊互相诬告,法吏以大逆不道罪,前后判处死者数万人。

66岁的刘彻这次在甘泉宫生病日久,他怀疑是身边的人设蛊祝诅,而江充此前与太子刘据有些过节,他怕刘彻身后刘据上台,为其所诛,乘机说刘彻的病因在于巫蛊。当时刘彻宫中已有新宠,卫皇后与刘据渐被疏远,江充揣测并投合刘彻之意,声称宫中有蛊气。他领命查究,先查治后宫无宠的夫人,以此查及皇后卫子夫,七月份竟在太子宫中挖出了桐木人。事态似乎显示,刘彻的生病是太子刘据的巫术诅咒所致。刘据无以自明,又不知父亲在甘泉宫病状如何,在少傅石德的支持下,他假托诏命,派使者收捕了江充,以反叛的罪名将其斩杀,将胡巫置上林苑中烧烤而死,并请示过母亲卫皇后,调长乐宫卫兵控制了丞相府,丞相刘屈氂独身逃走。

刘彻听说太子宫中有巫蛊,又听说太子在长安矫诏斩使、发兵逐相,认定这是太子的叛乱。他从甘泉宫来到长安西边的建章宫,发诏征调临近的部队,命刘屈氂统领,开进长安平定叛乱。双方激战五日,死伤数万人。后刘据见自己的部队力不能支,知大势已去,遂只身逃离长安,匿于东湖(今河南灵宝西),二十多天后,在军队围捕时于室内上吊自杀,其三男一女同时遇害。

击败了太子的刘彻怒气未消,他诛杀了太子的全部宾客,对放纵刘据出城的田仁和接受过刘据符节的任安处以腰斩,又派人收缴卫皇后的玺绶,致其自杀,对随从发兵的人按反叛罪灭族,受劫略的普通吏卒全部谪徙敦煌郡;而对在长安作战中有功的马通、商丘成和捕获石德的景建皆封侯褒赏。

事过将近一年,巫蛊之事始终没有找到什么证据。其间有一位叫令狐茂的乡官上书,为刘据开脱;刘彻也感觉到刘据只是惶恐自卫,并无反叛之意。负责高庙卫寝的田千秋此时上书为太子申冤,并声言这是梦中一位白头翁让他上书的。刘彻认定这是高祖的神灵托田千秋提醒他,遂擢升田千秋为丞相,对江充之家灭族,将江充的助手苏文架于长安城北的桥上焚死。在东湖民居率兵捉拿刘据的将史,本已封为北地太守,旋改判灭族。刘彻伤感于儿子无辜致死,乃于东湖作思子宫,又建归来望思台。

刘彻看来对逼杀太子刘据一事是诚心反悔,但他反悔的仅仅是儿子受了无辜之冤,对荒诞的巫蛊观念并没有丝毫反省改悔,致使巫蛊之狱再一次发生。前 90 年,距刘据之死大约一年,刘彻派李广利率大军出击匈奴。李广利是李夫人之兄、皇子刘髆(bó)的舅舅,与丞相刘屈氂又为儿女亲家,临行前嘱托刘屈氂设法请立刘髆为新太子。内者令刘穰因与丞相不和,遂在不久告发了刘屈氂与李广利之谋,并揭发丞相夫人多次派人使巫术祝诅君主,经办案者查证果有其事,朝廷斩杀了丞相夫妇,李广利的妻子家室被收捕入狱,李广利在前线兵败后降敌,他的兄弟及全族均被捕杀,刘彻的宠臣李延年亦未幸免。

巫蛊之祸是西汉社会神灵观念的产物,是刘彻长期痴迷神仙鬼怪的恶果。唐人白居易曾作《思子台有感》,作者自注:"凡题思子台者,皆罪江充。予观祸胎不独在此"。他认为人为鬼怪所迷,会谗言惑心,假使刘彻心中明白,江充就不敢借巫蛊生事。诗云:

> 暗生魑魅蠹生虫,何异谗生疑阻中。
>
> 但使武皇心似烛,江充不敢作江充。

八十三年前,当朝开明帝王刘恒自长沙请回才俊之士贾谊,晚上虚席请教,他"不问苍生问鬼神"(唐李商隐语),这表现了汉朝社会一直浓厚的鬼神观念。相信正是得益于贾谊的正确引导,刘恒终归止步于崇尚鬼神的道路上,没有由此造成对国家政治的伤害。自视极高的刘彻不屑于请教任何才俊,他在前辈止步的道路上走得很远。追求神仙,耗费无数财力,屡屡受骗;又以巫蛊治狱,喋血京师,制造了亲族间一次次的无辜诛戮,逼反战将,政治上一派肃杀之气,最高权力的嗣承也一时成了难以解决的问题。

改辙易政,选嗣择臣

巫蛊事变给了晚年刘彻以重大的打击,爱子构逆、起兵为叛的事态迫使他走到了父子相并的残酷地步,而后来真相的渐次明了更使他悔恨衷肠,他处死了变乱中与太子刘据为敌的江充余党,并将刘屈氂灭族以泄恨。但任何处置都已无法改变既往的事实,为此他悔恨交加,食不甘味。新任丞相田千秋率朝中高官为他祝寿颂德,劝他赏听音乐、怡乐精神,他回答说:巫蛊之祸频发,是我的德行不够;我几月来每天只吃一餐,能听什么音乐?我自己惭愧得很,祝什么寿?他拒绝大臣们的敬祝,并让大家各回官舍,不许再请,表现了极度的自责。痛定思痛,刘彻开始反省自己以往在用人、行事,乃至执政理念上的偏失,发现了自己用政上的苛暴和伤民之误,并因而表现出改辙易政的倾向。

前89年,掌管军粮的搜粟都尉桑弘羊和丞相御史上书,请求增加轮台的屯田吏卒,并提出了让这些吏卒修渠灌田和积谷戍守的具体方案。未料刘彻下了诏书,深陈即往之悔,他说:"此前有书上奏,提出增加民赋每人三十钱以助边用,这是加重老弱孤独者的困苦,现在又提出派兵卒屯田轮台。"刘彻指出了这一方案的劳民之处,对上年派李广利征讨匈奴一事表示了悔过,说道:"现在请在遥远的轮台屯田,并欲起亭障燧火,这是扰劳天下,对百姓没有好处,我不忍心这样。"又说:"当今务在禁苛暴,停止擅加之赋,用力从事农业。"他否定了桑弘羊两人的提议,公开表示了改辙易政、休养生息的执政理念。后世史家将此诏称为"轮台悔过"或"轮台罪己诏"。

刘彻执政之初有窦太后干政五年,自前135年他亲掌国政以来,一直击匈奴、平南越、开西南、拓西域、征朝鲜,四方出战,穷兵黩武,耗尽无数民力,在他生命的最后几年却幡然悔过,改弦更张,表现了对民力的虔诚珍爱。他自轮台悔过后未再出兵,并封丞相田千秋为富民侯,是要彰显休养生息、思富养民之情,大概也含有对丞相的责成之意。此后不久,他还调任桑弘羊为御史大夫,专任赵过为搜粟都尉。赵过在前人耕作经验的基础上发明了"代田法",其法将一亩地分成三畎(quǎn,小沟)三垄,作物种在畎内,畎播则垄休,畎、垄的位置每年调换,这是一种包括土地使用、农具和畜力各方面改进的耕作方法,既利北方旱田保墒,又可使地力得到休养,是一种"用力少而得谷多"的方法。刘彻要致力农业生产的恢复,任用赵过当是正得其人。

刘彻晚年遇到的更大问题是选择皇位继承人。刘据之后,刘彻尚有五个儿子,即王夫人生的刘闳、李姬生的刘旦、刘胥,李夫人生的刘髆,以及钩弋宫赵婕妤生的刘弗陵。前四位早先已被立为王,刘弗陵年幼未立。齐王刘闳在前110年病死,昌邑王刘髆曾是李广利和刘屈氂谋欲请立之子,事终未成,他也于前88年病死。广陵王刘胥长得身材壮大,力能扛鼎,可以空手搏杀熊罴猛兽,他喜好游逸之乐,行为不守法度,难以为继。燕王刘旦博学经书和百家之说,喜好广泛,招致游士,刘据死后,他觉得自己当继立为太子,上书请求入京为宿卫,刘彻大概当时正为巫蛊之事悔恨吧,也许是认为刘旦不能为父分忧,反来乘机邀利,因而见到上书后大怒,将使者打入监狱,又借刘旦藏匿逃犯的罪错,削去其封国中的三个县。刘彻的厌恶使刘旦失去了继立太子的可能。这样,刘彻的继位人就剩下了刘弗陵。

刘弗陵生于前94年,其母怀十四个月方生。刘彻说:“听说当年尧就是怀十四个月生的。”于是命其母赵婕妤(《汉书》作“倢伃”)所住的钩弋宫为尧母门。刘弗陵五、六岁时,身体壮大,非常聪明,刘彻常说很像自己,加之怀孕时间与众不同,因而对其宠爱超常。刘彻有心立刘弗陵为太子,又担心其年龄幼小,其母年轻,恐怕将来女主擅国,一直犹豫未定。

前88年,刘彻病卧甘泉宫,他让画工画周公背负周成王辅政的图画,召身边的人观看,最后交给霍光。周成王姬诵是周武王姬发的幼子,他年幼继位时,由叔父周公旦摄政。刘彻的图画已表示了他对继位人选的最终考虑,只是用隐喻的形式作了表达,也借以告诉大臣,幼子继位是有先例可循的,身边的人也已明白了他对立嗣的考虑。过了几天,刘彻找借口谴责赵婕妤,这位被爱称为钩弋夫人的婕妤摘掉簪珥首饰叩头谢罪,刘彻下令:“拉下去,送掖庭狱。”掖庭狱是宫中幽禁有罪姬嫔和宫女的地方,这一处置表明了事情的严重性,赵婕妤回过头来乞求刘彻,刘彻喊道:“快走吧,你不得活。”最终赵婕妤死于云阳宫(今陕西淳化西北),夜间使者冒着暴风扬尘抬棺将其安葬。

事后刘彻曾向身边人解释说:“自古国家所以动乱,一个原因就是皇帝年幼,母后年壮,使女主独断骄横、淫荡放肆,没人管得了,你们没有听说过吕后吗?”刘彻在已选定刘弗陵继位的情况下,割爱处死了赵婕妤,正是想避免汉初吕雉专权事件的发生,虽然残忍、无情,但却包含着期盼身后国家长治久安的良苦用心,是专制制度的执政者放眼长远时的无奈自残。

刘彻选定刘弗陵继位,当时可能是朝中君臣们达成的默契,一直没有正式的封立程式。前87年春,刘彻游五柞宫时病重,奉车都尉霍光流泪问道:"万一您病重不起,谁当嗣位?"这是正式把皇位继承问题提了出来,刘彻回答:"你没有明白我前次图画的意思吗?少子继位,你担当周公的责任。"刘彻还安排了其他几位官员,众位大臣在其卧室的床下拜受遗命,第二天刘彻即撒手人寰,八岁的刘弗陵继位为帝。

晚年的刘彻在选定嗣位人的同时,也为少子择定了霍光、金日磾、上官桀等几位辅佐之臣。

霍光是骠骑将军霍去病的同父弟,前119年十多岁时被兄长自家乡河东带至京城任朝中郎官,不久升为在内廷做秘书工作的侍中,前117年霍去病去世后,霍光被任为奉车都尉光禄大夫。奉车都尉掌管皇帝乘舆,光禄大夫是刘彻所设的执掌顾问应对之职。霍光在刘彻身边出则奉车,入则侍事,出入宫门多年。霍光身材不高,长得白净,须髯漂亮,为人沉着谨慎,每次出入殿门都有固定不变的行止,郎官的首领曾暗中观察,其行止果然不差尺寸。霍光是一位资性端正的循规之人,在朝任事近三十年,小心谨慎,未尝有过,甚得信用。刘彻要为幼子择定辅政大臣,首选了霍光,临终前任其为大司马大将军,实是中朝首官,掌握军政大权。

金日磾是匈奴休屠王的太子,前121年浑邪王杀休屠王,挟裹其众属降汉,十四岁的金日磾与母亲和弟弟同来长安,他被送入朝中黄门署养马。刘彻有次率后宫游宴观马,几十位牵马者皆偷眼观看宫女,独金日磾目不偏视,他身材高大,容貌端庄,马又养得肥大,刘彻与之交谈,感其与众不同,当即赐给衣冠,拜为马监,后升任光禄大夫。金日磾在刘彻身边甚得信任,未有过失。刘彻赐给宫女,他不敢接纳;刘彻要将他的女儿纳为后宫,他拒绝不受。他的儿子为刘彻身边宠儿,在殿堂上与宫女相戏,金日磾撞见后就杀掉了儿子,其笃诚谨慎让刘彻佩服。前88年6月的一天凌晨,江充余党马何罗潜入宫中谋刺刘彻,金日磾发觉后抱住马何罗将其摔倒制服,更显示了他的忠诚。刘彻临终前封他任车骑将军,为霍光的副手。

上官桀是陇西上邽(今甘肃天水)人,青年时期在护卫皇帝的羽林军任职,为掌兵出入护卫的期门郎。曾随刘彻上甘泉宫,恰遇大风雨,舆车无法前行,上官桀手撑车盖，顶风跟着车队，终使雨淋不到车内。刘彻惊异于他的力气，让其掌管未央宫的马厩。有次刘彻生病卧床，病愈后出去看马，见马瘦了许多，遂发怒说："你以为我不会再见到马了吗?"准备将其交给狱吏治罪。上官桀叩首说："我听说您圣体不安，日夜忧惧，心意确实不在马身上。"话未说完，泪流不止。刘彻觉得上官桀忠诚，自此亲近他，任为侍中，后升为太仆。上官桀的儿子还娶霍光的女儿为妻，两家结亲为好。刘彻临终时封上官桀为左将军，让他协助霍光辅佐幼主。

刘彻身边朝臣不少，但他为嗣位的少子选择辅臣时始终把握了几个重要尺度：一是对君忠诚，二是为人谨慎，三是能够循规蹈矩。他自十七岁为帝，执政五十四年，创业一生，希望继任人能做好守成之君，因而为其选择了开拓不足、守业可期的辅佐班底；刘彻晚年改辙易政，停止用兵，张扬重农和富民的治政理念，既有老年时悔过纠偏的补偿心理，也是希望能给身后继起的朝廷做出样板。他择定循规而拘谨的霍光为首辅大臣，明确示以周公辅政之责，并坚决地杜绝了女主干政的可能，就是期待自己晚年的治政理念能在身后持续下去，保证下一朝的政治平稳与社会安宁。他是为幼子执政作了自认最为妥帖的安排后，以平静舒缓的心态离开了自己打造的无限江山。

刘彻逝后，人们对他的功过一直看法不一。清人王县写有《汉武帝茂陵》几首，其中一首称赞了刘彻的用人之道，提及司马迁、苏武、张汤、汲黯，也提到善于写赋的邹阳、枚乘、司马相如，以及刘彻对写赋者的使用态度。诗云：

求贤初诏下金门，一榜贤良百十人。

容得马迁留谤史，能成苏武做忠臣。

张汤峻法刑名好，汲黯狂言戆谏真。

明说赋才无用处，邹阳枚马任沉沦。

清人徐爽并不认可刘彻的开边之功，他写有《读汉武本纪》一诗，认为朝廷连年发出出战的羽檄，边塞上有无数战死的哀魂，但这一切都是无味的牺牲。诗云：

羽檄濒年出凤台，边云漠漠战魂哀。

可怜抛尽沙场骨，不换单于寸土来。

清末光绪帝写《汉武帝》一诗，评价刘彻的一生的功过，透露出了作者的某些治国理念。诗云：

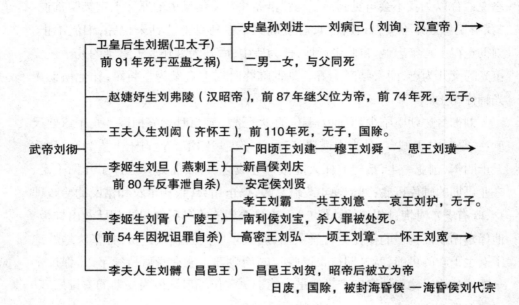

汉武帝刘彻的后嗣状况

富庶承文景,雄才奋武皇。

右文兴学校,威远服氐羌。

可惜居明盛,无能戒怠荒。

仙踪虚海上,战骨暴沙场。

佞喜江充用,忠难汲黯匡。

穷奢财用匮,虽悔亦何偿。

现代先贤于右任写《汉武帝陵》一诗云：

绝大经纶绝大才,罪功不在悔轮台。

百家罢后无奇士,永为神州种祸胎。

于右任先生对刘彻的轮台悔过是肯定的,那自然暗含对其前期四方征讨行为的否定。但诗人认为刘彻一生的其他功过都尚在其次,唯有"罢黜百家"之举,扼杀了奇才生长的条件,对中国社会危害久远。刘彻一生的作为对后世极有影响,人们对他的褒贬实在也是寄托着评价人对现实社会的某种情感和态度。

本篇小结

　　汉朝经过六十年的发展,尤其是经过文景四十年的积累,已经成了一个殷实、富强的国家。在东亚、中亚的一片辽阔地盘上,其崛起和爆发只是一个时机问题。公元前141年,年轻君主刘彻登基主政,操控了汉朝的权力之柄,王朝由此获得了强有力的内在动能,遂之在几十年的躁动中释放自身的能量,并开始走上了一条振作兴旺之途。

　　刘彻开辟了一个崇尚有为的新时代,使社会的发展走进了一个新时期。汉朝自开国以来一直推崇与民休息的无为之术,曹参在相位上公开的不作为,文帝刘恒忍忿多年与匈奴和亲,窦太后对黄老之术的大力倡导,都反映着时代的特征,社会在上层统治者几十年的无为中休养生息,呈内敛式的积累性发展。然而,"物盛则衰,时极而转,一质一文,终始之变也。"(司马迁语)社会的全面发展不可能在一个模式中最终完成,质朴无华需要文采灿然的补充,一个国家内敛式的积累到了一定程度必然要求自身地位与外在形象的改观。年轻君主刘彻触感到了时代的脉跳,他不满于那片沉闷的气息,一手打破了无为而治的政治局面,上台后力创积极有为的进取精神。虽然遭受到先前时代政治遗老的压抑阻挠,但依靠时间进程上的绝大优势,在执政约六年后终于能开始全面实施自己的政治理想。刘彻曾下诏说:"朕闻天地不变,不成施化,阴阳不变,物不畅茂。"又说:"五帝不相复礼,三代不同法,所由殊路而建德一也。"把天道变化与社会更新作为治世的依据,提出要"据旧以鉴新","与民更始。"从而把变政、创新作为一种公开的政治理念。这是一位意气风发的君主,上天又赋予他卓越的才能和超常的精力,不久他创制新政,大力施行,成功地推动自己的国家走上逞武求强的振兴之路。

　　十六岁的刘彻选择了积极有为的儒学作为施政的思想指导,也作为他新政的舆论配合。他对"春秋大一统"的观念欣赏有加,以至于做出"罢黜百家,独尊儒术"的决断,表明了他对江山一统和权力归一政治理念的极大兴致。然而,任何新的政治设定都不会自然而然地实现,需要权力人物的操控和推动,儒家的思想理论崇尚一统,却缺乏实现一统的有效方法,疏于对政治操控手段的设定。刘彻从复杂的宫廷政治斗争中已感到了这一点,他借鉴了父亲刘启曾经用过的某些刑名之术,把法家的用人方法及其权术手段用之于权力操控中,收到了推动政治进程走向理想化的显著效果。因而,刘彻在执政中实际上自创了一种以儒为体、以法为用,儒法结合的治政方式。由于法家的刑名之术严苛冷酷,为民众所厌恶,加之有先朝秦亡的教训而为世所诉,因而对法家思想的使用只能隐迹,不宜张扬,据此,刘彻的治政方式就成了一种外儒内法、法里儒表的结合体。

自先秦百家彰显以来,统治集团中的精明人物不断探索实用的治国之道,刘彻在此找到了对他们更为适合、更为有用的治政方式,这也成为汉朝及其以后执政者延续不绝的治政思路。几十年后,汉太子刘奭(shì)对朝廷任用刑法大惑不解,提议用纯粹道德教化的儒术,汉宣帝刘询正言厉色教训他:汉家的制度"本以霸王道杂之,奈何纯任德教"!法家的霸道和儒家的王道相结合,这是刘彻所创治政方式的奥秘,它为后来的执政者长久坚守而不弃。

应该提及的是,儒法结合、外儒内法的治政方式,它的适合性与有用性,只是对统治集团的执政者而言,绝不是对普通民众和整个社会而言的,因为它加强了专制独裁,又钳制了民众的思想;它通过专制手段来管制学术、钳制思想,又通过钳制思想来强化专制、保证独裁。即便真正意义上的"罢黜百家、独尊儒术",对社会和民众也绝非幸事。专制统治集团的强权人物喜欢把整个社会及其民众束缚在自我意志推动的战车上,这辆战车哪怕一时驶向社会福地,但对民众都不是长久之福。刘彻"罢黜百家"的思想管制和外儒内法的治政模式正是这样仅从自我统治着眼而根本不含民族大计的货色。

刘彻是一位善于驾驭臣属的君主,他用儒家的礼仪规范要求臣属,又用法家的刑名之术制裁和威慑臣属,使朝中的文武大臣、元老新贵对他只能唯命是从,而不能逆鳞抗违。从早年对卫绾、宁成、许昌、严青翟、窦婴、田蚡等人的处置,到后来对庄助、卫青、杨仆、公孙弘、张汤、朱买臣、主父偃、公孙贺等人的使用,刘彻执政期间是实现了君对臣的绝对统摄。当时景帝刘启晚年以权术手段除掉了将军出身的丞相周亚夫,他是怕性格倔强的周亚夫难为少主刘彻所用,看来这种顾虑是多余的。

　　在执政的实践中，刘彻摸索思考出了一种有效的驭臣之法。刚上台时，刘彻没有真正听命自己的臣属，与他同朝为政的是以窦太后为代表的先朝元老们，他们对刘彻的逞性而为持质疑和限制态度。身感压抑的刘彻需要打破这种格局，于是不断用举贤良和任皇亲的手段吸纳新人，逐步地改变了先朝元老充斥朝政的格局，刘彻由此获得了自己的一批听命之臣。不久，刘彻即让这些任郎中、常侍等头衔的宾客们秉承己意，参议军国之事，又任之以大将军、大司马、给事中等职位，使其渐次代替了丞相、御史大夫等政务系统，形成听命皇帝的"中朝"。从刘邦建国到刘启在位六十年，汉朝执政者一直追求的是中央集权的加强，这一集权是针对诸侯国的地方分权；刘彻执政时则追求个人专权，这一专权针对的则是中央集权内部丞相系统的分权。充实人才，变更体制，把旧的人物及其系统搁置一边，让听命人才在新的体制中放手干事。刘彻的驭臣之法和他的操政之道是合二为一的。

　　刘彻的治政活动中不乏多元化的思维特征。他虽然公开提倡思想一尊，但实际上他儒、法并用，也崇尚神道方术；即便在神仙之道中，他不单相信黄帝升天、海中仙人，对长陵神君、越地巫术也多有迷恋。他所任用的官员，有朝臣后裔，有平民才士，有皇亲国戚，也有养马的奴仆。这些人才，有策论问对突出的，有地方郡国推荐的，也有上书自荐的，任人上刘彻真正采取的是不拘一格的多种形式。在刘彻身边活跃的人物，有能征惯战的将军，有安邦治国的才俊，有精通法典的律吏，有探险威远的使臣，有才高八斗的文士，有平准益赋的理财能手，有改进农耕的科技巨匠等等。司马相如在刘启的朝廷辞官出走，在刘彻的朝廷则大放异彩，足见君主的多元化思维与人才的多样纷呈不无关系。刘彻的朝廷坚持国营盐铁、私营工商业和个体农业等多元化的经济成分，实行多种形式的敛财助战方式。朝廷向东南西北四处用兵，征讨了广大的地盘，在新辟的地区立郡设关，但对有的新郡不收赋税，只求象征性隶属，对有些郡甚至倒赔郡官的俸禄，政治管制上推行的实是有别于中原故郡的多样化方式。

　　刘彻是一位兴趣广泛、好奇心极强的人。像许多帝王一样，他爱江山、爱美人，为此演绎出不少曲折绵长的故事。除此之外，他爱好文学。前109年，他征发数万人堵塞黄河瓠子决口，因伤感功之不就，亲自写下了《瓠子歌二首》(《史记·河渠书》)，大概是要鼓舞士气，一时也治河成功。还有奇托哀思的《李夫人歌》(见《汉书·外戚传》)，以及抒发感慨的二首《天马歌》(《见史记·乐书》)，还有《汉武故事》中所记的《秋风辞》。刘彻的诗赋并没有他的治功那样突出，但也有后人称其为意旨深远、感情真挚。无论如何，他是有诗作留世的少有的君王，也表现了他的一种才华与情趣。刘彻还爱马，为获取汗血马不惜发起对大宛的两次战争。摔跤、角斗、魔术等杂技奇戏也因刘彻的爱好和提倡而兴盛起来。刘彻兴趣所至而终未一得的是求仙。强烈的好奇心使他在此花费了极大的精力和财力，不仅终无所得，还引导他走上了受人蛊惑、诛杀亲族、致死太子的悲惨之地，留下了莫大的遗憾。

执政五十四年的刘彻绝对是一位不易把握的人物，他是一位富有精力、大胆探索、放手创新的雄才悍主。出于专制统治的需要，他开创了汉朝的一个新时代，搭成了一大批人物脱颖成才的舞台，同时也挽紧了历史政治体制本来就不易解套的死结。

【臣僚篇（上）】

天枚埔璘

在专制体制的朝廷,参政的臣僚是当政的君主意志的执行者,他们大多为君主选择,受君主意志的推动而施政,但同时他们也以自己的心性和行为影响君主,进而影响当朝政治的现实特征和演进历程,使政治活动表现出复杂纷呈的情景。

　　刘彻操政五十多年,朝中臣属不少,史书记载下来的那些直接参与政治决策及其实施的臣僚,有些是极具个性和影响的人物。

田□：仗势骄横的外戚丞相

刘彻在十六岁为帝时祖母窦太后并没有放弃对朝政的干预，而生母王太后也逐步取得了对朝廷重大人事的决定权。如河东郡女医义姁因看病而得幸于王太后，王太后就想任义姁的兄弟为官，尽管义姁声称弟弟义纵品行不好，王太后仍任义纵为中郎，补上党郡某一县令。有权在手的王太后大概想要扩充自己的朝中势力，他看中了自己的弟弟田蚡。

田蚡是王太后的同母异父弟，原是长陵（今咸阳市东北）人，他长得矮小丑陋，因身份显贵，在刘启的朝廷初为郎官，后为太中大夫，刘彻即位当年被封为武安侯，不久为太尉。田蚡有口才，且致力于《槃盂》等书的学习。现已失传的《槃盂》相传是黄帝史官孔甲所作的铭文，有二十六篇，刻于槃盂等器物上，为兼儒墨名法的杂家之学，据说刘彻刚上台时许多治国的办法就是田蚡及其宾客所献。王太后看中了田蚡，想要重用，但一是考虑到窦太后的牵制，二是考虑到窦太后的堂侄魏其侯窦婴资格更老，三是田蚡也想落一个让贤的名声，于是田蚡向王太后建议，朝廷安排窦婴为丞相，田蚡被安排为与丞相平级而位次稍逊的太尉。

窦婴，田蚡与御史大夫赵绾等人支持刘彻大兴儒术，赵绾甚至提出以后重大事情不必向东宫窦太后请示，一贯喜好黄老之术的窦太后终被激怒，罢免了这些人的职务。但田蚡因为王太后的缘故，虽失去了职务而并未失去皇家的亲幸，他对政事的建议仍然被采纳，天下趋炎附势的官吏和士人都逐渐投靠其门下，田蚡由此变得日益骄横。窦太后于前135年去世，她所安排的朝廷官员被借故免职，田蚡顺理成章地成了丞相，他以舅父之亲协助二十三岁的刘彻治理国政。由于刘彻尚还年轻，天下各郡的高级官员及得到封国的王侯争相依附田蚡，这更加助长了他的骄横之心。

田蚡在相位上任用了很多官员，曾任梁国内史的韩安国因违法而免职在家,他给田蚡送去五百金的财物,即被任为北地郡协助太守掌管军事的都尉,后升任大司农,为九卿之一;田蚡还把有些人由平民直接提拔到了二千石官职,其幕后的交易可想而知。田蚡大量荐官虽有权侵主上之嫌,但他无所忌讳。

田蚡的田园林地极其肥沃,他修建的住宅在当时所有贵族公馆中是最豪华的,修建时采购运送自各郡县的名贵器物在大路上络绎不绝。他后堂中的姬妾侍女有数百人,各地进献的金玉玩好不计其数;宅园前堂摆列着钟鼓,竖立着曲旃(zhān)。曲旃是一种用丝绸制成的上端弯曲的长条形旗子,曾是古代国君招聘隐士的仪具,这一装饰有僭越之嫌,但田蚡仍然乐而为之。

前132年,黄河在瓠子口(今河南省濮阳县西南)决堤,改道南流,十六个郡遭到严重水灾,田蚡的封邑在原河道之北的鄃(shū,今山东平原县西南),因河水向南泛滥会使鄃地免于水灾,收入增多,田蚡遂对刘彻说:"江河决堤都是天意,用人力强行堵塞未必与天意相合。"他为了自家的私人利益而力阻治河,使治河之事停止了二十年之久,其重个人而轻天下的施政立场表明了他为官处世的根本态度。

身任丞相的田蚡总以为各地王侯大多年长,刘彻又很年轻,自己以皇舅身份任重职,如果不用等级礼制严格折屈王侯百官,天下人就不会服帖,于是在待人的方式上有意显示出一种娇贵之态。当时中二千石的高级官员来拜见,对方叩头谒见,他一般不予还礼,对个别人只拱手作答而已。他与客人饮酒,安排兄长王信朝南而坐,自己则坐于向东的尊位,认为丞相为尊,不可因兄长的原因而私自屈下。王信是王太后的同胞之兄,刘启为帝时已封为盖侯,田蚡在王信面前摆谱显尊,表明他的骄横自矜已到了恣意无度和少有理智的地步。

田蚡与窦婴的关系被史家详细地记录了一笔,由此可以窥见他处人态度的一斑。田蚡早年在朝中为郎官时对身任大将军的魏其侯窦婴非常恭敬,宴饮陪从执晚辈之礼,后在刘彻的朝中推行儒学,两人一同被窦太后罢免,算得上进退患难之交。数年后田蚡任了丞相,权倾一时,吏士投奔,窦婴则门庭冷落,仅仅与一位名叫灌夫的任侠之士同气相求,结为相知。前133年的一天,灌夫为刚去世的姐姐服丧,路过田蚡的相府时登门拜访,田蚡随口对灌夫说:"我本想与你拜访魏其侯,你却服丧在身。"灌夫回答说:"您肯幸临魏其侯,我怎么敢以服丧推辞呢?我去告诉魏其侯作准备,您明天一早来吧!"田蚡应允了,灌夫即向窦婴告诉了这事,窦婴与夫人买下好多酒肉,半夜起来打扫布置,一直准备到天亮,令门人准备侍候,但等到了中午,田蚡还没有来。灌夫驾车去相府探视,到了门口,知田蚡还没有起床,灌夫入府告诉田蚡:"您昨天答应拜访魏其侯,他们夫妇备办了酒食,从早晨到现在还没有吃一点东西。"田蚡惊讶地道歉说:"我昨天喝醉了,忘记了与你说的话。"言罢驾车前往,又缓慢行走。酒席间灌夫按礼节跳了一阵舞后邀请田蚡,见田蚡没有起身,就回到座位上以言语讥讽之,被窦婴搀扶离席,田蚡虽在窦婴的道歉和陪同下尽欢至晚离去,但自此与灌夫相怨恨。

当时田蚡向灌夫表示要一同拜访窦婴,看来只是一种并无心意的随口之言,他知道灌夫与窦婴的深交,在灌夫来访时提出拜访窦婴,是要表示出自己与窦婴一如既往的友好,但又以灌夫的服丧为借口表示拜访活动难以成行。田蚡本来无意拜访窦婴,但他要把不去拜访的缘由归于灌夫,提出拜访只是落个顺便人情而已。灌夫没有理解田蚡的实际心意,把对方的随口之辞误作为由衷之言,自有一种贵人临幸的幸喜感,竟不顾自己服丧在身的不便,向对方提出了次日同往窦家的约请。田蚡是在自我心意并不情愿的情况下勉强应诺的,未曾上心的约定在次日遗忘的可能要更大些,因而造成了后来的失约、误时,而待人傲慢的习性使他并未对自己的失礼有所觉察,也没有一些歉意的表示,在灌夫前来探视时仍然不以为意,酒席上受邀跳舞而不起身,大概是不经意间摆起了丞相的架子,却不知已使灌夫的怨恨超出了其少有的忍耐。尊贵者多次失礼而不在意,侠义者一再忍耐而不无底线,最终的冲突自然不可避免。这一冲突是田蚡的骄矜自大行为伤及刚烈之人人格自尊时的必有反应。

过了不久,田蚡打发一个叫籍福的宾客传话,请求得到窦婴在京城南郊的田地,窦婴认为这是仗势相夺,竟一口拒绝,灌夫听到后怒骂了籍福。想要息事宁人的籍福回去编了些好听的话,劝说田蚡暂时放弃这块田地。田蚡不久打听到了籍福请田时曾遭到灌夫斥骂的实情,发怒道:"窦婴的儿子曾经杀人,我救活了他,我对窦婴什么都能办到,他为什么吝啬几顷田地?况且灌夫凭什么干预此事,难道我就得不到这些田地了?"由此他十分怨恨灌夫和窦婴。

田蚡想得到京城南郊的一块田地,他并未觉得是自己的贪得无厌,认为窦婴应该拱手相让才对。失势的窦婴将田蚡索田视作对方以势相欺,因而将守住田地当作守卫自我尊严来看待,因而回绝了田蚡的请求。田蚡应该不缺少田园之广,知道窦婴并不愿意放弃此地,本可就此罢手,或另作购置,但显赫的权势曾使他成了一个欲求必达、说一不二、经受不了被人拒绝的人物。他认为自己当年枉法行事,救活了窦婴之子,窦婴对自己应该有求必应才对,他将窦婴的守田不予视作对自己的负心,将追随窦婴的灌夫视作屡次挑战自己权威的恶敌,其内心的怨恨已难以抚平。一般说来,生活中得势者的权威感更为强烈,失势者的自尊心更为敏感,田蚡的求田挑起了窦婴的尊严守卫感,窦婴对自我尊严的守护又抵撞到了田蚡的权威伸张欲,尊严的守卫与权威的伸张在这里两不相容,一场搏战看来已在所难免。

田蚡的主动出击是从灌夫下手的。前132年春,田蚡在朝廷上提出,灌夫在他的家乡颍川郡非常横暴,平民深受其苦,请求查办。刘彻回答说:"这是丞相的分内事,不必请示。"田蚡得到了刘彻的认可,在等待对灌夫下手的机会。数月后,田蚡娶亲设筵,王太后诏令列侯宗室前往祝贺。灌夫在窦婴的再三劝说下一同赴会,席间他见许多人趋附田蚡而简慢窦婴,心中不快;后来强颜给田蚡敬酒,对方又借口未饮。灌夫心中恼怒,敬酒时见自己的族侄临汝侯灌贤正与将军程不识窃窃私语,遂放肆责骂,发泄对田蚡等人的怨恨。田蚡借口筵席是奉王太后诏令举办,以骂座不敬的罪名将灌夫拘禁,同时追查其以前的事情,并派人追捕灌家旁亲支属,均判其斩首示众,他借处罚灌夫,毫不顾忌地把自己与窦婴的个人冲突公开化。

窦婴向刘彻反映田蚡拘捕灌夫不合理,刘彻安排两人在朝廷上辩论,廷辩最后发展到两人相互的人身攻击,而并没有论辩出谁是谁非,在场的官员也都心有顾忌,不愿表态,最终是王太后坚定地支持了田蚡,斥责刘彻办事不力。朝廷遂进一步追查灌夫和窦婴的有关事情,将他们分别定罪处死,田蚡赢得了对窦婴的胜利。

田蚡是西汉前期继窦婴之后,以外戚身份担任丞相的第二位人物。当年刘恒执政时在老臣张仓免相后想任用内弟窦广国继任,但他怕别人怀疑自己私心太重,未敢如此,最后选用了功臣申屠嘉为相。刘彻的朝廷曾以窦婴、田蚡为相,并不忌讳对外戚的相位之予,这固然有窦太后和王太后参政时对本家族的提携之力,但也反映了西汉朝廷天下为私观念的逐步强化和无所隐晦。窦太后在世时窦婴曾为丞相,窦太后去世后田蚡因王太后而为相,执政的太后总是把自认为得力而可靠的人物安排为刘彻的辅佐,既是佐助刘氏,又是提升自己及本族对天下政治的参与权。

和窦婴不同的是，田蚡知道自己的权力来自何方，他对王太后高度忠顺并尽力取得其欣赏，另一方面，却置天下百姓于不顾，贪婪地攫取个人的最大利益，千方百计地实现自身的最大享受，同时还想建立自己在国家政治生活中的更高权威。荐官用人上的越位、生活礼仪上的僭越以及处人上的自矜傲慢，就反映着这些心理；对灌夫、窦婴的失礼和后来的惩处也是这一心理的作用。

刘彻也已感到了田蚡用权无度的贪婪秉性和对自己权威的威胁，如有次刘彻在田蚡推荐了好多官员后说道："你任用的官员完了没有？我也想任用一些官员。"另一次在其请求得到少府某官署的地皮建宅园时回敬说："你何不占取未央宫的武库呢？"由于田蚡不知忌讳地越位揽权，刘彻对国家政治权力的全面掌控只有在冲破丞相的权力屏障后才能实现，因而对田蚡的权力滥用和骄横行为并不真心认可，在田、窦二人的冲突中，他让两人廷辩是非，是想借群臣的评议将田蚡搞臭搞垮，然而田蚡在关键时候得到了王太后的强力支持，刘彻不愿拂违母后之意，才致田蚡在不利的局面下反而最终取胜。

田蚡的威势在窦婴被处死后有了进一步伸张的可能，然而不幸的是，前131年春，在窦婴被处后数月，田蚡患上了重病，全身疼痛，就像受到击打一样，且因痛苦而叫喊请罪。刘彻让替人祈祷的巫人来观察，巫人说看见窦婴和灌夫共同监守着要笞杀田蚡。不久田蚡就死掉了，他的儿子田恬继承了爵位。

十年后的前122年，朝廷追究淮南王刘安的谋反之罪时发现了田蚡早年极严重的问题：刘彻在执政的第三年还未生子，刘安来京城返回时，身为太尉的田蚡送其至霸上，对刘安说："皇上没有太子，大王您最贤明，是高祖的孙子，如果皇帝去世，除了您还能立谁为帝呢？"刘安听了这话满心欢喜，给田蚡送了黄金和大量财物。从情理上讲，田蚡是刘彻的舅舅，如无特殊原因，他与刘彻的关系应比与刘安的关系更为亲密；刘彻当时二十岁不到，断言刘彻无承位之子尚为时太早，况年龄为长的刘安要继承小他22岁的堂侄刘彻之位，其可能微乎其微。田蚡此语对刘安应该是一种逢场作戏的玩笑话，他以言辞讨好刘安，不排除有得到钱财赐予的目的，但并不能当真。这件事当时灌夫早有所知，大概也未告诉窦婴，在他被田蚡拘禁后没有机会告发就被处死。十年后刘彻从淮南之案中得知此事，说道："假使武安侯还活着，应该灭族。"这多半是他早年心情的借故表达。

田蚡的儿子田恬在前 126 年因穿短衣进入宫殿，犯了不敬之罪，封国被废，这件事发生在王太后去世的同年，个中关系颇能引起人们的遐想。没有了王太后，田家的封地自难保持，田蚡即便没有与刘安的犯忌之言，其下场也不难逆料。

汲黯:不趋时势的戆直君子

汲黯,字长孺,濮阳(今河南濮阳县西南)人,在刘彻做太子时,他为乘马先驱的太子洗马,前141年刘彻即位,他为朝中专管皇帝收发传达的谒者,其后相继为中大夫、东海太守,主爵都尉、右内史。前121年因小罪被免后引归田园,三年后又被启用为淮阳太守,前112年卒于淮阳。

汲黯是跟随刘彻最早的朝臣,但他多年在朝中和地方上轮换任职,未得高升三公之列,最终老逝关外,这大多是由他不合时势的耿直之性所致。

崇尚无为,与时相违

汲黯初为谒者时,今浙江、福建一带的藩邦闽越和瓯越相攻打,他受命前往探看,到了中途会稽郡界就回来,向刘彻汇报说:“东越部族内的人相互攻战,他们的习俗就是这样,不值得烦劳天子使者。”不久河内郡(今河北省南端,山西省东南及河南省黄河以北地区)发生火灾,火势蔓延至千余家,他又受命前往视察,回来向刘彻汇报说:“民间不慎失火,毗连的房屋被烧,不值得担忧。我经过河南郡(今河南省西北大部分),当地之民受水旱之灾毁伤万余家,有的甚至父子相食,我持节发放了河南仓储的谷米,赈济了贫民。现归还符节,请处我矫命之罪。”刘彻觉得他做得很对,就免了他假托皇命的罪责,并调任他为荥阳(今河南荥阳东北)县令。汲黯大概耻于做此小官,遂托病辞归家乡。刘彻听到此事,就召他回朝任为中大夫。

谒者的职责是传达皇帝之命,汲黯两次奉命视察,都未按刘彻的指令办事,看来是一位不称职的谒者,故被调离此任。他的赈灾救民是在朝廷不知灾情的情况下临事补救的惠民利国措施,以皇帝名义实施又广布皇恩于民间,刘彻所以原谅了他的矫命之罪;让他出任大县荥阳之令,体现了额外地宽容与厚待。

汲黯所以以任县令为耻,是因为他心底里并不认为自己的行为真的有什么不妥,归还符节时向君请罪,本来只是他一种客气地表示,既然君主真的认为自己犯有罪错,且以调职外迁作安排,那他干脆找借口辞去官职,回归故里。他是以辞归行为表示了对刘彻调任安排的不满,直到被召为秩比二千石的中大夫,才中止了他与朝廷的不合作态度。由这些行为可以清楚地看出,汲黯是一位看重黎民、胸有主张的人物,也可看出他不善苟合的耿直秉性。

汲黯的祖父、父亲均为卿大夫,他受父亲保举,在刘启执政时就任职。世代在朝的家境影响与自己的亲身经历,一定使他在内心接受和认可了前朝无为而治的政治理念。他罔顾新朝廷施政方针的变化,宁愿按照既成的理念去考虑问题和对待事情,认为对东越部族纠纷的插手、对河内火灾事件的过问,都不属朝廷分内的事务,因而不顾君命之遣而中途放弃;在他看来,一个县令的着力作为最终只能沦落为繁政扰民,不具多少可以作为的意义,因而他如弃弊履般地抛弃此职,甘归田园。这一切均反映着他那挥之不去的既成理念。

汲黯在中大夫的职位上喜欢直言极谏,且对君主不留情面。如刘彻下诏招贤良文学之士,在朝中说自己想效法尧舜,兴旺汉朝。汲黯就谏言说:"陛下内心欲望太多而对外施行仁义,怎么能效法唐尧虞舜的政治呢!"刘彻气得变了脸色,怒而罢朝。无为政治主张无欲无求,而视执政者的应有追求为多欲,汲黯的谏言正好表现着他对无为政治的迷恋,反映了他与当朝主政者在治国理念上的差别,这样的事情自然不止一次。他也常当面驳回上司的主张,与意见不合的同僚不能耐心谈话。这类事情使他难于久留朝中,不久即被外迁为东海郡(今山东省南部毗连江苏省邳州以东至海滨一带)太守。

汲黯治理东海郡时运用了清静无为的方式,他选择郡丞和能干的书吏,把郡中事务都委托给他们,自己只是督促要求大的方面,不过问琐碎细节。汲黯在东海经常生病,自己躺在寝室里不出门,然而一年多后,东海郡被治理得极好,人们交口称赞。刘彻听到后,召他回朝任掌管列侯封爵事务的主爵都尉,列于九卿。

东海治理的成功表明了无为政治对社会生活仍有极大的适应性,主政的刘彻对此并没有如此深刻地认识,将这仅仅看作汲黯的才能与功劳,因而将其提升为九卿;但汲黯一定从东海之治的亲身实践中更加坚定了对无为政治的崇尚,他回朝任职后仍然力行清静之术;办事也只看大的原则,反对拘泥于文法条令,这使他与朝中君臣们的关系又逐渐处在了紧张状态。

当时朝廷正在兴兵征讨匈奴,并招抚四夷,汲黯想减省朝廷事务,常乘刘彻空闲时向他讲要和亲,不要兴兵的意见,惹得刘彻很不高兴。刘彻大兴儒术,尊崇儒生公孙弘,汲黯则常诋毁儒学,当面指责公孙弘等人一味以智巧掩饰内心的欺诈,迎合主上,取悦君主。张汤受命改进刑律法令,被任为廷尉,汲黯多次当着刘彻的面质问和指责张汤说:"你身为正卿,上不能承继先帝的功业,下不能抑制天下人之邪心,也不能安国富民和减少犯罪,却构解法律,陷人于罪,以此来行事就功,竟然把高皇帝所定的简明律令乱改一通!你这样做会断绝子孙的!"他时常与张汤议论事情,对方推究法律条文的深刻性,讲究细节,言辞动听;他则严肃亢直,坚守宏大原则,不能屈服对方,愤而骂道:"难怪人们说刀笔吏不可以做公卿,果然是这样。如果按张汤说的办,将使天下人重足而立,侧目而视。"主张无为治世的汲黯对推行严苛之法的张汤自然不会有丝毫好感,在他看来,这种严刑峻法必然使天下人叠足不敢迈步,斜着眼睛不敢正眼看人,而这样的社会正是极大的不正常。

刘彻的朝廷曾大兴儒学,提出"罢黜百家,独尊儒术"的主张,同时又重用法术之士以整肃上下,促进集权专制,表现了一种儒法兼取的政治取向。汲黯曾说刘彻"内多欲而外施仁义",正反映着其内法外儒的用政特征。可惜汲黯看到了一些表象,远不能认清问题的实质,他站在前朝无为政治的立场上评价眼前现政治,指责同僚,劝谏君主,幻想回归到清静无为的治政方式上来,结果只能加深他与朝中君臣的裂痕,使自己走入孤立无助的境地。

果然,汲黯越是诋毁公孙弘和张汤,刘彻越是看重他们。不仅这两人忌恨汲黯,就连刘彻也对其内心不悦,想借故惩罚他。丞相公孙弘乘机对刘彻说:"右内史的辖界内有许多贵族皇亲,不好治理,非朝中重臣不能当此任,请调汲黯担任此职。"刘彻采纳此议,立即将汲黯调为右内史,掌治关中畿辅之地,他从此离开朝廷,再也没有回朝任职,实际是被朝中反对势力排挤了出去。

敢说真话,直言犯君

汲黯曾在刘彻效法尧舜招致贤良时说他"内多欲而外施仁义",这应是符合实情的,刘彻当时怒而退朝,事后对身边人说:"汲黯真是太愚戆啦!"朝臣中有人也责备汲黯,汲黯回答说:"天子设置公卿等辅佐之臣,难道是让他们奉承迎合、陷君主于不义的吗?我身在其位,虽然爱惜自己的身体,但不能眼看着朝廷受辱!"他一直认为自己的犯颜直谏并非出于个人的得失,而是为了朝廷的利益,即使冒着风险也值得,因而始终在朝中保持着刚正戆直之气。

在汲黯任右内史期间,匈奴浑邪王因汉将霍去病的屡次重创和伊稚斜单于的怪罪欲诛,在前121年率众降汉,朝廷准备发二万乘车前往迎接。当时公家府库已无钱购置,于是向百姓赊贷借马,有的百姓不愿借出,就把马藏起来,马匹终未凑齐。刘彻闻听发怒,要斩掉长安县令。长安县属于右内史汲黯的辖地,汲黯前去对刘彻说:"长安令是无罪的,只要斩掉我汲黯,百姓才会献出马匹。况且这些匈奴人背叛自己的君主而降汉,汉朝只需让沿路各县按次送转就行了,何必要使全国惊动不安,让本国人疲惫劳困来奉使夷狄之人!"刘彻沉默无言。

汲黯本来就反对对匈奴的战争,那是出于对民力的珍惜和对化外之族的鄙夷,当刘彻要为受降匈奴人而准备车马,并为备马不足要怒杀长安县令时,汲黯挺身而出,前往保护。他对刘彻的劝谏中明确道出了贵中华而贱夷狄的思想,这恐怕也是当时大多数人的深层心理,只是在刘彻面前不好说出而已;汲黯也向刘彻提示了对叛主而降之众过分看重的不恰当性,提醒刘彻应平和地而不该隆重其事地接受浑邪王的投降。按照他的这一思路,朝廷的整个受降安排其实是没有意义的,而为此事杀掉官吏就毫无道理。汲黯心里明白,朝廷如果为了提高接受败军之降的声势而杀掉身任右内史的高级官员,那将造成天大的笑话,是不可能这样做的,而杀掉一个县令则少有顾忌,因此他独揽凑马不足的责任,提出自己身代长安令受斩的意见,其实真正的意思是要把长安令保护下来。汲黯的谏言实话实说,表明了一种不同的看法,向君主营造出另一舆论氛围,至于由此引起的刘彻的不悦,以及劝谏之言对刘彻炫耀之情的扫兴,汲黯是毫不顾忌的。从《史记·骠骑列传》和《匈奴列传》中看,浑邪王大约是在今甘肃兰州市黄河以西之地率四万多人投降的,霍去病曾率兵前去接应,事后浑邪王乘驿站传车去了刘彻的巡行之所。朝廷不是让浑邪王率数万人众直接去京师长安,而是采取了刘彻"外巡",对浑邪王在京外单独召见的方式,其余人自对岸渡过黄河即往长安。匈奴人是否是乘车抵达长安,朝廷对长安令最终如何处置,史书均未记载。汲黯的谏言没有完全说服刘彻,但也许一定程度上影响了朝廷对招降之事的安排,其对事情的发展和对长安令的保护并非毫无意义。

浑邪王一行后来到了长安,跟他们做买卖交易的五百多长安商人犯罪当斩。因为按当时的法律,出关的吏民如无信符,不得将兵器与铁卖给胡人,而不少商人在京城把菜刀或铁器卖给了浑邪之众,犯了法禁。汲黯为此单独求见刘彻,在未央宫内的殿门相见,他对刘彻说:"匈奴人进攻我们边疆要塞,绝和亲之路,我们兴兵诛讨,死伤不计其数,耗费巨万,我以为得到这些匈奴人,陛下会把他们赐给死战者之家作奴婢,所获财物分给百姓以抚慰他们的劳苦。现在纵然不能这样,浑邪数万之众来降,却亏空国库来赏赐他们,又征发善良的民众来侍奉,就像养骄子一样对待。百姓在京城做买卖怎么能知道那些禁令,又怎么能想到那些文吏用出关买卖铁器的法律来量刑判罪呢?陛下不能用匈奴的财物慰劳百姓,却要以隐约不明的法律条文杀掉因不知而犯法的五百多人,正是所谓保护树叶而伤害树枝,我觉得您不该这样做。"刘彻没有答应,过后说道:"我很久没有听到汲黯说话了,今天又听他乱说一通。"

汲黯这次求见刘彻,他的谏言仍以贵华贱夷的理念为前提,向刘彻大谈百姓在对匈奴战争中做出的奉献和所承担的损失,以及应以匈奴之获来赏赐中华之民,避免庇叶伤枝、贵贱倒置等。大概刘彻早已厌烦了汲黯的那些论说,这次会他于殿门之前,不作正式的召见安排,事先已表露出对他谏言的轻视。而对他谈话中关于百姓劳苦的言论应是心存反感,故对由此牵扯到的五百商人处斩之事自然不屑于做出另外的考虑,刘彻当面未作表态,事后则公开否定了汲黯的意见,将其劝谏视为胡言乱语。

事实上,长安法吏对五百多商人论罪之失,关键在于搞错了法律的适用性。无论限制铁器售卖的法律禁文中有无表示出"在边关市场交易"的严密文字规定,但法律的制定肯定是针对边关贸易,匈奴人来到长安应属当时没有想到的特殊情况,地点的变化是否使该法律条文仍旧适用;尤其重要的一点是,投降了汉朝的匈奴人是否还属于匈奴?汉朝对敌对的匈奴实行铁器禁售,当匈奴少数人降汉来到长安,他们实已脱离匈奴,成了汉天子的属民,禁售铁器的法律条文当然不适用这种情况了。此外,传统的判案中有不知者不为罪和法不责众的惯例,朝廷无论如何不该对不知禁令的商界作如此大面积地处斩。汲黯的谏言是想免去对商人们的惩处,出发点是良好的,但正像他平素与张汤的辩论一样,只流于高迈之论而疏于法文上的深究,终难屈服对方的论点。

人们从数百商人被判处死的事件中已经能感受到法吏得势时弥漫于社会的肃杀气氛,在这样的情势下,明哲的人大都危身自保、缄口不言。不管汲黯的谏言是如何偏而无当、不中要领,但他置个人尊荣于不顾,敢于正面向主政人提出不同意见,树起贵民爱民的舆论之旗,为受屈临处的平民寻找生路,确是难得的行为。汲黯在极大程度上是代表着社会良心的朝臣。这次谏言之后数月,汲黯犯了小法,恰逢大赦,他被免去了右内史之职,遂隐居于乡舍田园。史书上没有记载汲黯这里究竟犯了什么"小法",免职是否是朝中反对派乘刘彻对其厌烦时报复所致,无法做出猜测。但无论如何,汲黯对朝廷打击匈奴的战略方针有公开反对之行,对为此而进行的重大安排存作梗阻挠之心,又顶撞同僚、任气犯君,已完全失去了专制朝廷中君臣们对他任何罪错做出谅解与宽容的理由,在右内史的棘手职位上,汲黯被免其实只是一个时间问题。

汲黯为自己敢说真话和直言犯君一次次付出了代价。此前他对自己久不升迁、受到压抑的情况是有所感触、极不满意的。当初汲黯任主爵都尉,身为九卿时,公孙弘与张汤均为小吏;但两人不断高升,不久与汲黯平级,汲黯对他们的论辩斥责多在这一时期;后来公孙弘封侯为相,张汤成了御史大夫,从前汲黯属下的丞吏都与汲黯同列,有的比他更受重用。心气十足的汲黯不能不生怨情,他对刘彻说:"陛下任用群臣就像堆柴垛一样,后来者居上。"公开表达了对刘彻用人上无视人的感知和压抑旧臣的不满。刘彻听后默然无言,等汲黯退出后说道:"人的确不能没有学识,听听汲黯说的话,真是越来越愚戆了。"刘彻这里所说的学识,无疑专指儒家的理论学识,汲黯的官场作为使刘彻更深切地体会到了儒家学识对王朝和自身的特殊意义,正是因为缺少对儒学关于君臣上下之礼的领会知晓,汲黯才无所顾忌地直言犯君,同时他也被刘彻在忍耐任用中厌烦和冷落。

心志坚定,气节高亢

汲黯过了三年的田园生活,前118年,朝廷改币铸造五铢钱,民间多有违法私铸钱币者,楚国故地尤其严重。为了治理楚地,刘彻又想起了闲居在家的汲黯,任用他为楚地之郊的淮阳(地在今河南省鹿邑、柘城、扶沟县一带)太守。汲黯辞谢不受印信,在刘彻下数诏强予后,他勉强奉诏,临行前刘彻召他入宫相见，他流着眼泪说："我以为生前见不到陛下了，没料到陛下又收录使用我，我常有一些小病，力不能胜郡守之任，想作中郎一类的近侍，出入宫禁，补缺拾遗，这才是我的心愿。"刘彻对他说："难道你轻视淮阳之任吗？我召用你，是考虑到淮阳的官吏与百姓不相融洽，是想借重你的威信，你可以躺在床上治理。"汲黯不得已做了淮阳太守。

刘彻并不十分喜欢汲黯，但惩处过许多朝臣的刘彻对直言屡犯的汲黯却一直容忍有加，在压抑中坚持任用，并未给予大的处罚，这是有一些道理的。早先汲黯曾经生病请假，三月尚未痊愈，最后中大夫庄助代他向刘彻续假，刘彻顺便问道："汲黯是怎么样的人啊？"庄助回答说："如果使汲黯做官任职，他没有超过别人的地方；然而让他辅助年轻的君主，维护国家，坚守成业，就连古代孟贲、夏育那样的勇士也不能使他心志移易。"刘彻对此深表赞同说："对呀！古代有与国家共患难的社稷之臣，汲黯就很像他们。"刘彻其实对汲黯的人格还是从心底里崇敬的，例如，刘彻有时待人非常随便，他甚至蹲在厕所里召见卫青，在丞相公孙弘平时进见时，可以不戴帽子；但当汲黯进见时，刘彻总是正冠而待。有次刘彻坐在陈列兵器的武帐中，汲黯前来奏事，刘彻正好没戴帽子，他望见了汲黯，立即避入帷帐之后，使近侍出外批准了他的奏请。如此不寻常的礼数讲究也反映着他对汲黯的敬重和一定的内心忌惮。刘彻固然不喜欢汲黯的谏言和行事，但他明白，在国家危难时，汲黯这样的臣子才真正能充当国之柱石，淮阳之任就是刘彻要利用汲黯的威德声望来弹压乱局，这一任用正好反映出了刘彻的某些心迹。

淮南王刘安一直存有不臣之心，他曾与身边人估价朝中大臣，唯对汲黯有所顾忌，认为汲黯"喜欢直谏，坚守节操，可以舍生守义，难用邪道诱惑。"说到丞相公孙弘，认为"改变这类人就像揭开蒙布、摇落树叶一样容易。"公孙弘是一位看风使舵的人，他的脸谱自然是可变的，而汲黯的表面与他的内在心性相一致，又心志坚固，自然难以改变、不好对付。从刘安的评价中可以看到汲黯在朝中的特殊地位，也就更能理解刘彻对汲黯所以厌而不弃、抑而久用的应有见识。

庄助、刘安及刘彻本人对汲黯的看法是有依据的。汲黯内行修洁，秉性倨傲，喜好游侠气节，常慕前朝袁盎之为人，与灌夫等耿直之士交好。他对刘彻征讨匈奴、加重民负、执法过严及用人不当等作为均提出过劝谏，表现了略无顾忌的忠直。对朝中其他权贵更无仰攀苟合之心，表现了一种凛然刚正的气节。早先武安侯田蚡以王太后之弟的皇亲身份任丞相,贵幸无比,朝中九卿常行拜礼谒见,田蚡连还礼都没有,但汲黯见田蚡,却不行拜礼,只拱手行礼而已,表现了下位臣僚的不卑之气。后来大将军卫青在朝中日益尊贵,汲黯也是与他以平等礼节相待,有人为此劝汲黯说:"天子曾想让群臣对大将军谦恭卑下,现在大将军越发尊贵,您不可以不行拜礼。"汲黯回答说:"让大将军有拱手行礼的客人,难道不是更尊贵了吗?"不仰承上位官员,以平等的心态去看待,这使汲黯在官场上始终保持着自己的人格独立和高亢气节。

深受宠幸的公孙弘在左内史职位上时曾相约与公卿一同谏君,而临事背约,顺着刘彻说话,汲黯当庭说明真相,揭露了公孙弘狡诈不实和背信不诚的行为。对喜欢深究法律条文陷人以罪的酷吏张汤,汲黯更是多次当面指斥其引申法律、歪曲真相、陷害他人来成就功劳的不良之心。汲黯对自己的政治理念坚信不疑,具有刚直不屈的心性,当感触到同朝儒法之士及君主行事的不当之处,自然不愿苟同和沉默,他把那些狡诈和欺民的行为视为伤害朝廷的非正义行为,故在攻讦和劝谏中内含凛然大气,即使受到自感不公正的对待也不曾气馁,能一直保持那种不张正气不止休的持久韧性。

汲黯在朝中饱受压抑,但他似乎以抗衡朝中奸邪为己任,是宁肯在朝为官、参与朝政也不愿去山高皇帝远的外郡出任太守,他去淮阳前对刘彻之言就道出了自己愿意持正抗奸、匡救时弊的心迹。不得已做了淮阳太守,他视这种安排为朝廷对自己的遗弃,临行前他去探望主管外夷事务的大行李息,对李息说:"我被抛弃调往外郡,不能参与朝廷议论了。御史大夫张汤持智巧以拒谏,以诡诈而饰非,追求谄媚和辞辩,不是持正道为天下人着想,专门迎合主上心意,对君主不想要的就予诋毁,对君主想要的就赞誉。喜欢制造事端,玩弄法律条文,又挟制朝廷之外的酷吏来给自己制造威望。您位列九卿,不趁早向君主进言,将会跟他一同受祸。"李息也是自前朝刘启时就入仕的老臣,大概与汲黯有相知之交,汲黯在感到自己被抛弃,已无机会参朝议政时,仍然坚持向李息交底亮出了对张汤的认知,希望李息能在朝中继续揭露和抵制张汤的非义之行,劝晓刘彻识其诡诈,使朝廷回归正确的政治轨道。后来李息畏惧张汤,最终未敢进言劝谏,这也证明了张汤在朝中的势力之大,更显示了汲黯不畏权贵、坚守正义之气节的难得。汲黯在淮阳太守之任上,仍然使用早年在东海郡的治理方法,只抓大节,用清静无为之道,使淮阳郡政事清明,他对自己坚守的政治理念直到晚年尚无丝毫动摇。

汲黯的不屈气节和忠直之性也常能得到人们的谅解和认可，如大将军卫青在听到对自己揖礼为重的言论后，就认定汲黯很有贤德，大概觉得他是一位胸有主张而不趋炎附势的君子，多次向他请教国家和朝廷的疑难问题，对他反而有了超乎平常的看待。

刘彻对汲黯的态度一直是复杂的。前 115 年，张汤被朱买臣等朝臣因怨仇弹劾，受审自杀，深感痛惜的刘彻听到了汲黯去淮阳赴任前给李息交代的一番言论，大概不满于李息的曲肠之私，对其免官抵罪，同时指令汲黯在淮阳太守任上领取诸侯相的俸禄。当时王国相秩为真二千石，月俸二万钱，郡太守秩为二千石，月俸一万六千钱，看来刘彻对汲黯心系朝廷的忠诚和不掩心迹的正直有所嘉许，但这一提升待遇的指令实际上也把汲黯的淮阳太守之任长久化，一时堵塞了他重回朝廷之路，个中微妙处大概正是他经常直言犯君，君主既敬重他，又不愿接近他。

汲黯在这最后的职任上一直干到前 112 年，他是怀着斥佞谏君、匡正朝纲的未了心愿终逝于关山阻隔的淮阳太守之任。他去世后，刘彻特意让他的弟弟汲仁列为九卿，让他的儿子汲偃为诸侯国的相，对这位长久跟随自己的忠直之臣做出了生后的肯定和嘉奖。

在专制制度愈益强化、趋炎附势成了一种时尚的背景下，汲黯坚守自己的政治理念，他直言谏君，斥责谗佞，敢说真话，受挫不馁，识时务而罔顾，行戆直而尚气节，在刘彻的朝廷顽强地表现了极为可贵的君子之风。

公孙弘：看风使舵的布衣丞相

公孙弘是刘彻朝廷中一位出身平民的布衣丞相，他于前130年70岁时以贤良对策入仕，受到刘彻看重，前126年由掌治京师的左内史被擢升为御史大夫，两年后代替薛泽为丞相，并受封平津侯，是汉朝白衣拜相封侯的第一人。公孙弘历经大半生遭际后入朝，他决然选择了以适求存的处政方式，在卿相之位上有着与大多入仕读书人不同的风格。

策论得宠，老年为官

公孙弘是齐地菑川国薛县（今山东滕县南）人，字季，约生于前200年，与刘恒、贾谊为同代人。他年轻时在薛县为狱吏，因犯罪被免职，由于家境贫寒，只好到海边放猪谋生，四十多岁时开始学习《春秋》及各家解释。前140年时，上台之初的刘彻招贤良文学之士，公孙弘应召成为博士，他奉命出使匈奴，回来汇报时刘彻感到不合自己心意而恼怒，认为他无能，公孙弘遂借口有病，辞职回家。

在六十余年的生涯中，公孙弘两次入仕，但却遭到了巨大的挫折，史籍中没有说明他做狱吏时因何罪而被免，也未记载出使匈奴时什么言论而使刘彻恼怒，但两次挫折无疑是对他人生的打击，尤其是在攻学《春秋》二十年后，以饱有学问的博士身份出使，尚不能完满成事，这些结果一定促使公孙弘深刻反省自己六十年人生失败的原因。公孙弘早先为狱吏，通晓文法吏事，对法家的刑名之术有些熟知，后来改学《春秋》杂说，应该对儒家的政治学说有广泛涉猎。单纯的刑名之术与儒术均不能保证个人仕途的畅顺，这促使晚年成熟的公孙弘在自我反省中去努力思考和探寻一种更为切合现实的人生之术。

前130年，刘彻下诏征召文学之士，菑川国再次把公孙弘推荐上去。公孙弘大概对自己已失去了信心，推辞说："我以前曾去京师应召，因无能而被罢归，请另推别人吧！"人们坚持不愿更换，公孙弘遂去了兼掌选试博士的太常那里，太常让到场的百余儒生各自对答皇帝的治国策问。公孙弘的成绩被判为下等，当对策呈进御前，却被刘彻擢拔为第一。刘彻召公孙弘入宫相见，非常满意，任他为博士和待诏备用的官员。

公孙弘这次应召已年届七十，在回答刘彻策问中关于如何能建成上古时的天下大治之世时，公孙弘提出了对深刑重罚的非议，主张君主率行正道而以信待民，可达到上下相和的境地。他曾写道：

臣闻之，气同则从，声比则应。今人主和德于上，百姓和合于下，故心和则气和，气和则形和，形和则声和，声和则天地之和应矣。故阴阳和，风雨时，甘露降，五谷登，六畜蕃，嘉禾兴，朱草生，山不童（秃），泽不涸，此和之至也。……

公孙弘的对策以"和"为主旨，并提出了"顺之和起，逆之害生"的观点，虽未被太常之属所看重，但却深得刘彻之心。公孙弘在待诏备用期间，又向刘彻上疏说："陛下有先圣之位而无先圣之名，有先圣之名而无先圣之吏，是以势同而治异。先世之吏正，所以百姓诚笃；今世之吏邪，所以民众轻薄，导致政有弊端，法令失效。我听说周公旦治理天下，一年见成效，三年大改样，五年而成功。这恐怕就是陛下您的期望。"刘彻看到了这份奏书，问他说："你称赞周公之治，那你觉得你与周公谁的才能更强呢？"公孙弘回答说："我如此浅薄，怎敢比周公之才！虽然如此，我心里还是明白治道犹可效仿。虎豹牛马等禽兽不可制服，但经过受驯而服从了教习，就可任人驾服。我听说矫正弯曲的木头不过一天，销溶金石不过一月，人的生性难道会像禽兽木石那样顽固吗？治理一年使其变化，我犹觉得有些迟。"

公孙弘这次是带着家乡吏民的深情厚望来京应召的，且晚年赴召已无另外的机会，大概有一种志在必得的心情。他从对策的名次擢升中更清楚地看到了君主赏识对一个求仕之人的决定意义，因而在后来的待诏备用时主动上疏，大有求得刘彻看中而被重用的急迫心情。他在上疏中抓住刘彻在策问中已经显露的那种慕上古而急求治的心理，将刘彻比作先圣，认为世之未治的根本在于官吏不正。这既迎合了刘彻的虚荣心，又为自己这类待诏备用之属对朝官的替换做出了铺垫，他无疑是想着自己的升迁而上疏奏事的。当回答他与周公谁更贤能的问题时，公孙弘口头上承认自己难与周公相比，但经过一番婉转的类比，却表明自己治世成功并不需要周公那样三年五载的长久时间,由此向刘彻暗示了与口头认可有所不同的比较结论,既表现了应有的谦恭,又显示了自己的自信。

刘彻并没有因为公孙弘的上疏和自比周公的大言而立即重用他,也许是十年前出使有失的印象犹存吧,但从公孙弘这次来京的对策、上疏及对刘彻的答问中已经看到他处政方式的鲜明特点和老年待君的世故圆滑。

公孙弘见多识广,似乎颇有气度,他常说君主怕的是胸怀不广,臣子怕的是不节俭。他自己就使用麻布作被子,一餐不吃两种肉菜,奉养自己的后母十分孝谨。刘彻在其自比周公时就感到他的谈话与众不同,后来又觉得他行事敦厚,并且对君忠顺,于是非常喜欢他。刘彻的赏识使晚年公孙弘的仕途一下子步入了快速上升的通道,入京不到两年,他被任为掌治京师的左内史,五年时升任为御史大夫,前 124 年为丞相,一直到善终于丞相之任。

揣测君意,曲学阿世

公孙弘这次被朝廷任用后,表现了一些极为特殊的处世方式。

在日常行政中,他按朝廷的文书法令行事,事后又总会找出儒家的言论为行事作粉饰。公孙弘早年做过狱吏,熟悉吏事,后来攻学《春秋》,涉猎儒学,他把儒学理论用之于对当朝文法吏事的说明,在从政实践中实际采用了一条以儒饰法、儒法结合的处政方式。刘彻所以喜欢他,欣赏这一处事方式是其重要的原因。公孙弘是完全根据前半生从政失败的教训去揣摩和探寻自己的处世之道,不仅得到了君主的赏识,自己如愿以偿,且对刘彻本人内法外儒施政方式的选择,对汉朝王霸相杂之道的自觉形成也都起到了启发和推动作用。

在朝廷奏事,公孙弘总是尽力照顾刘彻的尊严并且不违背刘彻的意图,为此牺牲了自己的信誉和威信也在所不惜。议事时他总是先把问题的各个方面讲清楚,让刘彻自己去决定。他从不与刘彻当庭辩说,有不同意的事情,则与同僚汲黯请求刘彻单独会见,到场后等汲黯先把意见提出来,他在后面加以推究解释,刘彻听了常很高兴,对他的意见大多听从。公孙弘所提的不同意见很可能有合理之处,但他并不当庭提出,就是顾忌庭辩会伤及君主的尊严;他拉上汲黯求见刘彻,想必是有意利用这位耿直的同僚,在私下召见时亦不出头,仅仅充当不同意见的解说者，既避免了与刘彻正面交锋，又为自己留下观颜察色、临机应变的机会，也为刘彻充当了走下台阶的垫阶人。对君主考虑得如此周全又言语妥帖的臣属，刘彻自然非常赏识，乐于听从。

公孙弘曾与朝中公卿约定了某项建议去见刘彻，见面后大概是刘彻坚持自己的意见吧，公孙弘最后完全背弃了与公卿们的约定，顺着刘彻的意图说话。汲黯当场责备说："公孙弘多诈而不老实，当初他与我们一同提出这项建议，现在却全部背弃，对人不忠。"刘彻就此相问，公孙弘表谢说："知臣者以臣为忠，不知臣者以臣为不忠。"刘彻认为说得有道理。在这里，刘彻与公卿间发生意见冲突，公孙弘看清了刘彻不曾相让的态度后立即表示了对君主的支持，尽管他可能认同公卿们的意见，并且先曾与公卿们有相议同谏的约定，但在关键时刻他还是放弃了正义、抛掉了诚信，因为他要首先选择对君主的忠顺。公孙弘在这里的不诚实和对君主的表里不一被无情的同僚当场揭破，按说是他最为尴尬的时候，但他含混其意，巧言一饰，竟使刘彻更为宠幸。公孙弘的从容回答中依峙着刘彻对自己的一贯信任，实际是向刘彻转达了许多暗喻：自己为支持君主而开罪了同僚，只有君主才是自己的相知者；在君臣分歧中做事处人本有许多难言之隐，同僚们认为自己不忠那是不能理解人的表现，相知的君主自能理解自己之忠。公孙弘并没有直接回答刘彻的质疑之问，但他的含混之答极为巧妙地向刘彻表示了自己的许多隐情和高度的忠诚，得到了刘彻的认可。至于对公卿们的临机背叛及由此引起的信誉的丧失，公孙弘已并不在意了。后来尽管刘彻身边的宠臣不断诋毁公孙弘，但刘彻总是很看重他。

贫寒出身的公孙弘养成了一种节俭之行，入朝后也以省减民力的心态去考虑事情。在他待诏备用期间，朝廷正征发巴、蜀之民修筑西南夷的通道，他被刘彻派往当地视察，回来后他坚持认为开发西南夷对朝廷没有好处，刘彻并未听取他的意见。数年后他担任御史大夫，朝廷不仅继续开发西南夷，而且东筑沧海郡（在今朝鲜半岛中部），北筑朔方郡（今内蒙古河套西北部和后套地区，治所在今杭锦旗北）。公孙弘多次劝谏，认为这些事情耗费国力，又毫无意义，希望停止下来。于是刘彻让中大夫朱买臣等人发策诘难公孙弘，就设置朔方郡的有利从十个方面提出论辩，公孙弘一个也没答上来，于是谢过说："我这个山东鄙俗之人，不知道筑朔方郡有这么大的好处，希望停止西南夷和沧海郡的建设而专营朔方。"刘彻同意了他的请求。

开发中原的周边地区,自然不乏长远的意义,但当时的人们未必有多么深远的历史眼光,加之耗费民力过大,伤及国力,要求停止这些费功而无益的活动,其建议主观上不失对国家的忠诚。公孙弘多次坚持这一主张,应该是合于他的节俭之性、发自内心,他对该建议的正确性自信不疑。但当朱买臣等人发策诘难时,公孙弘一定是揣测到了刘彻为其幕后的主使人,他的态度遂骤然变化。朱买臣为侍中,属中朝之人,为皇帝的亲信,其对自己的诘难反驳代表着刘彻的意旨。出身贤良文学的公孙弘对十策未曾答复其一,并非他对自己原来的主张顿感错误、理屈词穷,而是不愿继续站在刘彻的对立面。本来公孙弘知道刘彻修筑之意,但他没有料到刘彻的决心如此坚决,对自己的驳难如此之猛,他由此料到了君上对自己所提意见的怨恨之深,看清了这样的风向。他立即转舵而行,有保留地支持了刘彻,于是对朱买臣的诘难不仅不作反驳,而且表示了真诚而严厉的自责,与其说他在这里是折服于朱买臣的论辩十策,不如说他顺从了刘彻的心意。

公孙弘无疑是有经历、有学问的人,但他不是把自己掌握的经验和学问作为追求正义或伸张自我的工具,而是作为讨好君上、攫宠持位的手段,他在从政实践中不乏自己独立的判断和见识,但他曲学阿世,总是最终把君主的心意作为行为选定的向标,以自己的学问为朝廷政治和君上行为作粉饰、作论证。公孙弘的处政方式是他以几十年的人生失败为前鉴而揣摩探寻出的人生求进之道,是一统天下中的专制体制下善于政治投机的文化人功利化的行为选择。

外宽内忌,阴陷同僚

公孙弘以功利为目的的政治投机常常遭到朝臣们的鄙视,尤其是他背弃公卿而一意讨好君主,使他与同僚们的关系常处于紧张状态。公孙弘是一个外示宽厚而中心猜忌之人,他多次暗中设置陷坑,对与己不合的同僚打击排挤,而依靠刘彻的信任,他的陷害总能成功。

主爵都尉汲黯曾当庭向刘彻反映说:"公孙弘位居三公,俸禄甚多,可他用的是麻布被子,这是欺诈行为。"刘彻私下召公孙弘询问此事。公孙弘表谢说:"有这事。九卿中与我关系最好的是汲黯,他的话真的切中了我的毛病。身为三公而用布被,的确是虚伪欺诈、沽名钓誉。我听说管仲为相,齐桓公靠他的辅佐称霸，他的奢侈比拟于国君，这是一种僭越。晏婴辅佐齐景公，一餐不食两种肉菜，侍妾不穿丝织衣服，国家也治理得很好，这是他向下比于平民。现在我为御史大夫，用的是布被，弄得九卿以下直至小吏没有了贵贱差别，确如汲黯所说。再说没有汲黯的忠诚，陛下您怎能听到这些话呢?"

汲黯把公孙弘使用布被作为一个问题来提出，是因为当时的人们认可由生活方式所反映的等级差别，汲黯是把公孙弘反常的生活方式当作品行上沽名钓誉的欺诈来认定的。当刘彻私下向公孙弘证实其生活事实时，公孙弘不仅肯定了汲黯反映的真实性，而且肯定了汲黯对君主的一片真诚。公孙弘向刘彻举出了管仲和晏婴两位佐主有成而奢俭迥异的人物，旨在说明生活奢俭与佐主的成就没有关系;同时两个事实还暗喻出:俭朴如晏婴者并无欺诈之过，而奢侈如管仲者反有僭越之嫌。天下没有哪个君主愿意臣下有僭越之行，公孙弘的两个典型例子自然已使刘彻对俭朴如晏婴者心有所许，从而使其对自己根本不是什么问题的布被之事失去了任何芥蒂。但公孙弘口头上仍然承认自己以三公过俭而搞乱了等级差别的过错，并且称赞汲黯对自己指责的切中要害。他有意地把汲黯说成自己最为相知的好友，既反映出了汲黯缺少友情和人情的品性刻薄，又衬托出了自己对负义相欺者的包容和做人的宽厚。果然，刘彻听了公孙弘的这番解说后，对汲黯心中不悦，而认定公孙弘是一位谦让仁厚的君子，对其更加看重，不久即升他为丞相。

作了丞相的公孙弘对刘彻进言说:"京师右内史的辖区内有许多皇族贵人居住，很难治理，不是有威望的大臣不能胜任，请求让汲黯任右内史之职。"刘彻同意此请。当时右内史的辖境在今陕西秦岭以北，东过潼关，西达宝鸡，北至旬邑的地区内，地属畿辅，治所虽在长安，但相当于一郡。公孙弘曾以汲黯的相知好友自居，又向刘彻已显示了他的宽厚品行。在刘彻心怨汲黯时找出理由，调其改任右内史，实为一郡守之职，公孙弘以重用的名义将汲黯排挤出中央中枢。

公孙弘是以贤良文学之士相召入仕的，但他的道德学问比不上董仲舒，且因诣谀阿君而被时任中大夫的董仲舒所鄙夷。当时的胶西王刘端为人阴险狠毒，曾杀害过朝廷派往胶西的多位国相和高级官员，因他是刘彻之兄，朝廷不好处置。公孙弘位至公卿后对刘彻说:"只有董仲舒可以在胶西任相。"他名义上看重董氏，实际是想借刘端之手将其杀害。董仲舒到了胶西，一是因刘端慕其大名而善待之，二是董仲舒不久借病辞归，公孙弘的目的才未达到。

主父偃是公孙弘的同乡，通晓百家之说，以上书奏事被刘彻重用，也属当朝股肱之臣。他曾力主修建朔方郡，与公孙弘的意见正相对立，为刘彻所采纳。前127年主父偃出任齐国丞相时因故追究齐王刘次景的淫乱之事，致刘次景自杀。刘彻将主父偃召回京师交法官治罪，后来准备将其赦免。时任御史大夫的公孙弘对刘彻说："齐王自杀后没有继承人，国土要被收回朝廷建郡。这件事主父偃是主要责任者，陛下不杀掉主父偃，就无法向天下交代。"刘彻的朝廷自然乐于得到诸侯的土地，但绝不愿对外界造成有意逼杀刘次景而喜得其地的印象。公孙弘抓住了刘彻得齐地而亟欲塞责的心理，使其改变了原来的决定，最终杀掉了主父偃，他借机会毫无痕迹地除掉了曾与自己作对过的同僚。

以阴恶的心态暗中陷人是公孙弘常有的行为。当时因为朝廷对匈奴的战争而国库空虚、财政紧张，河南郡有一位叫卜式的牧羊平民上书，愿捐献自己田宅畜羊的一半家产支持战争开销。刘彻派使者去询问，卜式并没有做官的愿望，也没有邻里冤仇要向朝廷申诉，是毫无条件地捐助。刘彻将此事告诉公孙弘，公孙弘竟认为这种捐助不合人之常情，认定卜式为"不轨之臣"，让刘彻不要答应。身任丞相的公孙弘用一种投机和功利的心理看待社会和人生，他不能理解这位牧羊平民无私的报国之心，尚可理解，但他将对方指认为不守法规之民，就纯粹成了一种恶意的诬陷。既然他对一位与自己毫无利害牵碍的忧国平民亦存踩踹之心，那就不能指望他对同朝共事的同僚不做出暗中陷害。

善终相位，皇家赏识

公孙弘曲学阿世、阴陷同僚，算不上一个正直的读书人，然而，无论其行操如何为世人所诟病，皇家却始终对他信任不疑、赞赏有加。公孙弘为相第三年，淮南王刘安谋反事发，案情重大，牵连数万人被杀。公孙弘以为自己无功封侯，位至丞相而没有引导臣子走上正道，他向刘彻上书痛责了自己的失职，以有病为由，提出了辞职让贤之请。刘彻收到奏请，立即作书答复，其中表明了自己守成时崇尚文治的原则，肯定了公孙弘的谨言慎行之风，自己承担了治国的责任，认为丞相辞职是彰显了自己的过失，拒绝了他的辞职；并劝公孙弘对朝事少用心思，保养精神，用心治病；另外还给他赐予假期，送去牛酒和礼物，表现了对其极大地关爱与看重。当时公孙弘的身体之病是有的，但主要是由刘安之案而产生的心理压力过大,他的辞职出于自我保护的目的,应该是忠诚的请求。但刘彻对他一往情深,并无丝毫责怪之意,这是对他以文治国、谨慎处政的肯定和无比信任的表示。公孙弘的心病解除,他的身体之恙几月后就痊愈了,不久又上朝办公,而他的辞职之请反倒显示了恭谦让贤的品行。

前121年,79岁的公孙弘在丞相之任上去世,应算是寿终正寝。他的儿子公孙度继承了平津侯的爵位。汉朝以前的丞相和侯爵都是因功而任或外戚受封,公孙弘第一个以平民身份得到了这些,并且能善终于任上,爵传子嗣,这与刘彻的赏识信赖大有关系。

过了120多年,到了西汉末期,朝廷主政的太皇太后王政君向高级官员发诏提倡节俭,其中就大力赞扬公孙弘节俭与谦让的品行,认为"朝中宰辅大臣身行节俭,轻财重义最为突出的,没有人赶得上原丞相平津侯公孙弘。"他使用麻布被子,吃饭只有一个肉菜,当年对汲黯沽名诘难的回答,以及以病请辞的事实,都成了节俭与恭谦的范例。公孙弘嗣位的儿子公孙度当时在山阳郡(治所在今山东省金乡县西北的昌邑)太守之任上十余年时已犯法失侯,而百年后的王政君让赐给其当朝的嫡系子孙关内侯之爵,封给食邑三百户,并亲授给官爵。公孙弘至此已被汉朝皇家打扮为一位道德楷模,成了引导流俗和风化、令世人效仿的先贤。

对于公孙弘其人,看来他的同朝公卿和皇家主政者有着不同的评价。同僚看到的是一个为人不诚、逢迎主上和善于构陷他人的狡诈投机者;主政者看到的却是一个谦和节俭、宽厚处事、谨言慎行、富有学识、为政干练和无比忠顺的稳重老臣。不同的评价其实各有依据,它是公孙弘在处世上以不同方式对待不同人物的必有反映。公孙弘在后期的从政生活中把世人分为自己仕途命运的决定者和无所影响者,面对前者时他尽力展现自己,又极尽曲顺,以谋求赏识信任为能事,而对后者则略无所顾,并且不惜必要时的背叛和构陷。公孙弘自有简朴、孝谨、多识、机敏的特点,这些特点经过同僚们的感受和比较,认定为狡诈虚伪;而经主政者的感受,则愈加认定了他的贤才之质。

司马迁认为公孙弘所以仕途辉煌,是因为他遇上了汉朝招募文学才俊之士的好时机,但也认为公孙弘是才德善美之人。班固认为当时朝廷人才济济,而"儒雅则公孙弘、董仲舒",对其也有很好的正面肯定。皇家主政者站在自身的立场上看待公孙弘,给了他极高的人格评定,两汉史家可能受到当朝舆论的影响,忽略了其政治生活中的许多人格缺陷,故对公孙弘的评价也不低。其实晚年入朝的公孙弘是一位富有学识和人生经历,善于看风使舵和逢迎主上,以个人进取为最高追求的政治投机之人,他的曲学阿世虽有半生教训的被迫成因,但这一处政方式自觉地取消了政治生活中的正义与道德,倡导了一切以君上意志为取舍的官场邪风。公孙弘个人的仕途成功,在专制体制下有其必然性,这一成功及皇家对其人格的褒扬实在是彰显了一种劣质的处世风格,不可避免地形成对仕宦世风的误导。公孙弘的生活简朴和为人谦和自然是一种可以称道的品行,但这并不是他复杂人格的本质方面。借非本质的特征树立其人,利用他的人格示范作用导引忠顺阿世的世风,也许正是西汉末王氏当政者的真实用心。一个节俭的、谦和的公卿高官,他若抛弃良知和正义、一味曲学阿世,这其实并非优秀的人格。如果社会不是以他为肯定、褒扬的楷模,反而视其为贬斥的对象,这样的社会才不失兴盛的希望。

朱买臣：书中乐找黄金屋

西汉大臣朱买臣家境贫困，以读书论学取宠、因书得贵。他得志后气度犹狭，睚眦必报，显示了一位贫穷读书人富贵后的心理局限。

苦中作乐，读书致宠

朱买臣，字翁子，会稽郡吴（今江苏苏州）人，早年家贫，不治产业，以砍柴挑卖为生，但极好读书，常挑着柴担，边走边读，时或路上唱歌。他的妻子常跟着一块去卖柴，感到羞惭，劝他不要路上唱歌，因见其习性不改，遂提出分手离去。朱买臣笑劝道："我五十岁会富贵，现已四十多岁了，你跟我受苦日久，待我富贵后报答你。"妻子怒骂说："像你这样的人，最终会饿死在沟壑，有什么富贵可言？"最终离去再婚。朱买臣独自过着他那贫穷、凄凉又自我快乐的生活。

数年后，朱买臣跟着考核地方赋税的官员公干，随辎重之车到了长安，因事情不顺，耽误了时日，在生计艰难时碰到了已富贵发迹的同乡庄助（后人避汉明帝刘庄之讳，也称他为严助），因庄助举荐，刘彻召见了他，朱买臣向刘彻讲解《春秋》和战国时屈原的《楚辞》，深得刘彻欣赏，遂被拜为中大夫，与庄助同为侍中，成了皇帝的近臣。

朱买臣为侍中时，适逢主父偃提议修筑朔方郡，御史大夫公孙弘劝谏此事，认为这是经营无用之地而消耗国力，刘彻让朱买臣发策诘难，朱买臣向公孙弘提出了十个关于置朔方郡利害的问题，公孙弘一个也答不上来，并且自己认输道谢，朝廷最终决定修筑朔方郡。其实公孙弘的认输道谢是他看清了朱买臣背后有刘彻的主使，因而有意做出的退让，但也由此看出朱买臣在朝廷的走红。

朱买臣为侍中时曾因罪错而被免职，过了一些时日，刘彻召他为候命咨询的"待诏"。当时东越与汉的关系反复不定，待诏的朱买臣提议说：过去东越王驻军泉山(后称清源山,在今福建泉州市),一人守险,千人难上。现今东越王迁宫南去,距离泉山五百里,居于大泽中(今台湾海峡),不如从水路发兵,在泉山会合,然后大军乘舟,出师向南,可以攻灭东越。"刘彻基本采纳了他的建议,任他为会稽郡太守。朱买臣去会稽任职后,打造楼船、准备粮食和水战用具。一年多后的前135年,他受诏令率兵,协助将军韩安国等人出击东越。制服了东越,他因功被征召入朝,任掌管封爵事务的主爵都尉,列于九卿。

朱买臣入朝致仕,自然有同乡庄助相荐的偶然机遇,但他刻苦读书,学识丰厚,却是庄助所以举荐的缘由,也是他能取得刘彻宠幸的根本。朱买臣是靠自学而成才的,他贫穷时心有诵读之乐,困苦中不失成功自信,近五十仍痴书不改,其能致仕朝廷亦非偶然。当时刘彻身边以上书得宠的近臣不少,但一听朱买臣对《春秋》的解释,即安排他诘难公孙弘,后来又安排他会稽太守的职位,临行前刘彻对他说:"富贵不归故乡,就像穿着锦衣晚上行走。现在你感到如何?"朱买臣叩首称谢。朱买臣应该与项羽同乡,刘彻一定认定他有着与项羽荣归故里那种同样的心理企求,在纳谏任职时有意引述他的那位老乡之言,表明自己是有心给朱买臣一个衣锦还乡的机会。后来朱买臣会稽立功后又提升他至九卿之位,这都表现了刘彻对他的分外赏识与宠幸。贫穷中的朱买臣无疑是以读书之径走向富贵的。

一朝得志,酬报恩怨

贫穷出身的朱买臣在受宠得志后没有忘记往昔的个人恩怨,他以不同的方式给予了酬报。

朱买臣在侍中之位被免职时,曾经在会稽郡驻京公馆暂住寄食过。被任为会稽太守后,他穿上过去的旧衣裳,怀揣太守的印绶,徒步进入公馆。正值各地官员上京呈报考核文书之时,许多会稽官吏在公馆相聚饮宴,未理会他,朱买臣进入内室,与值班之人一同吃饭,即将吃完时他亮出怀中印绶,值班人觉得奇怪,把印绶拿过来观看,见是会稽太守的印章,非常吃惊,即刻外出报告给呈报文书的官员,这些官员都已喝醉了,大声喊道:"胡说八道!"值班人说:"你们不妨来看看。"向来看不起朱买臣的人即入室观视,出去后大喊"是真的!"所有宴席上的人都很惊骇,说给主管公馆的守丞,大家按职位排列在中庭拜见新太守,朱买臣缓步出户接受拜谒。不大一会儿，主管朝廷车马送迎事务的厩吏乘坐驷马车来迎，朱买臣遂乘车前往会稽。

朱买臣在会稽公馆寄食时，可能当时并未被人看重，被任太守后，他或者还想再次试探公馆人员对待自己的态度，于是自我导演了一场对公馆之人和会稽官吏的戏弄和耍笑，他以自己尊贵身份的隐与显，使一大群看不起自己的故旧们本性彰显，丑态毕露。从这些人物对自己前倨后恭和惊慌无措、尴尬拜谒的行为中，他终于收回了往昔丢失的尊严。也许会稽的官员和公馆之人曾经看不起自己，但经过这样的表演，自己已完全有资格蔑视他们——朱买臣在对故旧相识的戏弄中有了偿酬怨恨的满足，也在此获得了心理上的优越感。

朱买臣前往会稽赴任，会稽的官员听说太守将至，组织人们清除道路，县吏等官员全去迎接，有车百余乘。进入吴界，朱买臣看见自己的前妻和她的丈夫在修整道路，遂停下车来，令将他们夫妻载于后面的车中，拉到太守住所，安置于园中，提供给饭食。大约一月后，前妻上吊自杀，朱买臣送给其丈夫钱财，令其安葬。他对过去曾有过一饭之恩的故人全都予以报答。

会稽官员组织人力修整道路，朱买臣的前妻与丈夫恰在其中，这很可能是朱买臣的刻意要求。数年前妻子要离他而去，朱买臣劝之不得，难以强求，这次一定是他向会稽官员提出，有意安排了对前妻及其丈夫的羞辱。前妻离去再嫁，完全是她个人的选择，想必她听到朱买臣为太守的消息后，不会产生为其修路讨好的心愿，她已经有了自己既成的生活道路，没有沦落到只有靠太守接济才能活下去的地步。然而这对可怜的小民夫妇在当地官员的要求下前去修路，又被太守载入住所，被迫过上了靠施舍吃饭的生活；而施舍者恰恰是妻子数年前"背叛"了的前夫，这分明是一种强加的侮辱。在这位女人看来，和丈夫的生活要依仗那位自己曾经离弃了的前夫，而自己又无力摆脱这一嘲弄，无尽的悔恨、羞辱及愤恨难以排解，她最终选择了自杀。

朱买臣当年曾劝妻子留下，但遭到了一顿恶骂，终被离弃，更可恶的是妻子竟寻夫再嫁，使他蒙受羞辱，对此自然心中恼怒。他本来没有干预前妻生活的权力，但专制制度下太守在郡内的权力是无尽的，他一到任上，就一手导演了对前妻特殊的报复。他要让背叛了自己的女人和那位使自己蒙羞的男人一同蒙受更大的羞辱，要在对他们的羞辱中感受报复的快感和自己不可侵犯的尊严。

朱买臣报复前妻的特殊方式事出有因。他当年被妻子离弃后曾经一人挑柴唱歌，在一坟墓旁休息，前妻与丈夫一家上坟时碰到了他，见他又饥又渴，就招呼他来吃饭。饥寒交迫之下，朱买臣自然不会拒绝饭食，也难说不会产生感激的心理。但时过境迁，当他成了一郡太守后，这一事情很可能成了心中的阴影。大丈夫不食嗟来之食，何况施舍人是自己的忘义之妻及再婚之夫，他感到自己在此蒙受了最大的人格侮辱，因而在身任太守后，就宁愿充当对方吃饭饮食的施舍人，以表明自己人生与人格的优越。再婚的前妻与丈夫自然没有走到为饥寒所困、必须依仰他人才能生活的地步，但朱买臣有权在手，他不惜以强迫性的方式实施这一安排。在他看来，这不全是一种报复，而是在抚平自己的内心的痛伤。

朱买臣前妻的坟墓据说在今江苏嘉兴县北18里之地。人们认为她是羞愧而死或蒙羞自尽，故称其坟为"羞冢"。宋人周卯曾写《羞冢》一诗云：

当年一弃会稽侯，野墓烟荒锁别愁。

惆怅不逢郎衣锦，至今粉骨尚含羞。

明初学士方孝孺也曾写同题之诗曰：

青草塘边土一丘，千年埋骨不埋羞。

丁宁嘱咐人间妇，自古糟糠合到头。

事实上，周、方两人的诗中蕴含着一种极为陈腐的观念。墓主生前曾轻鄙文章，藐视学人，也看不见读书诵文背后蕴藏的功名富贵，有其认识的偏失和短视，但她无疑有设计自己人生道路的权利。她在生活困境中辱骂并离弃朱买臣，确有婚姻道德上的瑕疵，但这并非多么重大的罪错，也不成为后来受人羞辱和唾骂的理由。她曾在前夫饥寒之困中有所接济，前夫的发达也许是她一直未改的心愿，然而富贵了的前夫却强加给她无端的羞辱，且使她难以躲避，她在强者的欺侮中选择了自杀，毋宁是一位值得同情的人物。人们提倡世间的糟糠偕老是可以的，但绝不应对被迫蒙羞的弱者妄加贬斥；真正应该感到羞耻的只能是悲剧的刻意制造人——墓主曾经接济过的那位衣锦还乡而心底不及他统辖之地宽大的前夫。

怨报同僚，败人自毁

朱买臣在主爵都尉的职位上干了数年后，因犯法被免，降职为丞相长史，为丞相府的属官。这期间他与御史大夫张汤结下了不解之怨。

当年朱买臣与庄助同为朝中侍中，贵幸受宠时，张汤为朝中小职员，受朱买臣等人的指使而办事。过了许多年，张汤升任廷尉，为当朝有名的酷吏。前122年朝廷处理淮南王刘安反叛之罪，牵连到庄助，庄助本来要被刘彻赦免，但因张汤的坚持而被杀。庄助是荐举朱买臣的同乡恩人，朱买臣对张汤的这次构陷非常怨恨。到后来朱买臣降职为丞相长史时，张汤已升任御史大夫，常兼管丞相职事。张汤知道朱买臣平时骄贵，有意陵折，遂在朱买臣来见时坐在床上不还礼。朱买臣更加怨恨，常愿以死相拼。

前115年，朱买臣联络王朝、边通两位长史一起行动，在丞相庄青翟的支持下，派官吏逮捕了与张汤有经济牵连的商贾田信，拿出证据后告发张汤，说张汤每向刘彻上奏时，田信常常知道那些事，因而事先准备，囤积财物发财，与张汤分赃，还有其他犯罪之事。刘彻欲搞清真相，多次派使者追究此事，最后让另一酷吏赵禹审讯张汤，张汤受逼自杀。

张汤用法苛严，待人冷酷，声名不佳，但属当朝炙手可热的人物。朱买臣舍力致死了张汤，无论其动机如何，还是被许多人看作豪壮之举。清人袁枚读史至此，认为朱买臣此举可比汉初萧何曹参的开国之功，写《朱买臣》一诗云：

> 采薪歌罢雪花飘，五十登朝气转豪。
>
> 杀得张汤刀笔吏，一行功已敌萧曹。

张汤当时是刘彻宠幸和重用的朝臣，他自杀前表达了对刘彻的感激，留下遗言说："陷害我的是三位长史。"张汤死后，刘彻有感于他的廉洁与敬业，大概有些悔意，于是释放了田信，任用了张汤的儿子张安，并追究和杀掉了朱买臣等三位长史。朱买臣心恨张汤，愿意舍命相拼，他最终以报复张汤而自毁，怨恨酬报，但很难说得上临终时是笑赴黄泉。

朱买臣的坟墓在今浙江嘉兴市东。清人吴伟业曾在经过瞻观时感慨生情。他认为墓主继庄助接连为会稽太守后恩怨过明，气量狭窄，最终溺于宦海，倒不如挑柴一生。为此写《过朱买臣墓》，其中讥讽了其对前妻的羞辱。诗云：

> 翁子穷经自不贫，会稽连守拜为真。
>
> 是非难免三长史，富贵徒夸一妇人。
>
> 小吏张汤看踞傲，故交庄助叹沉沦。
>
> 行年五十功名晚，何似空山长负薪。

朱买臣受庄助荐举而被刘彻召见应在前139年,若该年他大约50岁,则他是前189年出生之人;前115年他与张汤同年受诛,卒年约74岁。史载,朱买臣的儿子朱山拊曾为六安(今属安徽)国相,公元前70年主右扶风(今陕西旬邑、咸阳、户县以西及秦岭以北地区),官至郡守之级。朱山拊任右扶风时应该不会高达70岁,如果这一假设稳妥,那他必是前139年之后出生的人。也就是说,他必非朱买臣前妻所生,乃是父亲长安任职后第二任妻子的生子。可以想象,朱买臣在发达富贵后又重建家室,富丽的京城长安和繁华的吴地家乡应该不乏朝中新贵可以满意选娶的佳偶。朱买臣因苦学发迹,他从书中既得到了黄金屋,又得到了颜如玉。

宋人王应麟在编纂的《三字经》中提到:"如负薪,如挂角,身虽劳,犹苦卓。"就是用朱买臣和隋朝李密的事迹来鼓励少年刻苦读书。朱买臣当年苦中作乐、了无功利之心的读书事迹的确难得。其实,读书属人格塑造的途径,它能改变人生,但却难以完全承载贫中发迹、得金获玉的功利。而负薪苦学的朱买臣虽然人生发迹、金玉到手,但读书似乎并没有开阔他的心性。以无端羞辱前妻的狭隘心胸去入宦致仕,哪里会有好的结局?"何似空山长负薪"的后人感叹表明,他的读书并不算十分成功。

张汤:运用苛法编织起怨仇的罗网

刘彻在加强专制集权的过程中任用了一批严苛行法的酷吏,张汤就是其中典型的一位。

张汤,杜陵(今西安市东南)人,父亲为长安丞,让他从小学习刑狱文书。父死后张汤长时间担任长安县吏,后在宁成主持的内史府供职,不久调任茂陵尉,主持刘彻陵墓的修建工程,其后为丞相史,前130年因刘彻的赏识而被任太中大夫,不久升为掌管刑狱的廷尉,列为九卿,前121年为掌管监察与执法的御史大夫,位在三公,前115年因受众同僚谋陷而自杀。

张汤精于律令,推行苛法,是刘彻朝中有名的酷吏。他的治政活动体现着当朝政治的某些特征,其人生浮沉也有不少耐人寻味之处。

攀附权贵,官路畅通

张汤家在京城之郊,从小对官场交往的风尚应有耳濡目染,加之父亲多年做长安县丞留给他的交往资源,使他在初为长安吏时就颇善攀附。当时王太后的异父弟、田蚡的弟弟田胜初任九卿,因故被关押在长安监狱,身为长安吏的张汤尽全力帮助,田胜出狱后被封为侯,与张汤深相交往,将其介绍给许多权贵人物,张汤不久就被担任内史的宁成用为助手,任内史掾。宁成是刘彻执政后从济南都尉任上专门选来执掌京师治安的中尉,旋因执法严厉而调任掌管京畿之地的内史,为一时名臣。宁成认为张汤很有才干,把他推荐给丞相府。当时朝廷正在茂乡为新帝刘彻修建陵墓,张汤被任为负责此项工程的茂陵尉。当朝皇帝的陵墓修建历来是朝廷的重大事项,张汤执掌此职,表明他开始进入朝廷选用视野,他的仕途已一片看好。

前135年武安侯田蚡作了丞相,即征调张汤担任属下助手,为丞相史。田蚡还不时将张汤推荐给刘彻,让替补御史之职,使单独承办重要案件。做了几件事情后,刘彻很看上他的才能,于是升他为秩比千石的太中大夫,成了皇帝的近侍之臣,其间受命与赵禹共同制定多项律令。赵禹是刘彻当时信任的宠臣,由中尉而升任掌管皇家私府事务的少府,张汤将赵禹像兄长一样看待,与其合作得非常友好,这一定使刘彻更为欣赏,张汤不久就位至九卿,而后荣升三公,走入人生更为辉煌的时期。

张汤一生官运亨通,这除了父亲早年的培养和本人的才质之外,他对权贵人物的攀附也实在是架起了官路畅通的桥梁。田胜、宁成、田蚡、赵禹及刘彻本人都对张汤的人生变迁发挥了重要的提携作用,尤其是田氏兄弟,把张汤由京郊的低层官吏荐举和携带入朝廷重要部门,使他由默默无闻的小吏很快进入国家最高执政的选用视野中,短时间实现了人生脱颖而出的地位转变,为他后来的恃才求进创造了极有利的前提。反过来看,张汤对权贵人物的攀附本来就是他的有心而为,在专制集权愈益强化、君长主宰政治事务的社会背景下,张汤这一手法正是他人生道路起始之时自我设定的极有成效的行为。

顺承君意,上下讨巧

张汤在替补御史职位上所办最重要的事情是审理皇后陈阿娇巫蛊之案。蛊,本指传说中人工培养的毒虫,古人认为用埋木人为蛊以诅咒的邪术可以引祸于人。前130年,失宠多年的陈皇后被告发在宫中巫祝,张汤受刘彻之命查究此事,他审理出女子楚服等人替陈皇后行巫蛊诅咒的事实,案子很快结清,陈阿娇被刘彻废黜了皇后之位,贬入长门宫。

陈阿娇因久不生子和自作骄贵而失宠多年,只是碍于其母亲刘嫖是刘彻的姑母,在早年刘彻被立太子一事上有恩有功,刘彻才勉强忍耐,未作了断。当时刘彻正在宠幸着卫子夫,对陈阿娇正处在有心废黜而理由不足的时候。张汤审理出陈氏巫蛊之案,为刘彻提供了了断陈阿娇的充足理由,既显示了自己的才干,又迎合了君主的内心需要,他正是因此而被擢升为太中大夫的。作为皇后的陈阿娇以及她的母亲长公主刘嫖曾在宫中恃有窦太皇太后的势力,多年来几乎无人敢于触犯,刘彻也只好让她三分,但在前135年刘嫖之母窦氏去世后,刘彻的权威已大大加强。张汤也是看准了这一政治情势,在皇宫内的矛盾纷争中作了一次成功地赌注,他是摸清了最高执政者的心思,顺其心脉下注,由此赢得一赌,得到了刘彻的赏识。

张汤在廷尉的职任上窥测刘彻心意,逢迎谄君,上下讨巧,采取如下许多手法,竟在朝廷赢得了不小的名望。

其一,顺着君主创导的原则行事。当时刘彻正提倡儒学,张汤每判大案,总要附会古代圣贤的思想。他聘请博士弟子研习《尚书》、《春秋》等儒家经典,让他们担任廷尉的助手,遇到可疑难决之处,就根据经典中的义理来调平。给刘彻上奏时,也一定要分析和讲清各方面的缘由。

事实上,对疑难案件的判决总有许多不同的思考角度,各种不同处置也都会有各自的根据和理由。张汤从儒家经典中引出判案的依据,实是从根本上切合了刘彻的政治理念和治国原则。儒家经典中并无稍微严格的法制内涵,但完全可以从中理出应有的是非观念和善恶标准,会保证判案不出现大方向上的差失。另外,张汤让儒家博士弟子担任助手,参与治案,不仅是一种责任分担的方式,也是从形式上尊崇了儒学,紧跟了刘彻的倡导。他上奏时向刘彻讲清各方面的理由,既显示了对君上的尊敬,也是对自己判案精细的显示。

其二,以君主意志定是非。张汤向刘彻上奏对疑难案的判决结论,凡是刘彻肯定的,就作为依法判决的案例,列入廷尉的成文法规,并用来宣扬君主的圣明;如果所奏判决受到刘彻指责,他就随机认错谢罪,顺着刘彻的意思来决定。

其实,张汤上奏的判决结论并非没有自己的理由,然而,在张汤看来,这些理由只有在刘彻认可后才是成立的,而一旦与刘彻的旨意不相合,任何理由都不成为理由。张汤在办案前堂而皇之地寻找古代义理和圣贤思想为依据,但归根到底他是以当朝君立的意志定是非的。他把刘彻肯定了的判决作案例,列入成文法律,更是把君主的意志作为日后判定是非的标准。在这样的司法理念下,刘彻就成了立定是非、口含天宪的英明圣君,而力行这种理念的张汤自然会被刘彻所青睐。

其三,在适当自贬中上下讨巧。在刘彻指责上奏的判决时,张汤不仅认错谢罪,还会列出属下若干佐理官员说:"他们的建议正像您刚才指出的一样,只是我没有采用,才办出了这样的蠢事。"有时上奏得到刘彻赞许,他会说:"我并不知道写这样的奏章,是佐理人员某某写的。"他常扬人之善并稍作自贬,即便有些过失也能被刘彻宽恕。

　　张汤在奏报中有意自贬而能够得恕邀宠其实是有道理的。当刘彻责备某一判决时,实际上是把张汤的判案结论放在了相反的对立之地,张汤认错道谢,已表明了对刘彻判决结论的赞成,他指出下属们早有此议,是要把刘彻的结论进一步捧为广受拥护的判决,使刘彻感受到内心的踏实和满足。他的自我贬损也为自己的随机认错作了应有的铺垫。张汤不断地在刘彻面前褒扬下属,既使刘彻感到了他从不嫉才的美德,又推荐了下属,使下属感到受宠任的荣幸,会同时得到刘彻和下属两方面的喜欢,对这样上下相得的廷尉,刘彻自然会逢过必恕,以示厚爱。

　　其四,观察君意而选择审案之人。张汤碰上案子,总是揣摩刘彻的心意,如果是刘彻想要加罪的案件,他就把案子交给执法刻毒的监吏去办理;如果是刘彻要宽恕的案子,就交给执法轻平的监吏。

　　张汤曾参与制定了比以前更严酷的法令,看来这些法令仍留给执法者极大的灵活性。一个执法严苛的审案人与一个执法轻平的审案人对同一案子可能会有不同的判决结论,张汤深明个中奥秘,遂利用这一法律漏洞来讨巧君主。他是善于窥测君意的高手,在探明刘彻的心意后,选用宽严不同的审案人员,以求做出与刘彻心意基本符合的判决。在整个过程中,他自己不露丝毫声色、不作任何暗示,却达到了顺承君意的目的。

　　其五,玩弄法律并彰显皇恩。不同案子中总有不同的犯法主体,如果审判豪强,张汤必定搬出法律条文,巧发深诬;如果是儒弱的平民百姓,张汤会把犯罪事实口头陈述给刘彻,说明"按法应该惩办,还请君主裁决。"这种情况下犯罪人一般被赦免。

　　张汤在判案中这种抑强扶弱的做法是有深刻原因的。刘彻的朝廷加强君主集权,与豪门大族、皇亲贵戚多有冲突,对豪强势力的削损本来就是朝廷明确的方针。张汤在审案中有意对豪强巧言用法,深相究罪,其实是符合于刘彻和朝廷的心意;这些豪强有些与皇室有一定历史的或亲缘上的关系,刘彻出面削夺并不十分方便,就像审判陈阿娇案子一样,张汤看中君主心思,以法律形式损抑豪强,其实是代替刘彻做了其心中所想的事情,虽有执法削刻之名,但却更能赢得刘彻的欢心。张汤也摸准了刘彻喜在平民百姓面前显示皇恩的心理,他有意制造出这样的机会交给刘彻,使刘彻在对百姓的赦免中感到彰显皇恩的自我满足。而这一切都显示了张汤与刘彻相互理解与配合之默契。

　　其六，交往谦恭，结好人缘。张汤虽然做了高官，但看重自己的修行与生活交往。他对结交的宾客总是款待饮食，对下属中老朋友的子弟和本族的贫穷兄弟照顾得很好；前去问候公卿，总是不避严寒酷暑。正因为这样，他虽然用法深刻，处事也欠公平，但却能得到不错的名声。在他跟前出力做助手的严苛阴毒官吏，大多是甘为所用的有学之士。应该说，张汤一定程度上的良好人缘与他对刘彻的讨好是互相加强的，尤其是来自刘彻的赏识会使朝中公卿往往对他高看一眼，丞相公孙弘也曾多次称赞他。来自上层的良好评价自然使其他的掾史佐官只能仰视到他鲜亮的一面，并宁愿屈身讨好。

精于吏治，推行苛法

　　张汤是有名的法吏，这既得之于刘彻朝中看重法吏之臣的政治环境的引导，也是他的天性和才质使然。张汤小时候，一次父亲有事外出，他独自在家，父亲回来后发现老鼠偷走了肉，怒而鞭打了张汤。张汤掘开鼠窟，抓住了偷肉的老鼠和吃剩的肉，开始审判老鼠。他拷打审问，传出记录，并拷问口供，判决上报，又提取盗鼠与余肉，把所有案卷备齐后，在厅堂下肢解了盗鼠。父亲看到这些，见他判决的文辞像老练的法官一样，非常惊奇，就让他学习刑狱文书。

　　张汤审鼠虽属一种游戏，但却反映了他以审讯为乐的天性与爱好，他一定是跟随父亲出入官衙，凭着对审判的天生兴趣，对其中的讯辞与程序默然识记，了然于胸，并以此为乐。当父亲痛责他看家失肉时，他立刻联想到盗肉之鼠的"犯罪"行为，于是乎模拟了一场掘窟得鼠、判罪处刑的审讯全过程。他是由此要获得自身公正感、成就感的满足，但这场儿戏本身表现了他对法吏之事的精通、老到以及自有的才质。他的父亲是一位善于发现儿子天分的人，在儿子极具潜能的光点上大力发掘，由此确定了张汤人生的发展方向。

　　张汤为太中大夫时，受命与赵禹制定各种法令，其中最为有名的是"见知法"，规定官吏见他人犯罪不检举的，与之同罪，而罪犯的主管部门及上级的主管官员、监察官员都要连坐，并放宽了审判人对犯人加重处罚及陷人于罪的过错追究。这些法律务求苛细严峻，严格约束在职的官吏。据《汉书·刑法志》载，当时的律令共有359章，死刑法409条，列举1882件案例。规定判案无法律明文为依据的，比附近似条文，经皇帝批准即可生效，将此类案件13472例汇编,作为判案依据。当时的法律条文和诉讼案卷堆满了书架,以至掌管刑狱的人都不能看完。出现了各郡国执法杂乱不一,同罪不同刑的现象。奸诈之吏借机营私舞弊,使冤伤不平之事大量出现。

张汤常通过办理案件打击豪强亲贵来从中邀功,审判皇后陈阿娇一案,涉案牵连出的三百多人被砍头示众。前122年,淮南王刘安谋反之事败露,朝廷追根究底,刘安等首犯自杀,牵连处死者数万人。中大夫庄助与刘安曾相交厚,受贿交私,淮南国中郎伍被曾知情而劝谏刘安。刘彻认为庄助没有大罪,又念及伍被称颂汉朝的雅赋美辞之才,打算对两人赦而不诛,张汤争辩说:"伍被本来就是参与谋反之人,而庄助深得宠幸,是出入宫禁的心腹臣子,却私通诸侯。像这样的人不杀掉,以后类似情况就没法处理。"刘彻大概是考虑到了对朝臣的儆戒作用,就同意了张汤的意见,两人终被处死。这类事情还很多,张汤于是受到尊崇信任,升为御史大夫。

前121年,丞相公孙弘病逝,其后李蔡、庄青翟相继为相,两人空占职位,天下事皆决于御史大夫张汤,张汤每上朝奏事,议论国家财政用度,时间拖得很迟,以致刘彻忘了吃饭。当时朝廷兴兵攻打匈奴,东部地区又连遭水旱之灾,流离失所的百姓要靠政府供给衣食,致使国库空虚,张汤尊奉刘彻旨意,奏请铸造银币和五铢钱,垄断天下盐铁生产,排挤富商大贾。前119年又颁布了"告缗令"。缗,同"緡(mín)",是用丝绳贯穿的钱,即贯钱。当时政府规定工商业者要将资产折算成缗钱数向官府呈报,并按一定比率交税。告缗令是针对社会上匿财不报的情况,奖励人们告发别人隐瞒财产而逃避税款的违规行为,此律令引发的告缗之风致大量商贾之家遇告而破产。

大约在前117年,掌管租税和财政的大司农颜异对现行的某些货币政策提出了一些不同的意见,刘彻很不高兴,恰好有人告发颜异说:有一位客人称新颁布的法令不大好,颜异没有反应,但把自己的嘴唇略翻了一下。张汤由此认定颜异对朝廷新法是反唇相讥,表示鄙视。他上奏报告说颜异作为九卿,持不同政见,对朝廷法令不表态而腹中诽谤,于是判处了死罪。自后有了"腹诽"的死刑案例。

张汤还玩弄法律条文巧言诬陷,以辅助严刑峻法的实施,锄除豪强大户;而严苛的法律也使老百姓不能安定地生活,政府兴办的事又没有获得利益,一些贪官污吏便侵夺公众财物,致使各地发生了骚动;政府则加重刑罚制裁。这样一来,张汤渐成了众矢之的,从公卿直到平民都指责张汤。当年张汤为长安小吏时,曾与长安富商田甲、鱼翁叔等人友好,凭权力取得干股红利,他们相互间交往不浅,及张汤作了高官,连田甲也责备他品行道义上的过错,可见张汤在民众中的不得人心。

另一方面,张汤却愈益得到刘彻的看重。张汤有次生病,刘彻亲自前去看望病情,这种情况在刘彻是极少有的。当时有人提出开通秦岭太白山的褒斜水道从事漕运,把汉中郡的粮食和财物就近运入关中,刘彻将此事交给张汤议定,后派张汤的儿子张卬为汉中太守主管此事,征发数万人,开道五百里,果然水路近便,只是水中湍流激石太多,不能行船而无果,由此也见刘彻对张汤父子的信任。另有一次,博士狄山因在与匈奴和亲之事上的不同意见,在朝堂当面指责张汤审理淮南王刘安之案时用法严苛,实际是打击诸侯、离间皇亲的诈忠。刘彻听后即变了脸色,最后迫使狄山接受了驻守边塞城堡的职位。狄山到后一月多,即被匈奴斩首而去。自此大臣们非常震恐,几乎无人敢在刘彻面前诋毁张汤。顺承君意、推行苛法的张汤就是在臣民怨怒与刘彻器重的加缝中做了七年的御史大夫。

阴诈多奸,积怨自毙

对于狡诈有恃的权臣而言,世间的每一怨怒都可能对他无可奈何,但这些怨怒积累得多了,形成一种针对个人的攻击合力,就不能不动摇他的恃靠,造成其致败之机。张汤自恃刘彻的宠信,略无顾忌地行恶致怨,他正是这样多行不义、由多怨汇聚而毙命的。具体来说,他由三股反对力量所推动揭出的两个案子而致败。

致死张汤的第一种力量是一串曲折的怨结。河东(今山西省西南部)人李文曾跟张汤有嫌隙,后来担任了佐助御史大夫的御史中丞之职,掌管图籍秘书之事,他因怨生事,多次从宫廷文书中寻找出可以伤害张汤的问题,不留一点情面。而张汤有一位信用的属吏,叫鲁谒居,他知道张汤怨恨李文,就指使他人上奏紧急文书告发李文的坏事。张汤处理李文的案子,审理判决后杀掉了李文。张汤知道这事是鲁谒居干的,但刘彻问及李文案子的线索来源,他假装惊奇地说:"大概是怨恨李文的熟人告发吧!"后来鲁谒居生病躺在近郊乡间的房东家中,张汤亲自前往探病,并为他按摩腿脚。

当时赵国(今河北省南部)有许多冶炼铸造业,赵王刘彭祖是刘彻的同父兄弟,他多次为朝廷设置铁官的事上告诉讼,常遭张汤打击,那位鲁谒居也曾检举过刘彭祖,刘彭祖于是寻求张汤与鲁谒居的阴私,当知道张汤与鲁谒居乡间相会的情况后,立即上书告发说:"张汤是朝廷大臣,小吏鲁谒居有病,张汤给他按摩腿脚,一定是两人合伙干了大坏事。"朝廷将鲁谒居的事情交给了廷尉处理。

不久鲁谒居病死了,事情牵连到他的弟弟,其弟被关押在少府所属的导官署。张汤正好到导官署审理别的囚犯,看见了鲁谒居的弟弟,他想暗地里帮忙,就假装不认识。鲁谒居的弟弟不知道张汤的内心活动,觉得张汤不理自己是忘恩负义,怨恨之下,上书告发张汤与鲁谒居的密谋,说他们策划了对李文的紧急告发。这事情被交给御史中丞减宣处理。减宣以敢决疑案、深刻阴毒而著称,他与张汤素有隔阂,在接受了这一案件后,他深入追查,已穷根究底,等待上奏。

张汤与李文、刘彭祖、鲁谒居之弟、减宣四人,各因不同的原因而结怨,上述事态的演变却把他们串联在了一块,形成了对张汤可以致罪的一种力量。张汤无疑是圆滑狡诈的人物,他不愿亮出与鲁谒居深交之情,在刘彻询问李文受告线索时佯装不知,轻易搪塞而过;在导官署遇见鲁谒居之弟,他花招再使,亦佯装不识,但聪明反被聪明误,过分的狡诈却使事情走向预料的反面。当鲁谒居之弟揭发了张汤与兄长的密谋策划后,不仅证实了刘彭祖的检举为实,说明了对李文判决的徇私,而且显露了张汤对刘彻的欺瞒。一旦此事上报,张汤就会立即处于受君主怀疑的危险之地。

致死张汤的第二种势力是丞相庄青翟在张汤负约相欺后的报复。当时有人偷挖文帝刘恒陵园的殉葬钱,丞相庄青翟相约与御史大夫张汤上朝一起谢罪。到了朝堂,张汤觉得四季巡视陵园是丞相的事情,与自己无干,就没有谢罪。庄青翟谢罪后,刘彻让御史查办此事,张汤想要按知情故纵的法律条款处置,庄青翟非常害怕,不知如何是好。

在庄青翟惊慌无措的关头,有三个帮手主动前来相助,组成致死张汤的第三种力量。一个是朱买臣。朱买臣当年为太中大夫时,张汤为小吏,跪在朱买臣跟前听候差遣。后来张汤做了廷尉,判决淮南王刘安之案,陷害并处死了对朱买臣有恩的庄助,朱买臣心中怨恨;及张汤做了御史大夫,朱买臣从会稽太守调任主爵都尉,几年后犯法被免,代理丞相长史,他有事去见张汤,张汤坐在床上,并不还礼,朱买臣为此两事深恨张汤,愿意以死相拼。另一个是齐人王朝。王朝以儒学致仕,为掌管京畿的右内史。还有一人叫边通,熟悉纵横捭阖之术,是个性格刚暴的人,曾任济南国相。他们以前地位都在张汤之上,后来丢了官,都代理丞相长史,屈身张汤之下。张汤权势渐大,有时代管丞相的职事,他知道这些佐助丞相的长史平素骄贵,故意凌辱他们,由此结下仇怨。

朱买臣和王朝怨恨难解,前去对丞相庄青翟说:"当初张汤约定与您一同谢罪,后来却出卖了您,现在又想借故生事弹劾您,这是想取代您的丞相之位,我们已经知道了他的隐秘勾当。"三人商定后派人逮捕审查与张汤有牵连的田信等人,不久就审理出:张汤奏请朝廷要办的事情,田信总是事先知道,因而囤积物资发财,与张汤相分。这些事情的供词很快传开了。刘彻问张汤说:"我要做的事情,商人总是先知道,囤聚其物,好像是有人将我的计划告诉了他们。"张汤并不谢罪,假装惊讶道:"好像有这事吧!"这时减宣也上奏了鲁谒居的事情,刘彻于是认定张汤心怀奸诈,当面欺骗自己,即派多批使者照案卷追究张汤。

受到追究的张汤自称没有这些事,不愿认罪,刘彻于是派赵禹责问张汤。赵禹是张汤曾经以兄事之的酷吏,他见到张汤,责备说:"您怎么不识事理?您办案被灭族的有多少人家了?现在人家指责你的事都有依据,天子要让你入狱很难为情,想让你自己想办法,何必要过多地对证质讯呢?"张汤遂写下绝书,自杀而死。

是朱买臣和王朝唆使有心报复的庄青翟逮捕审讯田信,供出了张汤向商人偷露朝廷内幕消息而谋利分赃的事情,构成了张汤致败的直接原因。那么张汤到底有无这一犯法之事呢?张汤自己拒不服罪,他死后朝廷发现其全部家产不超过五百金,都是俸禄和赏赐所得,看来从商人那里分赃一事是不大会有的,最多只是情义交往,向他人送个有利的口信而已,并无受贿之实,田信受审的供词只能是一个孤证,得不到其他证据的支持。尽管这样,但当刘彻听到张汤为商人通风报信、坐地分赃的事实,试探性询问张汤,又被其以似是而非的回答所搪塞,正在狐疑不决的时候,减宣的那一审案结论起了至关重要的作用。按减宣提供的情况,张汤与鲁谒居交往很深,李文犯罪线索应是张汤指使鲁谒居上奏提供的。而刘彻肯定没有忘记,此前当他询问李文犯法线索时,张汤说是李文仇人提供,竟佯装不知地欺瞒了自己。有此先例,刘彻一定认为张汤在田信之案上又故伎重演。刘彻不能容忍朝廷利益被商人侵掠,尤其不能容忍宠信之臣的不诚实和对自己的多次欺瞒,于是派出多批使者去追查此事;在张汤拒不服罪后,又派赵禹去责问,定要搞个水落石出。如果真能查清张汤与田信囤物之事没有牵连,那就证明张汤并没有欺瞒自己,刘彻的感觉可能要更好些。

赵禹可能并未理解刘彻的心意,大概认为派他来审查张汤,是因为其他人审不出结果,是君主把难办的案子交给能干的人。他要不负君主信任,就最终不能无果而上报;加之赵禹与张汤早先有不错的交往,他最担心刘彻和朝臣们会认为自己以情枉法,因而在接手此案后有一种必出其罪的心理。但他见了张汤,一开始又不忍做过分威逼的事情,于是避开案子的对质问讯,假托君主的良苦心意来劝张汤临事自决。他提出张汤曾灭族许多,告发本案者事有情缘等,其实已给张汤的自我决定做出了暗示。在朝臣、属下、君主、朋友和田信等故交的围困下,张汤已感到四面楚歌,他的精神崩溃了,遂按赵禹之意的引导而自杀。这位严苛执法的酷吏,升任公卿之后无意间在身旁编织了一张怨恨之网,终因怨恨的汇聚而自败。

张汤临死前给刘彻留下绝书道:"我张汤出身小吏,没有大功,陛下宠幸我任三公之职,我无法弥补任职的缺失。是丞相长史出谋划策陷我于罪。"张汤表达了对刘彻的感恩之诚,认为自己任职有不足之处,但并未承认与田信勾连分赃,且认定自己是身受诬陷。他死后家产微薄,兄弟们想厚葬他,其母说:"张汤为天子之臣,蒙受诬陷而死,为什么要厚葬呢?"于是用牛车装载尸体,有内棺而无外椁。刘彻看到张汤的留书并听到其家中薄葬诸事,大为感慨道:"非此母不能生此子。"大概是确信张汤没有与田信相通分赃之事,进而认为张汤在田信之案上没有欺骗自己,于是对这位办事干练、至死忠诚,又为官清廉、家风刚烈之臣的受屈而死生出不少的怜惜深情。他情绪一变,杀掉了长史朱买臣和王朝,释放了田信,丞相庄青翟受牵连自杀。刘彻不久又任用了张汤的儿子张安世入朝为郎,张安世后来官至大司马车骑将军,在后朝权倾一时。

无论如何,宠幸之臣张汤是在刘彻的咎罪下和众多大臣的构困中身败致死的。导致张汤败死的事态不能排除其产生的偶然性,然而,从根本上来说,首先是张汤自身任职并非没有瑕疵,他与鲁谒居的密谋陷人,他与田信等商人的暗中交往,都是他不愿让人知晓的非正常之事,他是一位有缺失、有污点的高官。其次是他为人过于机警、过于狡诈,他总想把自己装扮成没有过失的完人,不免有时要有所掩饰、有所隐藏,从而做出伪君子式的表演;而当某一掩饰一旦露馅，就使人感到了受愚弄、受欺骗的憎恶。他对鲁谒居之弟装面不识，在刘彻两次询问时佯装惊愕与搪塞，正产生了这样的效果。他为掩饰并不重大的缺失而造成了不诚不忠的人格形象，丧失了应得的信任。再次是他不能原谅别人，结怨太多，李文、刘彭祖、减宣、庄助、伍被、庄青翟都因他的处事，成了结怨相仇之人。另外他喜欢对级别在下者摆弄自己的架势，不论对方的资格深浅总是存心凌辱，如对朱买臣、王朝那样，这只能撩拨起更大的报复心。由于这些原因，尤其是他自恃君主宠信而无所顾忌地施苛法以卖弄淫威，这注定了他必然败亡的个人命运。他用人生过多的聪明才智编织了世间怨仇的罗网，最终困入罗网，走上了绝路。

主父偃：在快意人生中乐奏挽歌

　　刘彻的朝廷有一个晚年得志的功名之士，姓主父，名偃，齐国临菑（今山东临淄市东北）人。主父偃自年轻时起游学四十多年，一直受人厌弃，前133年向刘彻上书言事，被刘彻看中，受到重用，屡次升迁，为中大夫。他为朝廷提出了若干重大政治措施，被刘彻采纳。前127年出任齐国丞相，因揭发齐王刘次景与其姊纪翁主通奸的荒淫行为，致刘次景自杀，由此触怒刘彻，由于几位诸侯王和朝臣的弹劾促使，主父偃于次年遭族诛。

　　气高才足的主父偃在晚年得志后刻意横行，逆人情而倒施，他在施展政治才华的同时，一心要补偿多年的困颇生涯，玩味自己的快意人生，最终提早地毁灭了自我。

半生厄困，上书得宠

　　主父偃年轻时学习游说纵横之术，在齐地的读书人之间活动，没有谁肯厚待他。到晚年他转学《易》、《春秋》和诸子百家，仍然遭受当地儒生的排斥摈弃，不能容身于齐。他家里贫穷，父母兄弟不愿为他提供衣食，又无处借贷，于是到北方的燕、赵、中山等地，也没有人厚待他，因异乡为客，十分困窘，主父偃也感到没有哪位诸侯值得自己去游说，便西入关中，谒见中大夫卫青，卫青当时刚得刘彻看重，他向刘彻屡次推荐主父偃，但刘彻并未相召，无见用之意。主父偃在京城逗留时间很久，无钱可花，遭到达官贵人及其门客的厌弃，他在长安又到了山穷水尽的地步。

　　万般无奈之下，主父偃向朝廷上了一书，书中讲了九项事情，八项讲的是律令方面的问题，一项是谏阻攻打匈奴。当时赵人徐乐、齐人严安也上书言政务之事。三封上书一起上送刘彻，刘彻看罢，立即召见三人说："诸位原来在哪里，为何到今天才相见？"当即拜他们为郎中。此后主父偃多次进谏，上疏言事，刘彻下诏任命他为谒者，升为中大夫，一年内升了四次官职，成了刘彻身边的近臣。

主父偃曾称自己"结发游学四十余年"。"结发"是古代男子束发为髻的标识，犹指年轻之时，如同代人李广就曾说："臣结发而与匈奴战"。即便古人十六岁结发，那主父偃给朝廷上书时已近六十岁。他应该是在四处游学，毫无结果，又倍受厄困中度过了大半生。

主父偃早年攻学的游说纵横之术，是战国时纵横家进行政治外交活动的谋略手段。战国时的诸侯国独立竞争，外交联络和利益结盟都是其不可或缺的重要活动，游说之术故为列国所必需，苏秦、张仪等人就是依靠其纵横捭阖的游说外交而显贵一时。而西汉时的诸侯国为汉朝一统天下之下的地方政权，各诸侯并无独立的政治交往，因而没有独立的外交活动，游说纵横之术在诸侯国失去了现实应用的意义。西汉统治者自建国后崇尚清静无为之术，其间也任用过法家的刑名之士，自刘彻执政后看重儒学，就是没有推崇过纵横之术。主父偃以纵横之术为谋生手段，这一选择在当时犹如选学了屠龙之技，虽然可能高超而娴熟，但却没有能够派得上的用场。他在家乡齐国，以及在燕、赵、中山长期求仕不得，正是这一原因。

主父偃后来可能发现了事情的症结，因而晚年改学《易》、《春秋》和百家之言。在刘彻开始推崇儒学的社会背景下，主父偃的学术转变本来是一个不错的开端，但可惜在古人的文化心态中，一个人的信仰和他推崇的学说是相通的。在当世的文人学士心目中，主父偃学术方向的转变只是表明了他迎合世风的投机心理，不会给予他学术和人格上的正面加分。因而齐、燕、赵地儒生和长安的贵族宾客们仍然鄙视他的为人，使他在北方与京师仍无立足之地。

各地文人学士对主父偃投机人格的鄙视不是没有道理的，主父偃家境贫困，但极想一夜成名，他年轻时攻学长短纵横之术，大概正是出于对苏秦、张仪等纵横家一朝暴发的倾慕，可惜自己没有看清天下时局的变化。几十年碰壁受挫后悟出了其中的一些道理，又改学儒术，完全是出于投机心理的驱使。《汉书·艺文志》著录《主父偃》二十八篇，将其列入纵横家之类，可见他生前的著述和上疏始终没有脱离纵横家的思想，也并未被纳入儒家的范畴，儒家学说也仅仅是他应对时局、获取功名的一时手段而已。人们认定他的游学活动及学术转变均为政治投机,看来也不是没有根据的。

主父偃向朝廷的上书中除大谈法令外,主要是谏伐匈奴。他发挥《司马兵法》中关于"国虽大,好战必亡"的论述,认为秦国的灭亡在于发天下丁男抗击匈奴,使百姓疲惫而叛;他赞扬了刘邦在平城挫败后采取的和亲之策,提议刘彻吸取教训,停止对匈奴的征讨。当时汉朝与匈奴的关系有逐渐激化之势,汉朝的马邑诱敌之谋刚已落空,朝廷对匈奴的战和之策尚未最后确定。刘彻见主父偃的上书言之凿凿,说理充分,一时竟有相见恨晚之感;而对主父偃言,这则是用他后来所获得的儒学等诸家之说发挥自己的时政见解而取得的重大成功。在这样的方向上,他连续努力,竟然箭箭中靶。我们无法知道一年中他向朝廷上书的具体内容,但却能看出,他由此取得了刘彻的宠信,他的人生很快进入了辉煌之地。

深受宠信的主父偃在其后数年间就国家政事曾向刘彻提出过许多建议,其中有两条最得刘彻欣赏。

其一是"推恩令"。鉴于有些诸侯连城数十,势力过大和当年七国反叛的教训,主父偃提议朝廷可下令让诸侯王将自己统辖的国土推恩划分给他们的众多子弟,改变以往由唯一的嫡长子继承的做法。这样使诸侯子弟人人得到土地,以地封侯,感受到皇帝的恩德,而实际上分割其国,削弱诸侯,会使他们失去与中央政府抗衡的实力。

其二是"实茂陵"。刘彻即位不久,在槐里茂乡(今陕西兴平东南)为自己筑陵墓,称为"茂陵"。主父偃建议将天下各地的豪强和乱众之民一并迁往茂陵,既充实京师之民,又消除各地奸猾。

事实上,主父偃的两项建议均有所依,但此时全面推行,意义不同。西汉初期中央政府与诸侯国的矛盾始终是存在的,各代执政者都曾面对这一现实问题,刘恒主政时贾谊曾提出"众建诸侯而少其力"的策略,就与"推恩令"具有同样的思路,只是当时仅作为伺机而行的偶然措施;而主父偃的"推恩令"则是作为一种普遍实行的国家政策公开推行,且带有要求性和强制性。随着诸侯国势力的渐次削弱,刘彻的中央集权得到了空前加强。另一方面,对各地不法者的管制和关中人口的充实曾是汉朝政府长时期的未了之事。刘彻此前针对中央法令在地方得不到有效落实的情况,重用过张汤、赵禹等一批酷吏,唆使他们严厉执法、打击地方的不法豪强,但也造成了各地执法不一及上层执法人之间的矛盾。"实茂陵"之策实是沿袭汉朝先前主政者内实京师的策略,如刘敬当年就曾建议刘邦将关东六国贵族十万口迁至关中北部以备匈奴。主父偃的建议是把有"劣迹"的豪族置于中央政府的集中控制之下,移易其性,并借此充实关中人口。主父偃认为自己的两项建议分别是不用割地而削弱诸侯和不用杀伐而化害为利的政治策略,这是有其道理的,也是刘彻所以看中并欣然同意的根本原因。

前127年时,主父偃上奏一书,提议修筑朔方郡,其中讲到朔方土地肥沃,物产丰饶;并说蒙恬当年在那里筑城以逐匈奴,对内省去了辗转运输和戍守漕运之力,还扩大了国家疆土,认为修筑该郡是灭胡之本。刘彻把这一奏议下发公卿们讨论。御史大夫公孙弘等许多大臣反对此议,认为这是耗费国力而经营无用之地,由此引发了侍中朱买臣对公孙弘的发策诘难,朝廷最终采纳了主父偃的提议,在今内蒙古杭锦旗北筑建朔方城,并在河套北部及后套地区修缮秦时蒙恬所筑的要塞。

数年前主父偃第一次给刘彻的上书是谏伐匈奴,明确反对向北用兵,这应该是他的本意。这里却大谈朔方筑城对抗拒匈奴的好处,从不久朱买臣受刘彻支持发策诘难反对者及朝廷最后的决定看,朔方筑城本身就是刘彻的主张。主父偃的这次上书只是他窥测君意、投主所好之举。曾以上书得宠的主父偃宁可放弃自己的政见,也不放弃这一邀宠的机会。

借刘彻的宠信,主父偃还参与了尊立卫子夫为皇后的活动。卫子夫于前139年被刘彻纳入宫中为妃,前128年生下刘彻第一个儿子刘据。主父偃积极参与尊立卫后的活动,他是投主之好而邀功,含有对卫青先前荐举之恩的酬报之意,也是看好了卫青走红的前景,欲收投桃得李之效。

横行暴施,逆情丧生

晚年受宠的主父偃感到自己历经大半生的困窘,有光阴虚度之憾。在他发迹得势之后,总有一种及时补偿、无负一生之念,因而他在诸侯大臣中毫无顾忌,呈意而行。他乐于搜集和揭发同僚中的犯禁之事,是要在屈服显贵的过程中感受自己的快意人生。许多大臣怕他挑起事端或拨弄是非,贿赂馈赠给他的钱财累计千金,这是大臣们消财免灾的不得已行为,表明人们对他的戒备和忌恨,但他却将此视作自己人生得志的标志。

有人提醒主父偃做事太横了,主父偃回答说:"我结发游学四十多年,不曾得志,父母不以我为子,兄弟们不收留,朋友抛弃我,穷困潦倒的日子太久啦。我日暮途远,所以要倒行暴施。"看来主父偃并非不知道他与大臣们的真实关系,但觉得大半生的困窘使自己虚度了人生,感到年老时还有许多事情未做,所以要不循常理,倒行逆施,急暴从事。那么,主父偃急于想做的许多事情是什么呢? 他没有说出来,但从他以下事情的作为上看,好像不是兴邦济民的国事,而是他个人能够恣意呈行、屈挠他人的人生快意。

博士董仲舒是当世大儒,精通《春秋》,他提出"罢黜百家,独尊儒术"的主张,被刘彻采纳,其本人担任了几年江都相后因故被降为中大夫,在长安家中著书立说。前135年辽东高帝庙发生火灾,关中高园便殿也相继失火,董仲舒在他所著的《论五行灾异》(或称《灾异之记》)中运用"天人感应"的理论和"天谴之说",认为这是上天以灾示警,提示执政者要用太平至公的治理方式,杀掉不法的贵戚和近臣。主父偃将该著窃取后送给刘彻。其论说被认定有对当朝执政者的指责讥讽,董仲舒遂被交给法官治罪,法官判其死刑,最后刘彻下令赦免了他。董仲舒一生著述颇丰,他埋头构建自己的思想体系,其中不免有对现实时事的议论,主父偃窃出相关的篇章,刻意送给皇帝审查而定其罪,完全是出于对董仲舒道德学问的嫉妒,他是想在一代大儒的毁灭中来感受自己学问人生的成功。

主父偃在朝廷被宠用为中大夫后,燕国的一件犯禁淫乱之事被揭发,事情是:燕王刘泽的孙子刘定国在燕国承嗣主政时,与他已故父亲的一位姬妾通奸,生下一个儿子;他又强夺弟妻为姬,还与自己的三个女儿通奸。肥如县(今河北卢龙县北)县令郢人因仇欲告发这些事情,刘定国派谒者假借其他法律捕杀郢人以灭口。到了前128年时,郢人的兄弟再次上书揭发刘定国的丑事,使其罪行败露,朝廷定刘定国死罪,刘定国闻讯自杀。史书上说,"揭发刘定国犯罪一事,主父偃是有功劳的。"但事情的整个过程似乎并无主父偃参与其间。因此只能认定,郢人兄弟的上书是主父偃暗中引导和支持的行为。主父偃先前曾去燕国游学,致仕无果,受到当权者和达官贵人的冷遇,心中积愤甚多,他游学期间风闻燕王刘定国诸事。在朝中为中大夫后,他要报偿昔日怨恨,遂有意利用这一事件,支持郢人的兄弟告发了刘定国。燕王刘定国荒淫无度,又为灭口而杀人,罪当容诛,而主父偃引诱人揭发其阴私和罪行,实在是出于报复的目的。因为燕国当年没有给自己以较好的对待,他遂借故诛灭了其最高当政者,感受到了不少人生的快意。

刘定国自杀的第二年,主父偃托宫中宦者徐甲传话,让把自己的女儿纳于齐国后宫,遭到齐国纪太后的拒绝,于是他又向刘彻提出齐王刘次景在宫内淫乱的邪僻之事,并认为齐国国大赋多,富比长安,必须有皇家的近亲子弟在此为王。刘次景是刘肥的后代,与刘彻亲缘已远。刘彻闻谏后遂任主父偃为齐相,让他去治理和矫正刘次景的不轨行为,主父偃立即前往赴任。

齐国是主父偃的父母之邦,主父偃早年的困顿怨仇皆发生在这里。他去赴任时,当年的许多相识都大老远前往迎接。主父偃把所有兄弟朋友都招来,散给五百金,数落他们说:"当初我贫贱时,兄弟不给我吃穿,朋友不让我进门;现在我做了齐相,诸君有的到千里之外迎接。我今天同你们绝交,以后再不要登我的大门!"朋友和兄弟当年冷落了主父偃,主父偃这次刻意安排,当面责备,并以绝交相奉告,他要让朋友和兄弟们明白,自己才是真正有资格与他们断交的最后的胜利者,他要在对方的受冷落中感受自己人生的成功。他散给兄弟朋友们五百金,既是要让他们羡慕自己的富贵与财气,又是借以获得施舍对方的优越感。总而言之,衣锦还乡,了断怨恨,显示富贵,感受优越,主父偃着意追求到了心底深层的舒畅与快乐。

主父偃欲将女儿嫁给齐王刘次景,被刘次景的母亲纪太后拒绝,因而与齐国执政产生嫌隙。他已从使者徐甲那里听说了刘次景与亲姐纪翁主通奸之事,因有刘彻关于任相矫治之命,遂在齐相之位上接连提审后宫中帮助齐王与纪翁主相通的宦者,让他们供出为齐王牵线的证据。刘次景年轻胆小,知道难以解脱,害怕自己会像燕王刘定国一样被判死罪,遭官吏逮捕诛戮,就饮药自杀。主父偃本想对齐国执政实行有限度地报复,不想案未终结,就弄出了齐王自杀的人命。

赵王刘彭祖是刘彻的同父兄弟,为人奸诈,颇有心机,也有不少违法之行。刘彭祖担心曾经游学赵国的主父偃给本国带来祸患,准备揭发主父偃的罪行,但因考虑到主父偃身在朝中,因而一直未敢上书。当主父偃被任命为齐相后,刘彭祖打探其已出关,立即上书朝廷,告发主父偃接受诸侯贿金、使许多诸侯子弟得以封侯的犯法之事。及齐王刘次景自杀,刘彻认为是主父偃威逼所致,一怒之下,将主父偃召回,交给法官,两罪并治。主父偃承认接受诸侯贿金的事实,而否认胁迫刘次景自杀之事。事实上,无论齐王自杀是多么重大的事件,但主父偃毕竟未曾操控此事,不属直接责任人,没有当死之罪。

刘彻决定对主父偃予以赦免,但朝中御史大夫公孙弘认为:刘次景自杀后因无后代,国土要并入于汉,如果朝廷不杀掉主父偃,就有借故兼并齐土之嫌,难以向天下交代。刘彻自然是喜并齐地的,大概考虑到必须寻找一个替罪人,对朝廷并齐作些掩饰,遂采纳了公孙弘的建议,改变了原来的赦免打算,将主父偃灭族。主父偃是因齐国案件处置失控而触怒君主,在诸侯和朝中大臣的双面攻讦下受刑失身的。

主父偃在得势时横行无忌,倒行暴施,逆情而为,使诸侯和大臣们对他产生了戒备和忌恨之心,而一有机会,那些暗中忌恨的力量就要起而反击,置他于死地。刘彭祖与公孙弘尚不是想要置死主父偃的所有力量,只是这股力量在一定时机下的偶然代表而已。主父偃贵幸时曾有千余宾客,而死后只有一位名叫孔车的人为其收葬,也见其生命终结时的凄凉。

主父偃生前解释他何以要不循常理而倒行暴施时向人宣称说:"大丈夫生不五鼎食,死即五鼎烹!"鼎,是古代铜或铁制成的炊器、礼器,诸侯宴会时常列五鼎,分盛牛、羊、猪、鱼、鹿肉而食,既是一种豪侈的生活,也显示一种尊贵的地位。同时古代也有用鼎镬将人烹煮而死的酷刑。主父偃的豪壮宣称表达了他宁冒鼎烹之刑,也要追求五鼎之食的爽快人生之愿。他在官场上倒行暴施,逆情而为,并非没有想到受刑失身的"鼎烹"结局,但他极想过上一种列鼎而食,为人仰承和富贵荣显的生活,其他的一切都顾之不及,也不想再去计较。按照主父偃的价值取向,只要能抓住五鼎而食的人生,呈大丈夫之快意,就是遭受鼎烹的结局也是值得的。他是明白地预料到自己的结局,存有"过把瘾就死"的心理,在日暮途远的紧迫感中快乐地吟奏着挽歌,宁愿将迟到的快意人生尽情挥霍。

卜式：捐家产以助战的忧国楷模

在朝廷大兴兵革、国库空虚之时，民间涌现出了以财助战的忧国人物卜式。他曾被刘彻一再表彰和擢升任用，一时成了臣民的楷模。

卜式是河南郡人，以耕田畜牧为业，父母死后他与年幼的弟弟一块过活，家业富实。等弟弟壮年后，卜式从家中脱身而出，只带走了畜养的一百多只羊，田宅财物全留给弟弟。卜式进山中放牧十多年，羊达到一千多只，他为自己买了田宅；而他的弟弟破败了家业，卜式又几次把自己的产业分给弟弟。前129年之后六七年间，国家正多次派兵出击匈奴，卜式向朝廷上书，愿献出一半家产给政府以支持战争开支。刘彻看到上书后派使者去见卜式，问他是否想做官，卜式回答："我从小放牧，不熟悉仕宦，不愿做官。"使者又问："莫非你家里有冤情，想要申诉？"卜式说："我生来与人没有纷争，同村的人贫穷者我救济他，不好的人我劝导他，在一块住的人都顺从我，我怎么会有冤情？我没有什么申诉的。"使者又问："如果是这样，那你为什么要捐献家财呢？"卜式回答说："天子兴兵讨匈奴，我认为贤能者应效死疆场，有钱的应该献纳财物，这样才能消灭匈奴。"使者带卜式至长安，并把记录下来的话报告给刘彻，刘彻将此事告诉了丞相公孙弘，公孙弘说："这不合人之常情！对这种不守本分的人，不可作为教化的榜样而乱了法度，希望陛下不要答应。"刘彻于是对卜式的上书置之未理，几年后把卜式打发了回去。卜式回到家乡，继续耕田放牧。

过了一年多，恰逢朝廷连续多次出兵，前121年浑邪王率众来降，政府花费太多，仓库空虚，到次年朝廷已无法赡养刚迁徙于朔南空虚之地的几十万贫民。在家乡耕牧的卜式于是拿出了二十万钱给河南太守，帮助政府供养移民。河南郡上报了捐助贫民的富人名册，刘彻看到了卜式的名字，记起了往事，说："他前次就是想为边防费用捐献一半家产。"于是赏赐给卜式相当于四百人徭役费的钱财。按规定雇一个徭役三百钱，卜式把得到的赏赐全部献给了政府。当时的富人都竞相隐瞒财产,只有卜式却主动捐献财产支持战争开销,刘彻认为卜式是有德行的人,想让他尊贵显荣,以教化百姓。

刘彻一开始让卜式做朝中郎官,遭到婉辞,于是说:"我的上林苑中有羊,想让你去牧养。"卜式这才接受了郎官之职,穿着布衣草鞋去放羊。一年多后,刘彻看到羊长得肥,繁殖又多,就称赞卜式,卜式说:"不只是牧羊,管理百姓也是这样,让他们按时起居,发现坏羊立即除掉,不让他危害群羊。"刘彻觉得卜式不同寻常,为考验他,就派他去做缑氏县(今河南省偃师县东南)令,不久缑氏人认为卜式的治理办法好,刘彻再派卜式为成皋县(今河南荥阳汜水镇)令,卜式在此管理的漕运成绩最好。刘彻觉得卜式办事忠诚老实,又有能力,遂派他做齐王太傅。当时的齐王为前117年所封的皇子刘闳,刘彻是让卜式赴齐国从事儿子的辅导职任。前113年,卜式被任为齐国之相。

前112年,南越相国吕嘉谋反,杀掉了南越王赵兴和汉朝使者,刘彻赦免天下罪人使其从军,组织十万余军队出击南越。齐相卜式上书道:"我听说国君忧愁是臣子的耻辱。现南越反叛,我们父子愿意与齐国能驾船的人前往战场效死。"刘彻见书后下诏说:"过去卜式亲自耕田畜牧,不为谋利,用所有盈余补助朝廷费用。现在国家不幸有急,卜式愿父子效死。虽然没有参战,但可见其发自内心的报国之情,赐给他关内侯之爵,赏金六十斤、土地十顷。"并把卜式的事迹向天下宣布,但却没有人参战捐款以予响应。刘彻于是借八月祭献宗庙之时,查出列侯助祭献金的成色或分量不足者,以"酎金罪"一下子免去106位列侯之爵,次年任卜式为御史大夫。

御史大夫主管监察、执法,兼管重要的文书图籍,与丞相、太尉合称三公。身任御史大夫的卜式感到铁盐官营有所不便,官作的铁器质劣价高,有的还强迫百姓购买;而船只也收税,致物价昂贵,于是建议取消盐铁官营和船税,使刘彻很不高兴。前110年刘彻决定在泰山举行封禅,卜式不熟悉这类文物典章,刘彻即调任他为太子太傅,卜式在此职任上得以寿终。

卜式出身贫贱,以耕田畜牧为业,但他关心国事、心忧朝廷,尤其是愿意把自己辛勤劳作许多年的家产之半无条件地捐给政府,以应战争之需,表现出了一种超乎个人身份的宽广胸襟和人生境界。在朝廷高官对他的行为动机产生疑忌,拒绝接受捐献的情况下,他又毫无怨情地将不少财产捐献给地方政府,以解移民赡养之急,这种自身为轻国为重的精神当世少有,与那些匿财逃税、积货逐利的豪富商贾行为及趋利掠财的世风形成了天壤有别的对照。刘彻的朝廷因战争耗费的确缺钱，但更缺少人人关心国事、为打击外夷而倾心尽力的精神。当他一旦消除了对卜式捐财动机的疑虑，认清了其真实的思想境界时，就立即将其作为推崇的人物，希望由此带动世风世情的优化。

卜式不仅是牧羊的能手，且能把成功的牧羊方法移用于"牧民"，他相继在刘彻两县之治的试探性使用中政绩突出，终按朝廷的安排先后作了齐王太傅和齐国之相。刘彻要使卜式以自己的诚实和能干来引导皇子刘闳，同时要策划出卜式的人生成功，用来教益天下百姓。

身为齐相的卜式在国家对南越之战的艰难时刻又一次上书，愿率儿子们与当地善于水战的勇士效死疆场，刘彻再一次将他列为全国楷模，大力宣传，希望列侯们能够学习效仿。他将卜式调任为御史大夫，提入三公之列，是他在对列侯们的希望落空后倍感到了卜式忧国精神的可贵，他要以卜式人生的最大成功来震撼万民，矗立起社会的道德行为风标。

身为道德楷模的卜式不能忍看百姓在官营盐铁和重税之下的不良生活，他向朝廷表达了自己的不同意见，但这与刘彻的观点正相反对，因而不久被另任为太子太傅，调离了三公之位。卜式始终按照自己的价值选择来行事，当他的意见与最高当权者的政治选择不合时，任何道德的做法其实都不可能被后者所认可。

史书上载，卜式是在少弟壮年后从家中脱身，去山中放牧十多年而致富的。古人三十以上为壮年，当少弟壮年后卜式离家进山，其时他至少为 35 岁，上书捐财是十多年后的事，距他前 121 年浑邪王降汉后捐助河南郡，至少有 16 年。据此推算，那他大约是 172 年出生之人。就是说，卜式 51 岁被刘彻树为忧国楷模，封为郎官，53 岁后任缑氏、成皋县令，58 岁由齐王太傅改任齐相，60 岁时请求父子参加对南越之战，再一次被刘彻在全国表彰，升任三公。二年后被调任太子太傅，终老而逝。卜式勤劳半生，心无功名，赤心忧国，因捐财助战而受捧，在巨大的荣誉中度过了晚年。

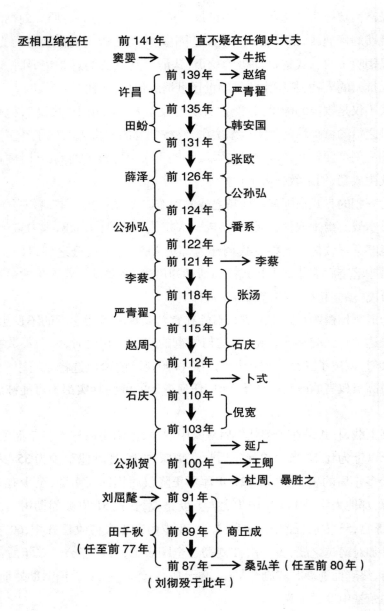

汉武五十四年丞相与御史大夫职任状况

倪宽：在力行所学中彰显儒术的力量

倪宽（《汉书》作"兒宽"），千乘（今山东高青县东北）人，以文学举为博士弟子，通过当时分科考试的射策之试，被取任为执任礼乐典章的掌故，又替补为廷尉署下主行文书的文学卒吏，后被张汤举荐为佐助御史大夫的侍御史，前133年被刘彻擢为中大夫，升任掌治京畿的左内史，前110年接替卜式任御史大夫，八年后卒于任上。

倪宽是刘彻朝中出名的儒雅之士，他早年师从本郡儒生欧阳生学习儒学，又从鲁儒孔安国那里学习《尚书》。当时家贫没有费用，就常给其他学生做饭维持生计。他还经常给人当佣工，锄地时带着书，乘休息时读书诵句，由于勤奋好学，他的学业非常精深。他初见到刘彻谈经学，刘彻感叹说："我当初以为《尚书》为古文经学，不好学，听倪宽的解释，觉得是可学的。"并让倪宽给他讲了一篇。倪宽以学致仕后，把所掌握的儒学知识尽力应用于治政活动中，果然与众不同，独成风格，在法吏当政的朝廷起到了救弊补阙的作用。这表现在如下事情上：

首位事情是他把儒学义理引入狱案的决断。倪宽为人温良，强于文而弱于武，也缺少口辩之才，他作文学卒吏时张汤为廷尉，任用了一大批精通法律之士，倪宽不熟悉法律，没有被委任具体职务，用为随从小吏，被打发到北地郡（今甘肃庆阳西北）监理牲畜。几年后他回到廷尉府汇报牲畜数目，正好碰上廷尉府对一疑难之案的上奏被刘彻第二次退回，作廷尉助手的掾史莫知所措。倪宽见到后谈了自己对此案的看法，掾史让倪宽写奏书，倪宽写成后读给大家，众人叹服。张汤知道了此事，招来倪宽谈话，认定他是一位奇才，当即任他为掾史，并把他写的奏书上报，即刻得到了刘彻的批准。过了几天，刘彻见到上朝的张汤问道："前次的奏书不是一般人能写到，究竟是谁写的？"听说是倪宽所写，刘彻说："我听到这人已很久了。"自此以后张汤在审案中很看重儒学义理，用古代法义决断疑难狱案,他让倪宽任奏谳掾之职,执掌奏报与定案的文书,对其非常看重。张汤不久升任御史大夫,即举荐倪宽为侍御史,使其为自己的属官,以为重用。

一位儒生学士在法史汇聚的廷尉府被认为无用而受排挤,表明儒法两学在现实政治生活中思想理念和操作方式有着巨大的差异;而在廷尉掾史对刘彻退回的奏书一筹莫展时,儒生倪宽能轻而易举地解决问题,受到上下一致的佩服,这却正表明了儒学对于法史之术的纠偏和补充。刘彻自执政初独尊儒术后,实际上在国家的现实治理中是不自觉地选择了内法外儒的思想指导,这是一条儒法互补、内刚外柔的治国策略。廷尉府作为执法机构,一时成了清一色的法吏人物,他们的奏书必然薄情、冷酷,缺乏古圣法义的支持和温情的粉饰,刘彻不能满意而退回的原因正在于此。儒士倪宽也正是感到了这一点,他以自己掌握的儒学原理陈述和论证法史所判之狱,自能折服府中诸吏,并得到刘彻的认可。而刘彻的认可又加重了倪宽在廷尉府的分量,促使张汤及其属吏改变他们纯刑法的思维方式,注意吸收儒学的义理。张汤对倪宽不断提拔荐举,后又带至御史府予以重用,都显示了倪宽对儒学的运用已得到了法史之士的认可,表明了他对儒学运用的成功。倪宽对张汤狱案奏报的改动是一种不自觉地以儒饰法,这一行为影响了一代法吏的思维模式,表明了刘彻治政方式上内法外儒的真谛。

第二件事情是,倪宽做了侍御史后见到刘彻,因谈论经学《尚书》而受赏识,被任为执掌议论的中大夫,又升为左内史。倪宽在京畿之地的治理中,采取奖励农业、放宽刑罚、清理狱讼、卑恭下士的手法,以求赢得人心。他选用仁厚之士,以感情待人,不追求功利和名声,以此赢得了官吏和民众的极大信爱。前111年他主持在郑国渠上游南岸开凿了六条小渠,以灌溉郑国渠不能达到的地方,并制定用水之法以扩大灌溉地区。收租税时,根据收成的好坏来确定,允许百姓歉收时向政府借贷,所以辖区内收取的租粮并不多。后来朝廷征发军粮,倪宽因租粮外欠,任职考核为最后,按规定当免职。当地老百姓听说此事,都恐怕失去倪宽,纷纷用牛车和挑担络绎不绝地送来租粮,考核成绩又变为最好。刘彻由此更加看重倪宽。

倪宽在京畿治理中所推行的是不折不扣的儒家治国理念,以爱民、惠民为本,讲信义而宽刑罚,务在争取人心。他的许多非功利的措施与朝廷的政策相抵牾，故因某项政绩考核过于落后而当免，但闻讯的百姓以他们的补租行为改变了朝廷考核的结果，不仅显示了民心的力量，同时也显示了儒家政治的力量。刘彻更看重倪宽，是因为他从倪宽的身上看到了以儒术治政的巨大成功。

第三件事是，刘彻接受了司马相如临终的遗书建议，准备在泰山举行封禅大典，但几年间朝臣们难以从古经典中找到有关记载，对封禅的礼仪程式不能确定，刘彻为此询问倪宽，倪宽作了回答，大意是说，封禅荐享百神，不是常礼，所以经文上不载。陛下只要觉得荐享的精诚能接合于神明即可，应根据自己的理解制定程式，而不宜让群臣各抒己见，以至数年尚不能决断。刘彻深以为然，乃自制礼仪，采用儒学以润饰之。准备就绪后，他于前 110 年调任倪宽继卜式为御史大夫，不久举行了隆重的封禅大典，倪宽为主要参与其事的官员，在刘彻下山登拜明堂之后，倪宽上书称颂，为刘彻"奉觞再拜，上千万岁寿"。

封禅是所谓圣德昭著、符瑞昭明的君主才能举行的盛典，是帝王对儒学运用的最高礼仪形式。当朝太史令司马谈就因不能参加这一盛世旷典而发愤忧死。刘彻在执政三十年后举行该仪式，无疑是一种自负自信的表示，但也表明了对儒家治国思想的高度推崇。倪宽在众儒生为其礼仪程式争执不决的情况下提出以精神接合为准、由君主自行决断的方式，也表现了他对封禅大典本质的把握和不以经典定是非的灵活态度。他能断定儒学经典中不载享荐仪式，能揭秘封禅的本质，是他对儒学要义把握的精深；他能由此提出解决封禅仪式的方法，是他对经典无所拘泥。他对儒学把握精深而不拘泥固守，是他在朝廷和地方治理中能大力推行儒术并取得成功的重要秘诀。

梁相国褚大是董仲舒的弟子，精通《五经》，为当朝博士，当初倪宽曾跟随褚大学习过。刘彻商议封禅时征召褚大入京，褚大自以为自己会任空缺的御史大夫。行至洛阳，听说倪宽已任此职，不由大笑。到长安后他与倪宽在刘彻面前商议事情，感到自己远远不能赶上倪宽，退朝后叹服说："君主的确识人。"褚大曾为倪宽之师，他从学问多寡的角度看待倪宽，认为让倪宽任御史大夫是可笑的。但当两人实际接触后，他才感到了倪宽的不可企及。这种不可企及既含学问的多寡，尤其应在对儒学的灵活应用方面。倪宽能把儒学理论坚定地贯彻于现实政治事务中，并做出创造性的运用与发挥，这正是同代儒生不能企及的成功之处。

第四件事情是，太中大夫公孙卿、壶遂、太史令司马迁等人于前 104 年向刘彻上书,提出过去的历法纪年已不适应,汉兴已有百年,应该有自己更准确的纪年历法。古人把一年的开始称"正",把一月的开始称"朔",因而称改历法为"改正朔"。当时的御史大夫倪宽是朝中最精通经术之人,刘彻遂将改正朔的意见交倪宽审定。倪宽召多位博士讨论,又与刘彻反复商议,最终确定了改历之事。朝廷用司马迁等三人,又选定天文学家邓平和精于历法的唐都、洛下闳等二十多位才士一起商议,共同编制了《太初历》。

夏、商、周三代的历法不同,正朔各异。秦朝统一了历法,但仍以夏历十月为岁首。汉并天下后沿用秦制,当年刘恒执政时贾谊就提出改历建议,但因各种情况一直拖而未决。御史大夫倪宽坚定地支持了司马迁等人的改历之议,并稳妥地推进和实现了这项工作,太初历吸收了当时的天文知识和农业生产知识,力求天时与人事的相和,其科学性与合理性更高些,是此后二千多年在中国未被大改、基本沿用而未废弃的历法。同时,当时的改历按儒家的理论,应该是完成了后圣复前圣的创业变制工程,明确了受命于天的朝代变更,其厘正统制的意义是极其巨大的。太初改历进一步彰显了儒家理论对汉朝的思想统治作用,是倪宽在朝廷力行儒术的又一巨大成功。

太初改历的次年,倪宽病逝于御史大夫之任上。张汤是前 126 年为廷尉,前 121 年升任御史大夫的,倪宽为张汤属下廷尉文学卒吏应该约在前 125 年。他在该年入朝做官,至前 103 年逝于御史大夫之任,一共任职 22 年。22 年间儒学的地位提升是极大的。倪宽入朝时法吏之人可以对儒士进行公开的排挤与鄙薄,儒学有独尊的名分而少现实的地位。倪宽以坚定的态度和灵活的方式力行儒术,努力发掘该学说的闪光点为现实服务,彰显了其应有的力量,使它终于成为主上认可、法吏信服、百姓尊崇的生活指导。尤其是封禅和改历之后,儒学对社会的思想统治地位在倪宽身后已不可动摇。

本篇小结

刘彻继先父之业而为君,同时也继承了先父留下的人才班底,但不同的政治理想和思想指导终使他将旧班底的人物逐步抛弃,并组建了听命于自己的臣属集团。

朝廷开辟了广泛的征才之路,但在"罢黜百家"刚刚开始的背景下,并不是任何有才能的人物就会脱颖而出,只有那些在朝廷独尊之学上有成就、有创见的人才才会得到政治的青睐。公孙弘、主父偃多年受挫,及后来改学儒术并将其用之于当朝政治建言时才步入人生的通途,而朱买臣熟读《春秋》,一出仕就成为皇帝近臣,可见思想选择对个人政治活动的意义。当社会的指导思想定于一尊时,与之不相符合的人想凭学识进入仕途通道,要么就要像主父偃那样实现政治理念的转换,要么就会像汲黯那样遭受压抑和排斥。思想一尊并非社会幸事,而社会的不幸正是首先要由持有异学的个人直接分摊与承担。

定为一尊的思想不仅仅只是承担社会的教化功能,它也有一种政治实践化的要求。公孙弘和倪宽正是充当了儒家学说的政治实践者才在朝中大得彰显。他们两人并无多少理论建树,但公孙弘以身自躬行的行为特征表现了儒家的为臣之道和处世方式,倪宽创造性地运用多种施政措施,向人们展现了儒学的礼仪典式及其对社会政治的许多合用性,以实践化的推进稳定了儒学的统治地位。无论思想一尊对社会的意义如何,力行这一思想的人物都是当朝的幸运儿。能够把一种思想学说推进到了政治实践领域,当然也是理论本身与实践人物的双方幸运。

同朝治政的臣僚是系之于王朝兴衰之上的利益相同的政治共同体,但由于思想指导、价值理念、行事方式和个人品性的不同,政治实践中必然会发生相互间的对立和摩擦。在专制集权的政治系统中,正常的矛盾纠纷不是通过辩论、说理及规范的程式来处置,而总是以非正常的方式来解决。公孙弘对许多同僚的排挤、主父偃对他人阴事的揭发以及他遇到的报复,张汤对众人的打击及朱买臣等人对张汤的陷害等等,正彰显着汉朝臣僚们钩心斗角、相互倾轧的复杂图景。专制体制中没有政治矛盾及个人纷争正常解决的必要程式,缺乏同僚们规范竞争的渠道,因而使构陷和暗算成了人们消除异己、保持禄位和晋阶升级的有效手段,堂堂朝廷政坛于是成了阴谋和诡计充斥的场所。同时,社会没有从根本上竖起推动社会进步和以民为本的标杆,放弃了如文帝刘恒朝廷那样的道德理念,臣僚们的对立较劲几乎成了有利害而无是非的纷争。窦婴与田蚡的相互摈斥、张汤过手的狱案之决,都说明专制体制最终是以君主意志定是非的,在是非不清的地方由君主好恶定是非,这也合于君主专制的要求与逻辑。这样的是非判定引导臣僚们朝着顺承君意、看风使舵、献媚求宠的方向去处置政务和塑造人格,而这种官场之风必然促使政治文化走向腐败、堕落之地。

刘彻的朝廷大兴事功,臣僚不少,这些臣僚各为当朝政治活动发挥了应有的作用。考察这些臣僚,可以发现当朝的君主和臣民对许多人的评价并不一致,有时甚至会截然相反。君主认为公孙弘、张汤、主父偃均是难得的良臣,而同代的臣民却很难认可;汲黯被君主斥为"愚戆"而不愿接近,他却在下层民众中颇有声望,这种评价的分歧是由于立场的差异和期求的不同而引起的。专制制度是君主一手倡导的,它在现实中总是向君主一方偏斜,因此,得到君主肯定的人物总是风光一片,而君主不赏识的人总要经历一番困顿。然而,事情还有另外一个方面,一个人哪怕曾经为君主所轻视,但当民众对他有极好的评价时,君主也会重新审定自己的往昔评价,大多会由轻视变为器重。汲黯治东海和淮阳,卜式治理缑氏和成皋,倪宽治理京畿,他们最终让刘彻更加看重,就是因为清醒的君主更看重民众的意志和社会的安宁,能实现地方治理和社会安宁的臣属,自然会在君主的动态评价中获得不少加分。有一个非常值得注意的地方是,民众的评价是最能与历史的评价相一致的,因为历史的进程总与民众的心愿更相一致,在民众与君主的认识分歧中,唯有历史是更多地偏向于民众一方。处在一种偏狭的政治系统中,那些善于阿世的精明人物不乏人生的辉煌,但却常被岁月丢弃,历史映照出的是他们的猥琐与卑屑;"愚戆"的人物常被现实冷落,却往往赢得历史的敬佩。

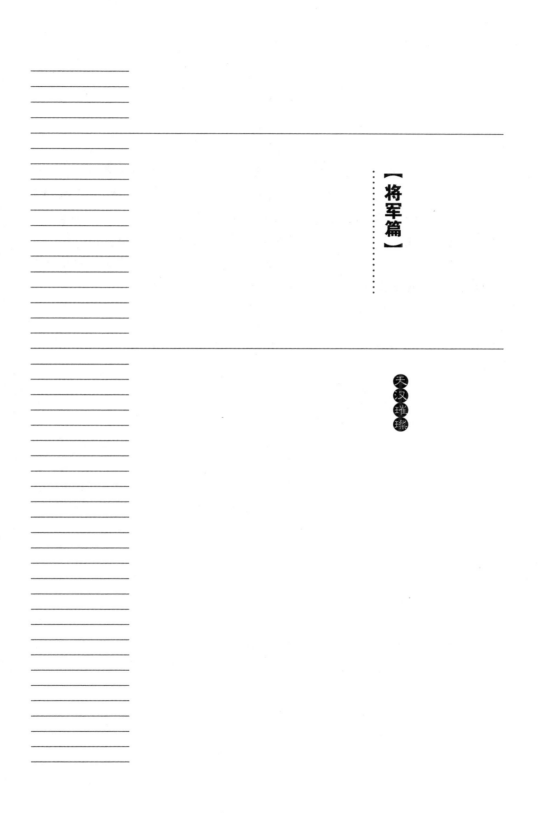

【将军篇】

天汉璀璨

汉武时代是对外争战的年代,尤其是与北方匈奴的战争,更是当时东亚两大强国间的殊死决斗。战争需要将军,同时也造就了将军。卫青、霍去病和李广,正是汉朝在北方战场上造就和成长起来的英勇善战、名垂后世的将军。而战争的复杂多变也使李广利、李陵等统兵之将留下了无尽的遗憾。

　　战争是政治的特殊形式。在国家推行军事化政治的年代,我们不妨由推动战争的将军来观察战争,进而认识战争背后的政治。

卫青：抗击匈奴的不败将军

前133年的马邑之谋拉开了汉朝与匈奴决战的序幕，此后匈奴的边境侵扰有增无减。前129年，刘彻派出四路大军各一万骑兵出击匈奴，太中大夫卫青被任为车骑将军，领其中一路自上谷（郡所在今河北怀来县东南）进发。自此，作为刘彻中朝侍中亲贵的卫青跻身到了将军行列，开始了他统兵率将、驰骋疆场的军事生涯。卫青在北征匈奴的战争中大显身手，屡建硕功，不久就成了西汉朝廷的最高军事统帅和当之无愧的一代名将。

七征匈奴，屡建大功

卫青被授车骑将军之号后，前129年春率一万军队出上谷，直至龙城（今蒙古鄂尔浑河西侧的和硕柴达木湖附近），龙城又称"龙庭"，是匈奴祭天和大会诸部之处，应该属于其心脏地带。卫青的军队在此斩敌数百人而还。和他同时出兵的其他三路情况是：轻车将军公孙贺兵出云中（今内蒙古托克托东北），无所斩获；骑将军公孙敖兵出代郡，损失七千人；骁骑将军李广兵出雁门，受伤后被匈奴俘获，半路上夺骑逃归。卫青一路入境最深，收获最大，他在第一次率兵作战中就以自己的军事才能而崭露头角，被封为关内侯。

前128年秋，卫青二次出征，他率三万骑兵出雁门，斩数千人而还。次年匈奴两万军队入境，杀辽西郡太守，掳掠渔阳郡二千多人，并打败了在当地驻军的韩安国部队，一时非常猖獗。卫青授命率兵出云中，西至高阙（今内蒙古杭锦后旗东北），自阴山山脉在此中断的一个缺口穿过，攻略了河套黄河以南地区，到达陇西（今甘肃临洮县一带），一共歼敌数千人，获牲畜几十万头，赶跑了匈奴的白羊、楼烦两个部落，至次年全师而还，这是卫青的第三次出征，战后刘彻大张声势地表彰了卫青的斩敌掳畜之功，以三千八百户封他为长平侯，同时封他的属下校尉苏建为平陵侯,并在这次新辟的地盘上设置朔方郡,修筑朔方城,重修秦将蒙恬所建的关塞。

前124年,卫青统游击将军苏建、张骜将军李沮、骑将军公孙贺和轻车将军李蔡,自朔方兵出高阙,另有李息、张次公两将军出右北平(治所平刚,在今辽宁省凌源西南),共十万余骑一同进攻匈奴,大军出塞六、七百里。匈奴右贤王正对着卫青一路,他以为汉军不能到达驻地,喝醉了酒。卫青率军夜间赶到,包围了右贤王,右贤王惊恐逃跑,仅带着他的一名爱妾和数百壮士溃围而去,汉军轻骑自北追逐数百里而还。这次战斗一共俘虏右贤王手下小王十多个,男女人口一万五千余,牲口约百万,第四次出征也是凯旋而归。回军至边塞,刘彻让使者捧着印信,当即任卫青为大将军,其他将领的部队都归大将军统辖。刘彻再一次公开表彰卫青的战功。增封食邑六千户,又封卫青的三个儿子卫伉、卫不疑、卫登为侯,其后又将随卫青一同出征过的公孙敖、韩说、公孙贺、李蔡、李朔、赵不虞、公孙戎奴、李沮、李息、豆如意等多人封侯,按各人功劳大小划给食邑。

卫青的第五、六次出征是在前123年。这年二月,卫青率公孙敖、公孙贺、赵信、苏建、李广、李沮六位将军共十多万骑兵出定襄郡(治所在今内蒙古和林格尔西北土城子),深入敌境数百里,斩敌数千而还。在定襄、云中、雁门休整月余后,又于四月再出定襄,斩敌一万余人。但将军苏建和赵信一路的三千多骑兵部队孤军与单于部队相遇,交战一天多,伤亡殆尽。赵信在匈奴的引诱下率所余残兵投降了单于,苏建只身逃脱,回到部队。第六次出击大胜中有小失,卫青未得增加封邑,被赐以千金。随军出征的卫青外甥霍去病因功盖全军,刘彻以一千六百户封其为冠军侯,上谷太守郝贤屡次积功被封为众利侯,给军队做向导的张骞被封为博望侯。

其后几年间,霍去病率大军数次出击,因战功卓著被封为骠骑将军,与大将军并列。而匈奴伊稚斜单于听从降将赵信之言,向北渡过大沙漠以避汉军锋锐,想等汉军远来疲劳时击而歼之,战场形势已有新的变化。

前119年,刘彻令卫青与霍去病各领五万骑兵,另有步兵和跟随的运输部队几十万人,分两路出击。第七次出征的卫青率李广、公孙贺、赵食其,曹襄等将军自定襄进发,大军出塞后从俘虏口中得知了单于的所在地,卫青令前将军李广和右将军赵食其自东边迂回出兵,包抄单于的后路,他自率精兵渡过大沙漠,行程千余里,担任正面攻击。

　　单于知汉军远道而来,把粮食辎重运到远方,率精锐部队在漠北陈兵以待。两军相遇,卫青下令用战车围成营垒,放出五千骑兵冲击匈奴,匈奴约以一万骑兵迎战。适逢黄昏风起,沙砾扑面,双方都看不清对方,卫青让汉军从左右两翼包围单于,单于见汉兵众多,兵强马壮,担心久战不利,遂于天黑时乘上车,带着精壮骑兵数百人冲开包围向西北驰逃。天黑后双方军队展开格斗,伤亡大体相当。汉军左翼部队捉到俘虏说单于已经逃脱,卫青遂派轻骑连夜追赶,大部队也随后跟进。匈奴兵见大势已去,四散溃逃,汉军至天明时行军二百多里,未捉到单于,大约杀伤和俘虏敌军一万多人,其后抵达寘颜山(今蒙古杭爱山脉东南)赵信城,用匈奴储积的粮食供部队食用,在此停留一天,烧毁了城中所余的粮食后回军。

　　李广和赵食其的东路军在行军中迷失了道路,以至贻误了包抄后路、合攻单于的战机。这次出征虽未擒获单于,但前后歼敌共一万九千多人,其战果仍然不小。刘彻在这次作战后,设置了大司马之位,让卫青和另一路获捷的霍去病任此职,并将原来朝中专掌军事的太尉一职废黜不用。

　　自前129年受命为将到前119年的十年间,卫青七出匈奴,屡获大捷。据当时统计,他的军队一共歼敌约五万多人,与左贤王和单于直接交锋各一次,收复了河套以南之地,开辟了朔方郡。他是在对匈奴作战中首先获取大规模胜利的将领,且保持了不败的纪录。他的用兵真正扭转了汉朝战场上的劣势和守势,扼制了匈奴的侵扰势头,维护了汉朝北境的安定,振奋了汉朝的军事声威。十年出征,不仅开拓了疆土,而且带领出了霍去病、公孙贺、公孙敖、李息、李沮、赵食其、韩说、荀彘等一大批统兵之才,卫青对汉朝的兴盛和持续走强都功不可没。

卑小自我,善待部属

　　史书上多处提到卫青的战功,但很少提到他的治军方式。当时的淮南王刘安曾与他的谋臣伍被论及卫青,提到两件事情:一是,伍被的朋友黄义跟随卫青出击匈奴,回来后对人说:"大将军对待将吏有礼貌,对士卒有恩惠,大家都乐意听他指挥。他骑马上下山像飞一样,才干超群。"二是,淮南国的使者曹梁自长安归来,极力称赞卫青,说他号令严明,临敌勇敢,身先士卒;军队驻扎下来凿井取水,必等士兵都喝到水,他才肯喝;回军时只有士卒全过河他才渡过;皇太后赐给金钱绢帛,他都拿来赏给了军士将吏,即使古代的名将都不能做到这些。根据这两人叙述的情况,伍被认定卫青是一位极有才干,通晓军事,攻无不取的将军。从这些议论中可以看出卫青的一些治军方法和他在普通人众中的口碑,也能多少窥见他战场不败的原因。

卫青在抗击匈奴中屡建大功,后来又位高权重,但他始终认为,自己的立功机会是皇帝给予的,战场上的取胜是将士们奋力拼杀的结果,因而从不居功自傲。他把自己看得很小,低姿态处世,无论对刘彻还是对属下将官均抱以忠诚、谦逊和绝不相负的心态。

前124年卫青四征匈奴,大败右贤王凯旋入塞,刘彻封他为大将军,增加封邑,又一并封他的三个儿子为侯,卫青坚决推辞说:"我侥幸能在军中任职,仰赖陛下神灵取胜疆场,都是各校尉力战之功,您已增加了我的封邑,我的儿子还很小,又没有功劳,您垂恩对他们封侯,不合于微臣勉励将士力战的本意,三个儿子不敢受封!"卫青对来自刘彻的信任和重用表达了感激,对属下将士的战功作了充分肯定,他拒绝儿子们的侯位之封,其真正的用心是想给随自己作战的部属争取到应得的赏封。卫青的意思是:儿子无功受封,而部属们有功无封,他自己以后将无法勉励将士们杀敌立功。卫青是宁愿将儿子们所受的侯位来换给相关的部属,但要求刘彻加封给部属的话不好说出,只好以拒绝儿子们受封来表达。卫青已提出儿子们无功不该封侯的问题,且对部属的战功已作了肯定,儿子的侯位若被退回,究竟该授何人,他以为刘彻自然会心中明白。充分考虑到部属的利益为其请封,又绝不强求和冒犯君主,这就是卫青的心性和性格。

听了卫青对儿子们受封的辞绝,刘彻当即表示说:"我并非忘记了各位校尉之功,本来也是要封他们的。"他招来御史下诏,一口气封了卫青手下的十位将官为侯,除本次出征的公孙贺、李沮、李蔡等将官,以前曾随卫青多次出征过的公孙敖也一并受封,卫青为部属请封的目的遂如愿以偿。

卫青六出匈奴之战中右将军苏建兵败丧师,只身逃归,卫青询问军中执法的相关人员该如何处理,议郎周霸说:"自大将军掌军以来,还没有杀过副将,现苏建丧失了他的全部人马,应斩之以显将军之威。"军正闳和长史安不赞同周霸的看法,他们说:"苏建以几千人抵挡单于几万人,力战一天多,士卒拼光了,他不敢有二心,自己回到部队,回来了却要被斩首,这是在告诉人们失败了不要回来。苏建不当杀!"周霸意在树立卫青的威严,闳和安二人主张宽恕败兵之将,意在为将吏们营造出可以托命的归宿之所,两种意见代表着不同的观念选择和治军思路,由于无法统一,又交大将军决断。卫青说:"我有幸以内亲身份在军中任职,不担心没有威严,周霸让我借此显威,不合我的本意。我的职位固然可以斩将,但为臣的虽有尊宠之位,还是不要在境外擅自斩杀,应该把事情交给天子,让天子自己处理,以此表明做臣子的不敢专权,不也很好吗?"面对两种意见的分歧,卫青首先考虑的是与刘彻的关系。作为大将军,他有杀掉将官的职权,但他绝不愿借用重权以树威,也不愿使用这一重权,他要把自己拥有的对内的杀伐之权尽可能地保留给君主,并乐意为世人做出重臣而不专权的榜样。卫青的言论透露了自己柔媚君主的一种处世观,但他公开否决周霸的意见,其实也未尝不是对苏建的保护。苏建是早期就跟随卫青出征的将官,又为汉筑朔方城,故旧功高,关键时受到卫青的保护也在情理之中。卫青就是这样一位既柔顺君主,又不负部属的和善无威的大将军。

应该提及的是,苏建被囚回国,交给刘彻,刘彻赦而未诛,让他赎罪为平民,后来又任其为代郡太守,天子信任犹在。苏建的儿子苏武后来为朝廷出使匈奴,虽百辱而志节不改,不能不包含着对刘彻和朝廷的感恩。卫青当时未杀苏建,看来是得到了刘彻的内心认可,也换来了苏家父子对汉朝的忠贞。卫青虽不着意树威,但却真正是一位君主信任、部属拥戴、颇有威望的将军。

这次出征因有苏建等人的亡军之失,大军虽斩敌万余,但主将卫青没有照例益封,刘彻赐他千金作赏。当时刘彻正宠幸爱姬王夫人,一位名叫宁乘的人对卫青说:"你以卫皇后的缘故而立功富贵,现在王夫人有宠而她的家族没有富贵,希望您把得到的千金献给王夫人的双亲作贺寿之礼。"卫青便拿出五百金去贺寿。刘彻听到了这件事,询问卫青缘由,卫青遂把宁乘劝他的事照实说了,刘彻即任宁乘为东海郡(今山东省南部,江苏省北部)协助郡守掌军的都尉。

在他人的诱导下,卫青这次做了一回最为媚上的事情。作为大将军,他是以功立位,没有必要拿出军功赏金讨好君主的宠姬。然而,卫青是因姐姐卫子夫受宠而跻身将军行列的,刘彻新宠王夫人,卫皇后有被疏远之势,大概考虑到自己作为中朝领班,对这一宫宠之变应有一个认可的表示,以避免主上对自己产生疑忌,卫青于是听取了宁乘的劝告;另外,当王夫人成为刘彻的新宠后,作为卫皇后之弟的卫青事实上已与王夫人有了某种间接的亲戚关系,向她的父母送去祝寿之礼也未尝不可。卫青在朝中具有多重身份,不同的身份具有不同的规范和要求,相信当时重礼送给王家,卫青一定是兼顾多重身份,艰难地做出了一种选择。他没有像宁乘所说的送予千金,而是取其之半,也多少表达了一点对宁乘意见的保留。值得注意的是,当刘彻知晓此事加以询问时,卫青并没有有意讨好,将送礼说成是自己的情谊所使,而是将事情的委原和盘托出。在他看来,姐姐宫中失宠而弟弟给夺宠的情敌一方送礼祝寿,本来就不合常规,如果表示自己是独自而为,发自内心,心甘情愿,未必能得到刘彻的相信。刘彻为此而询问自己,表明他对此事已感到蹊跷难解,而一切虚情假意都是瞒不过刘彻的,反而还有事实上的欺君之嫌,在这里,诚实才是最大的聪明。卫青送礼王家未必明智,但刘彻相问时却做出了最聪明的选择。刘彻当然不一定认可卫青给王家的送礼行为,但他却会由此确认卫青是一位诚实无诈的君子。宁乘被授职任用,是刘彻对卫青之言毫无怀疑的表示,也反映了他确实想使王夫人家富贵起来的一丝心迹。

卫青最后一次出征,与单于部队接战,因李广与赵食其的东路军迷失道路,未能如期会战,致使单于逃走,回军时卫青在大沙漠之南与李广部队相遇,他派总理幕府的长史带酒食送给李广,询问二将的失道情况,因为要向朝廷上书报告作战过程。李广沉默未答,卫青让长史责成李广的幕府人员前去对质受审,李广表示过错都在自己一身,不愿前去受辱,竟拔剑自刭。李广是三朝老将,年逾六十,以英勇善战而闻名,他的逝去无疑是汉军的重大损失,但从当时的情况看,卫青并未对他做出过多的逼迫。他派长史送去酒食以示慰问,了解部队失道原因,也试图避免对李广作正面追究,对这位资格更老的将军,善待部属的卫青是有心尽量回避着对他的伤害,只是没有料到他对过失追究的反应会如此反常。

其实,李广的真正恼恨在于,分兵前他曾一再要求让自己参加正面进攻,他以为与单于直接交战的机会是不多的,想在这次交战中建立大功,实现封侯之愿,但卫青受刘彻的暗中吩咐,坚持让这位被认为运数不吉的将军参加东路进击,致有失道之误。李广自然不知道刘彻的暗中吩咐,把恼恨记在了卫青身上,其自刭可能包含有以死相抗之意。过了不久,李广的儿子李敢心怨卫青对父亲不公,击伤了卫青。李敢身为郎中令,对大将军的报复伤害是违反朝禁的,如要查究,他会成为犯罪之人,但卫青却隐瞒了这件事,既没有追究,也没有报告,他大概觉得李敢的行为虽属无礼,但情有可原,李敢的伤害使他正好排遣了对老将未及挽救的内疚。他想有效地保护李敢,也宁愿忍受自身的委屈。

看看卫青与几位臣僚的邂逅之交,也有助于了解他的为人。他曾派使者在家乡河东买马,使者发现供职于太守衙门的减宣非常能干,报告给他,他就将其推荐给刘彻,减宣旋被任为管理养马的大厩丞,后来升为御史,一时成为朝中名臣。齐人主父偃在穷困潦倒中入京求见卫青,卫青发现他很有才能,就多次向刘彻提起,可惜未被召用。主父偃后来凭自己的奏书被刘彻看中而重用,他曾建议刘彻立卫子夫为皇后,主观上一定包含着对卫青的感恩。大臣汲黯是有名的耿直之人,常对位高权重的卫青不施跪拜之礼,而以平等礼节相待,并对人宣称:"让大将军有平等礼节的客人,正是对他的敬重。"卫青听到这话,反而更看重汲黯的贤良,多次向他请教朝廷的疑难大事。卫青可能是一位不善交往的人,但有限的交往中亦能清楚地显示出他待人的卑谦与和善。

故旧部属苏建曾向卫青建议说:"您的职位极其尊贵,但却未得到天下知名人士的称誉,希望您能像古代名将那样招致天下贤能人士,不要懈怠。"卫青辞谢说:"魏其侯窦婴和武安侯田蚡结交宾客,天子常愤恨不已。招致贤才和贬黜不肖,那是人主的权柄,做臣子的守法尽职就行了,何必要招贤纳士呢?"司马迁认为卫青的为人是"仁善退让,以和柔自媚于君,然天下未有称也。"大概觉得以他这样的功勋和柔善性格而没有得到天下人的称赞,未尝不是憾事。司马迁是在与苏建议论卫青的为人时,苏建把自己与卫青的上述交往对话亲口告诉了司马迁。从卫青对苏建的回答中已经清楚地看到,招养贤士而获取美誉,对卫青而言,非不知也,知之颇深而不愿为也。他从窦婴和田蚡身败名裂的前鉴中领悟到了人生的一斑;作为中朝首辅,他更能看清刘彻的心迹。他对专制制度下皇权独裁的现象自然不能得出理性的剖识,但却从政治生活的实践中看到了侵犯皇权的巨大风险。对这一无所不在的权力他不愿稍作冒犯,只求顺从,由此构成他柔媚对上的处政和处世风格,人们对卫青这一自觉自主的选择是未可非议的。应该说,作为一名大功在身的皇亲国戚、国家高级将领,能够始终以卑谦的心态处世,能够看轻自我、善待部属,是很少有人能够做到的,这样的人物因为难得,因而可敬。

蛇化为龙，不变其纹

卫青出身于社会底层，小时候饱受苦辱。他因姐姐卫子夫入宫受宠而走近刘彻身边，又在将军职位上大建功勋，迅速进入国家高层。西汉褚少孙博士曾说，大丈夫的一生就像龙一样变化，"蛇化为龙，不变其纹"。卫青的处世和性格有他往昔特殊经历的深刻烙印。

卫青是河东郡平阳县（今山西临汾市西南）人，父亲郑季为平阳县吏，在平阳侯家当差。平阳侯是曹参的曾孙曹寿（也作曹时）袭封的爵号，刘彻的姐姐阳信长公主嫁给曹寿为妻，称为平阳公主。郑季已有家室儿子，他在曹家当差时与曹寿的小妾卫媪私通，生下了卫青。这位卫媪此前还生有君孺、少儿、子夫三个女儿和儿子长君。《汉书》上说卫媪是曹家的家僮，属家中奴婢；也有人认为这位曹家的奴婢没有自己的名字，媪是妇人的通称，卫是她丈夫之姓。如果这样，其间的人物关系就更为复杂了。卫媪的几个子女都随母亲姓卫，卫青表字仲卿。

卫青的母亲在曹家地位低下，身份不明，子女也不少，卫青少年时的生存状况可想而知。稍长些他回到父亲郑季家中，父亲让他去放羊，郑季正妻所生的儿子都把他当奴仆对待，他不被算作兄弟之数。卫青有一次曾跟随别人到了不远处皇家甘泉宫（今陕西淳化县西北甘泉山）旁囚禁犯人的居室，有一位受刑的犯人给他相面说："你是个贵人，以后会做官封侯。"卫青笑着说："奴婢的生子，只要不挨笞受骂就心满意足了，怎能幻想封侯！"从卫青的回答看，他在自己家中放羊期间受人打骂当是常有的事情。苦难的生活、低下的地位和屈辱的生存状态养成了他的心理自卑。做官、封侯、富贵，早年对他都是不可想象的玩笑话。

卫青长大后，当了曹家的骑士，随从平阳公主。前139年春，刘彻来平阳公主家，看上了作歌女的卫青姐姐卫子夫，带其入宫，极为宠幸，卫青此后去在长安的建章宫当差。约一年之后，皇后陈阿娇因为卫子夫入宫而被刘彻疏远，她的母亲刘嫖派人抓到卫青，将其囚禁，准备杀掉，卫青的朋友公孙敖联合几位壮士将卫青抢夺了出来。刘彻闻听此事，即让卫青做建章宫的监管，并任他为侍中，不久提为太中大夫，前129年授予将军之职，卫青一路立功，旋被封侯，又任大将军之职,很快走进了人生的辉煌。

卫青在曹家作骑士时应该不会小于 15 岁,但也不会超过 17 岁,因为那年刘彻 18 岁,卫青的姐姐卫子夫当年受宠入宫,应该是与刘彻大约相当的年龄。即是说,前 139 年时卫青最可能是 16 岁,他大约小刘彻两岁,为前 154 年出生。卫青在 18 岁时被任侍中,进入朝廷;26 岁跻身将军之列,首出匈奴;31 岁时被拜为大将军,三个儿子同时封侯;36 岁时最后一次出击匈奴,被加封为大司马,十几年间即演绎了一场蛇化为龙的人生奇迹。

卫青无疑是以军功封侯升职、走上权力高层的,但他始终没有忘记少年时的苦难经历,始终没有磨去早年的心理印记。封侯任将的现实已经大大超过了早年的人生预期,对自己已属非常侥幸,因而尽管处在爵高权重的地位上,但他总是把自己看得很小,谦和退让,以仁善心态待人,这从根本上有别于那些一阔脸就变的人。同时他也明白,自己的立功机会是刘彻给予的,因此始终保持着对刘彻的内心忠顺。刘彻平时对许多大臣都外示庄重,讲求礼数,但对大将军卫青有时却蹲在厕所召见,由此既可看到他们两人间的亲密随便,又显示了卫青对刘彻的柔媚。卫青对刘彻柔媚和忠顺,经常设身处地地为对方的权力伸张而着想,其中不是没有包含着感恩戴德的意念。

前 119 年卫青围击单于之后,汉朝一度停止了对匈奴的进攻,主要因为战争消耗太多,汉军马匹太少,而后来朝廷又忙于南诛两越、东伐朝鲜和用兵西南的事务,北方的规模化战争一度停息了十八年。身为皇后之弟、太子亲舅的大将军卫青自北方息战后过上了默默无闻的生活,国家的政治活动中再也没有见到他的身影。但有两件事情,一定对他的私人生活产生了强烈的冲击。

一件事是他与刘彻的姐姐平阳公主结合成婚。平阳公主的丈夫因有恶疾在身,遂去封国平阳就住,在京城寡居的平阳主可以选列侯匹配成婚,遂向身边的人打听列侯中的贤良之人,侍御者向她荐举了大将军卫青,平阳主同意后将自己的心思设法透露给了卫皇后,皇后转告给了刘彻,刘彻遂下诏让卫青与平阳主成婚。

据说当身边侍御者向平阳公主荐举卫青时,平阳主笑着说:"这个人出自我家,过去做骑士护送我出入,怎么能做丈夫呢?"侍御们说:"他身为大将军,姐姐是皇后,三个儿子都是侯,富贵振动天下,公主怎么能看轻他呢?"平阳主于是才点头认可。这位皇家的公主再婚时讲求门第,用二十年前的眼光打量卫青时,自然心存芥蒂,但当她看到了"丈夫龙变"、大丈夫像龙一样升腾变化的事实,终也不敢对这位昔日的护卫骑士有所看轻。事情的整个过程中未看见卫青有何表态,也不知他当时是否是鳏居之人,但此事经刘彻准奏下诏,卫青必然是毫无迟疑地奉命和顺从。这一事情无疑当会极大地改变了他晚年的生活形式。

另一件事是,他的几个儿子都因罪失掉了侯位。首先是长子卫伉于前116年为某事假托皇帝的命令,犯挢(矫)制罪被免侯;后来儿子卫不疑和三子卫登于前112年因献给朝廷祭祀的黄金成色不足,犯了酎金罪被一同免侯。这些事件中均未见卫青有托情求赦的表示,无论内心有怎样的感受,他都平静地接受了这一切。

前106年底,默默生活了近十四年的卫青逝于家中,时年近五十岁。刘彻下诏将其与先逝的平阳主合葬于自己已建就的陵墓茂陵东北,和霍去病的墓相毗连,让把墓冢修成像穹庐和山丘的形状。古人重死。刘彻对墓冢的设定另有自己的象征意义,而把卫青之墓安排在自己陵墓的侧旁,则表达了对卫青的高度看重,他是希望自己逝后,即便在九泉之下也能有善攻强敌的不败将军护卫在自己身边。刘彻的安排在相当意义上代表了一代雄主对卫青一生的盖棺定论。

卫青逝后,他的长子卫伉嗣爵为长平侯。前99年,卫伉以擅自入宫罪,侯位被免,并被判筑城四年。从上次"挢制"到这次"阑入宫",卫伉显然不是卫青那种柔顺安分之人,他最终在前91年卫太子刘据的巫蛊之祸中受牵扯被杀。

当年卫氏兴盛时,家有四侯,贵幸无比,民间有歌谣道:"生男无喜,生女无怒,独不见卫子夫霸天下!"自卫子夫入宫到卫太子刘据之难,卫氏在西汉政治舞台上活跃了近半个世纪;从卫青任将为侯到与平阳主成婚,是其最为辉煌荣耀的十多年。天底下没有不败的红花,而奴婢生子卫青及其枝属跌宕起伏的人生变化足给西汉政治增添斑斓的色彩。

霍去病：皇恩最重的作战冠军

汉朝在与匈奴战略决战的十多年间，出了一位与大将军卫青并驾齐驱的英雄将领霍去病。霍去病是卫青的外甥，前123年十八岁时由卫青两次带上战场，他在战斗中英勇杀敌，大显神威，旋被刘彻封侯任将，其后独立统兵，四征匈奴，创造了最为辉煌的战果，也一时成了朝廷最为倚重的将军。

六击匈奴，连创战绩

霍去病是卫青二姐卫少儿的生子，出生二、三岁时姨母卫子夫入宫受宠，卫氏兴盛；霍去病长大后因卫氏之故受到刘彻宠爱，成为朝中侍中。霍去病善于骑马射箭，他首次随卫青出战，是以剽姚校尉的身份从军。这年二月，大军从定襄进入匈奴境内数百里，斩敌数千后撤军入塞；在边界内修整了一月多，又于四月再入匈奴作战。这次战斗中右将军苏建损失了几千部队，只身逃归，前将军赵信投降了匈奴，而霍去病带着八百轻骑勇士甩开大军进军数百里却取得了突出的战绩。全军共歼敌一万多人，其中就有二千多人是霍去病小部队的功劳。刘彻这次对卫青等将领没有益封，却对霍去病两次从征之功大加表彰，说他的部队抓获了匈奴相国，当户，斩杀了单于祖父辈的籍若侯产，生擒了单于的叔父罗姑比，战果两度荣冠全军，遂以一千六百户封他为冠军侯。

前121年春，二十岁的霍去病被刘彻任为骠骑将军，率一万骑兵出陇西，大获全胜。刘彻在嘉奖公告中详述战绩如下：部队先后经过了匈奴的五个王国，转战六天，越过焉支山（今甘肃永昌县西、山丹县东南）一千多里，杀掉了折兰王、卢侯王，活捉了浑邪王之子及其相国、都尉，斩敌八千九百多，缴获了休屠王的祭天金人。回军后刘彻对霍去病增封食邑二千户。这是霍去病第三次出击匈奴，也是他独立统兵的开始。年轻的骠骑将军在战场上速度快、冲击猛、作战利落、战果骄人，不负朝廷厚望。

同年夏天，霍去病四出匈奴，他与公孙敖率数万骑兵自北地郡（治所马岭，在今甘肃庆阳西北）进发，两人分兵而行。霍去病在匈奴境内长驱直入两千多里，与公孙敖失去了联系，未能如期会合，他于是孤军越过居延泽（今内蒙古额济纳旗北的嘎顺诺尔与苏古诺尔湖），穿过小月氏，到达祁连山（今甘肃酒泉市南）。刘彻后来的嘉奖公告称，霍去病的部队这次俘获了单桓王、酋涂王以及相国、都尉二千五百多人，杀敌三万零二百，活捉小王七十多。回军后刘彻加封他食邑五千户，封他的部属赵破奴为从骠侯，军中两位校尉亦被封侯。行军误期的公孙敖受了处分。

同年秋天，匈奴在霍去病部队的扫荡打击下发生内部分歧，西域的浑邪王暗中约定要投降汉朝，刘彻得到此讯，担心浑邪王是以诈降的办法袭击边境，就派霍去病率万骑前去迎接。霍去病率兵渡过黄河，与浑邪王的部队遥遥相望，对方的部将见到汉军后许多人不愿投降，纷纷逃走。霍去病遂驰马奔入对方军营，与浑邪王相见，杀了想要逃亡的八千人，又单独把浑邪王用传车送到刘彻的行宫，他带领浑邪王的四万人马渡过黄河，号称十万，到达长安。在浑邪王的投降真假不明的情况下，霍去病接受特殊使命，五出匈奴，他大勇无畏，果敢而行，制止了其军的骚乱，竟以少量兵力控制了对方，促成了浑邪王的投降，刘彻再次给他嘉奖增封。这次受降使汉朝得到了浑邪王的领地，西部的军事压力大大减轻，朝廷裁减了陇西、北地和上郡的一半驻军，天下百姓的徭役负担也因之减少。

前119年，刘彻令霍去病与卫青各领五万骑兵，分别穿越大沙漠，与匈奴交战。霍去病一路任李敢等中级军官为大校，从代郡和右北平郡出塞，挺进二千多里，在沙漠之北与匈奴左翼部队相遇，激战获胜。刘彻在嘉奖通告中公布了部队远行深入、取粮于敌和杀敌众多的战绩：抓获屯头王、韩王，以及将军、相国、都尉八十多人，在狼居胥山（今蒙古乌兰巴托东，或为内蒙古克什克腾旗西北至阿巴嘎旗一带）祭天神，在姑衍（狼居胥山西北山麓）祭地神，登山眺望瀚海（今俄罗斯境内贝加尔湖），以减员十分之三的代价歼敌共七万余人。刘彻给霍去病增加食邑五千八百户，加封他为大司马，部属中有四人被封侯。这是霍去病第六次，也是最后一次出击匈奴，时年22岁。

霍去病在五年期间六出匈奴，每战大捷，尤其是独立统军的后四次征战，常纵军数千里,动歼数万人,不断创造和刷新汉朝作战歼敌的新纪录。他是中原王朝对外战事史上战果最丰的将领,是西汉当之无愧的作战英雄。

含气敢任,皇恩助功

霍去病在很短时间内立功封侯,被擢升为高级军事将领,为大司马后官阶与卫青平列,但与卫青的仁善谦让不同,他是一个胆气内聚、不露声色、意气放任、敢作敢为的人。

郎中令李敢因父亲李广自刎于卫青军中,事后他含恨打伤了卫青,卫青为了保护李敢,隐瞒了这件事,但在不久刘彻组织的一次狩猎中,霍去病则射死了李敢。霍去病是卫青的外甥,他对李敢满腔气恨,但要公开地单打独对,一是不为军纪和朝规所允,必会被别人劝阻,报复不成,反而可能招致处罚;二是自己未必是勇士李敢的对手,如果怨恨未泄反伤己,那只能招致更大的羞辱。霍去病气聚心中,声色不露,使李敢和周围的人均无觉察。狩猎期间,大家都追赶猛兽,霍去病瞄准李敢,毫不犹豫地扣弦发射,至于事后会发生什么,他都毫不在乎。在战场上,霍去病也是这样一个善于瞅准时机、奋发向前、敢于放纵深入、不畏险难的英勇将军。如对浑邪王的受降,他在对方情况不明的情况下前去会见平乱;四出匈奴时与公孙敖之军失去联系,他竟孤军深入;六出匈奴时一直深入到匈奴领地的遥远北境;在一开始独立出战的六天内一口气扫荡五个王国等等。霍去病勇而任性,敢于长驱直入,他常常带领着精壮骑兵行进在大部队的前面。司马迁说他的军队"有天幸",即运气好,未尝遭遇到困绝的险境,恐怕是他的这种打法正对了匈奴军队谋略欠缺、注重外线作战的特点。

霍去病作为皇家贵戚,刘彻曾想教给他孙吴兵法,他回答说:"作战只要看实际行使谋略就行了,不必学习古代兵法。"刘彻给他建造府第,让他去看看,他回答说:"匈奴尚未消灭,不需要置家。"他的任气性格可能深得刘彻喜爱,加上誓灭匈奴的意气和显赫战功,使他一时成为朝中最被刘彻看重和宠爱的官员。

霍去病在任将中有一个缺点,他是在富贵中长大的,不知下层人的疾苦,对士兵漠不关心。率军出征时,刘彻给他派去宫中主管膳食的太官,携带饮食用品几十车,回来时车上剩有的许多粮食肉类被扔掉,而士兵们有些还吃不饱;在塞外时,士兵缺粮,有人饿得站不起来,而霍去病仍然修建场地踢球。但刘彻对这一问题视而不见,照样授给他大司马之职。霍去病在狩猎中有意射杀了郎中令李敢,本属犯禁必咎之过,但刘彻隐瞒了这件事情,对外宣称是野鹿撞死了李敢,徇私保护了霍去病。刘彻对年轻将领霍去病的宠爱后来已远在卫青之上,君主的恩宠偏私曾是霍去病战功丰硕的一个外在原因。

首先是,平时各位将军出战时,霍去病统率的部队,都是经过挑选的,其士卒、马匹和装备为其他将军的部队所不及。这一措施使霍去病一直统领着汉军的精华,部队的战斗力本来就很强。前119年刘彻让卫青与霍去病各领军马两路出征,虽然十万骑兵两人平分,但敢于力战深入的士卒都归霍去病。与卫青的分兵尚这样,其他的情况就更是如此。

其次是,刘彻喜欢把更大的立功机会送给霍去病。与卫青分兵出征的这一次,刘彻事前安排霍去病从定襄出兵,以正面迎击单于的部队,而让卫青从东边代地出塞。后来抓到俘虏说单于在东面,于是刘彻又改让霍去病从代郡出塞,而让卫青兵出定襄。不知是俘虏的供词有误还是单于后来改变了安排,后来西边的卫青部队偏偏碰上了单于,才使霍去病的部队失去了与单于交战的机会。单于是匈奴的最高君长,刘彻出兵前的刻意调整,正是希望把这一最大的立功机会落在霍去病手上。

另外,霍去病的战绩中可能有虚浮夸大的成分,而刘彻对此则给予了默认和肯定。当时前线作战中夸大战功的现象不是个别的,如楼船将军杨仆在平定南越之战中就把主动归顺的士兵算作俘虏,甚至从坟墓中挖出尸体冒充斩获之功,这被刘彻事后说破。霍去病接收到浑邪王的降兵共四万多人,他却号称十万。这些士卒当时被送至长安,刘彻不会不知道较为准确的数字,但他在表彰霍去病迎降之功的诏文中写道:"骠骑将军率领射手一万人,使十万之众归服朝廷。"明显地采用了虚浮数字,有意夸大霍去病的战绩。司马迁在《史记》中所载战功,据说都不是根据军将的汇报,而是作翔实考察,翻阅一手资料确定,记载一般采用直接叙述的方式,但对霍去病的历次战功,都是引用刘彻的表彰文告,以引文的形式来表达,包括他随卫青出征的作战之功,也是如此,这是一个非常特殊的情况。司马迁是刘彻的同代人,身为人臣,他不好在诏告的数字上挤出水分,暴露出皇帝嘉奖中的虚浮不实;但即使无法与皇帝较真,他也不愿以自己的史笔欺瞒后人,于是只好把刘彻的文告原文搬上去填空,让读史者自己去判断。既然四万降兵能被说成十万之众,那还有什么功劳不能被夸大呢?司马迁大概以为,只要确切地指出了浑邪王是四万降兵,读者如果对比刘彻的表彰原文,就能理解刘彻对霍氏战功的蓄意夸大,其他的战功就可以不说自明了。霍去病第六次出征,刘彻在嘉奖中说他的部队损失了十分之三,但司马迁在另一处讲到,这次出征前边塞官员点数统计,霍去病与卫青两军共带官马和私募马匹十四万出塞,回来入塞的马匹不足三万。若按此计算,马匹的损失当为十分之八。两军当时是平分马匹的,即使卫青之军匹马未归,霍军的马匹损失也近十分之六。指出边塞点马的事实,很难说不是司马迁对刘彻嘉奖数字不实的再一次有意暴露。《汉书》对霍去病的事迹介绍基本照抄了《史记》中的内容,战绩用诏告的引文表达。而《资治通鉴》的作者不明司马迁的心曲,将霍去病的战功介绍,由对刘彻布告的引文变成了史者的直叙,与其他将领的战功叙述方式完全相同,自然抹去了许多复杂的内涵,丢失了史迁在表达方式上有意留下的玄机,使其中的夸大虚浮数字似乎成了一种真实情况。可以说,霍去病的作战胜利是肯定的,但因刘彻的袒护和偏爱,他的战绩可能有被夸大的成分。

功成认父,光耀家族

霍去病的父亲霍仲孺是河东平阳人,早年以县吏身份在平阳侯曹寿家当差,与侍女卫少儿私通生下霍去病,后来当完差就回到家中,娶妻生子。也许是因为不能忍受卫少儿后又与陈平之孙陈掌私通,也许是有惧于卫氏的兴盛而避忌前事,霍仲孺回家后与卫少儿断绝了关系,从不往来。

霍去病因姨母卫子夫的关系贵幸宫中,长大后被刘彻用为侍中,他知道自己的父亲是霍仲孺,但未及打问。后来,他率军出击匈奴,经过平阳县所在的河东郡(治所安邑,在今山西夏县西北),河东太守出郊相迎,背着弩矢开道,霍去病到了平阳驿站,派人接来霍仲孺,他迎拜跪谢道:"我早先不知道是大人的生子。"霍仲孺也俯首叩头道:"老臣能生就将军,那是上天之力。"霍去病给父亲卖置了大量的田宅奴婢后旋去出征,回来路过时又去探望,并将霍仲孺在家中的生子霍光带至长安,他保举这位十多岁的异母弟为郎,不久他的这位弟弟即在内廷做了侍中。

霍去病任将封侯之后,尊贵无比,但因特殊的家庭背景,却始终没有荣归故里的光耀,他在出击匈奴之际,顺道认亲,明确了自己的血统归属,实际上也实现了他光宗耀祖的人生目标；他把霍光领至朝中做事，意在谋求霍家的更大兴盛。从行军路线上看，寻亲认父当是他第六次出征，是前119年的事情。

前117年三月，霍去病以大司马骠骑将军的名义独自具名上疏，大意是说：几位皇子已经长大成人，因为皇帝谦恭辞让，未予照顾，致使皇子们没有爵位封号，朝臣们为此暗自埋怨，但不敢逾越职守而进言，他只好以犬马效劳之心，冒死请求对太子之外的几个皇子封爵加号。刘彻将霍去病的奏疏交给御史大夫，由丞相严青翟等高级官员奏请多次，最终于次月下旬立刘闳为齐王，刘旦为燕王，刘胥为广陵王。霍去病的奏疏提出了刘彻想做而不好说出的事情，是他对刘彻厚重皇恩的报答。与他并列大司马的卫青也没有列名同奏，未能参与此事，可见他当时与刘彻的亲厚程度。

数月后霍去病不幸去世，这是在他第六次出征两年之后，年方二十四岁。刘彻非常悲伤，他调发附属国铁甲军，从长安列队到茂陵，为霍去病修建坟墓，冢形模拟祁连山。并为其制定谥号。谥法规定："布义行刚曰景"，"辟土服远曰桓"。朝廷认为霍去病威武刚强，并有开辟疆土、征服边远之敌的功劳，因此合并了"刚武"和"广地"两层意思，给他谥号为"景桓侯"。刘彻对霍去病的儿子霍嬗也非常喜爱，让他接替侯位，因为年龄尚小，寄望他长大担任将军，不久任其为掌管皇帝乘舆的奉车都尉。六年后，霍嬗随刘彻封禅泰山，途中不幸去世。霍嬗因没有儿子，封国遂被废除。

霍去病去世后，他的弟弟霍光被任为奉车都尉，并为执掌议论的光禄大夫。二十多年后，霍光被临终前的刘彻任为大司马大将军，受诏辅佐少主，成为多年权倾朝野的第一人臣，正如霍去病所期望，他的家族走入了更进一步的兴盛时期。

像一颗流星闪烁空中，短暂而明亮。霍去病在二十四年的生涯中任将领兵大约只有五年，但他六击匈奴，战功卓著，名震天下。刘彻对他恩宠厚重，首先是因为他勇冠全军、胆气最雄。他加速了匈奴战略上的败退之势，振奋了中原王朝的声威，他的军事活动和认亲兴族行为都对西汉政治发生了深远的影响。

李广：命运不济的抗虏名将

"山东出相，山西出将"。秦汉时的名将大多出于崤山以西，李广是汉时名将中典型的人物。

李广，陇西成纪（今甘肃省秦安县北）人，他的先祖李信秦时为将，曾追获指使荆轲谋刺嬴政的燕太子姬丹。因本家世代相传射箭之法，李广的箭术尤精。李广在刘恒执政时以平民子弟从军，前166年在与匈奴的萧关（今宁夏固原东南）之战中崭露头角，被刘恒任为侍从郎官，后在刘启朝中以骑都校尉随从太尉周亚夫参加平定吴楚反叛的战斗，在昌邑（今山东金乡县西北）阻击战中大显身手，被刘启先后任为上谷（今河北怀来县东南）太守、上郡（今陕西榆林东南）太守，后徙为陇西、北地、雁门、云中太守，他在任上抗击匈奴，战功显赫。刘彻执政时，于前134年调任他为未央卫尉，掌管未央宫的警卫。不久任其为骁骑将军，直接参与对匈奴的打击。李广后来受大将军卫青节制，他多次受命征战，在疆场上出生入死，勇对顽敌。李广可以说得上是运数不顺的将军，但他武艺精深、治军独特，关键时善于大勇镇敌，具有一位优秀战将应有的多种素质。

艺博猛虎，不惧强敌

李广长期征战于疆场，经常会碰到生命攸关的紧急情况，但他总是临危不惧，靠自己的精湛武艺和过人胆略镇服敌手。

李广在从军不久的萧关抗击战中就以善于射箭和杀敌众多而闻名。为朝中侍郎后多次随刘恒射猎，格杀猛兽。刘恒感叹说："可惜李广生不逢时，假如适逢高祖创业之时，做个万户侯也不难。"刘恒对他的武艺深为敬叹。

李广为上郡太守时，刘启曾派宫中宠幸的宦官协助他统领和训练前线部队。这位宦官有次带领几十骑兵追逐三位匈奴士兵，双方发生交战，匈奴人射伤宦官,几乎将汉骑杀光。李广知情后认定那三人必是匈奴的射雕者,于是带百余骑追驰三人,追了几十里路程,李广让他的骑兵左右包抄,他亲手射死了两人,俘虏了一人,果然是匈奴的射雕者。李广一行将那俘虏缚绑上马时,却看见不远处有几千匈奴骑兵,匈奴人看见李广,以为是汉军的引诱部队,立即慌张地上山列阵。汉军的随从之人见状大恐,准备驰马逃走。李广说:"我们离大军几十里,现在若仓皇回走,匈奴人追赶射击,我们一个也逃不了。现在我们停下来,匈奴人必然以为我们是大军的诱敌部队,不敢来攻击。"他命令随从骑兵向前,在离匈奴部队二里之处停下来,又让部队全部下马解鞍。随从的骑兵说:"敌人这么多,现卸了鞍,如果情况紧急,怎么办?"李广说:"匈奴人以为我们要逃跑,现卸掉马鞍,表示我们不走,这会使他们坚定先前的估计。"匈奴骑兵终于未敢出击。有一位骑白马的将领出阵监护部队,李广与十余骑奔驰射死了这位白马将军,重新回到汉军百骑当中,卸掉马鞍,让马散开卧下。时值黄昏,匈奴兵始终捉摸不透,不敢出击,到了夜半,他们以为汉军埋伏于旁欲乘夜来袭,遂撤离。次日清晨,李广回到了大部队中。

匈奴骑兵当时可能并不认识李广,他们绝对不能相信毫无准备的士兵在遭遇几十倍之众的强敌面前还能有放弃逃生而向前的胆量,因而把对方估计为汉军的诱敌部队,李广一行解鞍下马、从容射敌,更坚定了匈奴人的看法,他们不敢攻击、也不敢贸然撤退,直等到夜半才悄然离去。而李广在遭遇了几十倍的强敌、逃生尚且不及的情况下,反而以无畏的气概迎敌而上,他在常人的定势中作逆方向的思维和行动,反而迷惑了敌人,保全了自身,但这需要绝大的胆识和超常的勇气,确非一般人所能做到。

在刘彻对匈奴的战争之初,李广由卫尉调任将军,他奉命从雁门关出击匈奴,战斗中因众寡悬殊而兵败被俘。军臣单于素闻李广贤名,下令军中说:"捉住李广一定要把活人送来。"李广被俘时受伤,匈奴人把李广置于两马之间,用绳索结成网兜让他躺着,走了十多里,李广佯装死去,斜视看见旁边有个匈奴少年骑着一匹好马,他突然纵身一跃,跨上这匹马,乘势把少年推了下去,夺他的弓箭,赶马向前奔驰了几十里,沿路收集了自己的残部,带领他们进入边塞。匈奴几百骑兵追赶他,李广边跑边用箭射杀对方,最终逃回长安。李广这次在被俘和受伤的情况下能够摆脱控制,死里逃生,也完全依靠自己的勇敢、机智和高超的武艺。当他躺在两马间的网兜里时,匈奴人认为他已是猎物入笼,全在自己的掌握中,因而在行军间放松了盯梢,而清醒过来的李广则将此看成自己逃生的机会,在个人生死抉择的关头,他体内产生出了超常的爆发力,是过人的勇力和武艺帮助他逃脱魔窟,虎出笼枰。

前121年,李广以郎中令身份率四千骑兵自右北平(今辽宁凌源西南)一带出击匈奴,博望侯张骞率一万骑兵与他配合,两人分道而行。李广深入数百里,被匈奴左贤王所率四万骑兵包围,军士一片惊恐,李广命他的儿子李敢快马冲击敌人。李敢率几十骑穿过匈奴包围,左右驰骋,回来报告李广说:"匈奴的军队是容易对付的。"汉军方才安定。李广让部队列成面向外面敌人的圆形阵势,当时匈奴猛烈攻击,箭如雨下,汉军死者过半,手头的箭也快完了,李广让士兵拉开弓不要发射,他自己则用能够连发射远的大黄弩弓一连射死敌人的几位副将,这才缓解了匈奴的攻击。战至天黑时,汉军士卒已面无人色,而李广神情自如,更加精神地指挥军队,第二天继续奋勇作战,及张骞的部队到达时,匈奴才解围而去。在这次战斗中,李广的部队被十倍于自己的敌人所包围,他在儿子李敢的配合下,安定军心,稳住阵脚,迅速列成简便易守的阵势,尤其在箭少的危急关头,他让部队作好拼死的准备,同时凭自己高超的箭艺射敌将官,威服敌胆,压制对手,始终表现了顽强、勇敢和从容镇定的大将风度,体现了一位优秀指挥员的风格。

李广在为右北平太守时,当地不时有老虎出没,人们当时一直把老虎视为伤人的害物,李广一听说有虎,总是亲自前往射杀。有一次射虎时老虎跳起来扑伤了他,他终究射死了这只虎。李广有次出猎,傍晚风吹草动,他看见草中藏一老虎,立即挽弓射去,箭头陷没其中,后来上前一看,原来草中是块石头,足见李广射箭的弓力之强。唐代诗人卢纶就李广射石之事写《塞下曲》一首,赞扬将军的勇武:

> 林暗草惊风,将军夜引弓。
> 平明寻白羽,没在石棱中。

匈奴人听说李广之勇,称他为"汉之飞将军"。在李广驻守右北平时,他们躲避几年,不敢由此入境。

李广武艺精深,尤善射箭。他身材高大,有猿一样的臂膀,长而灵活,有射箭的天资。他的子孙和周围人向他学射,但都赶不上他。李广说话迟钝,言语不多,和人在一起就在地上画军阵、比赛射箭,输者罚酒,专以射箭为游戏。他射箭时看见敌人,总是等逼近几十步之内,射不准不发,若发箭则敌人应声倒下。李广早年为上谷太守时,每天与匈奴正面交战,朝中掌管民族事务的典属国公孙昆邪流着眼泪对刘启说:"李广才气,天下无双,他自负其能,多次与匈奴角力,这样恐怕会失掉他。"刘启大概是出于爱护的目的,把李广调任为稍微内属的上郡太守。

后来唐时朝廷征战不休,边烽难息,人们认为战功不成是因为将非其人,不由思念起汉代守边、曾战龙城的李广。诗人王昌龄写《出塞》诗云:

秦时明月汉时关,万里长征人未还;

但使龙城飞将在,不教胡马度阴山。

李广历经西汉三朝,因武艺高强、作战英勇而被君主看重。他是当朝出名,并赢得后世敬仰的优秀战将。

爱护士卒,治军独特

李广历任七郡太守,前后四十余年,战功不少。他作战得到赏赐后,总是将赏物分给部下,自己的饮食与士卒相同。李广家中没有多余的财物,也始终不谈论家产的事情。他带兵行军,在缺水断粮之处见到饮食,士卒不全部喝到水,他不近水边,全体士卒不吃到食物,他不尝食物。他对待士兵宽厚和缓而不苛刻,士卒也乐于为他所用。

李广有着独特的治军方法,这里可以把他与同僚程不识的治军作一比较。李广和程不识都曾以边郡太守的身份统领军队,兼管防务。出兵攻打匈奴时,程不识带兵严格要求编制、队列和阵势,士兵不得自由行动,晚上敲刁斗(白天做饭,晚间用于巡逻的铜锅)巡逻,军官们处理军中文书到天亮,军队得不到休息,可也没有遭遇过危险。而李广行军没有严格的编制、队列和阵势,靠近良好的水源草地驻扎下来,住宿停留,人人自便,晚上不击刁斗巡逻,军部的文书簿籍一概从简,只在远处布置侦察兵,这样也未遭遇到危险的境况。这当是两种不同的治军方法,究竟孰长孰短?程不识评价两种治军方法说:"李将军治军简易,但敌人突然攻袭来,就无法应付,然而他的士卒安逸快乐,愿意为他出死力。我的军队虽然事多忙碌,然而敌人也不得侵犯我们。"当时李广和程不识为边郡名将,从两种治军方法的实际效果看,匈奴更畏惧李广的军队,士卒也更乐于跟随李广而苦于跟随程不识。

认为李广的治军方法有其优长，那是建立在匈奴军队并不掌握他的带兵特点的前提之上的，或者他们并不知道所遇到的汉军由谁带领，因而不愿冒险进击。李广对士卒约束较少，的确存在着驻扎时易被突袭的重大漏洞，程不识的评价是中肯的，然而李广带兵作战几十年，却并未遇到遭受突袭的情况，似乎不能完全视之为侥幸避免。匈奴的军队本来就是人人习战、全民为兵，很少受约束。他们出兵打仗跟随月亮，月圆时攻战，月亏时退兵，不知是出于夜战的需要还是出于某种宗教忌讳，但掌握了他们的活动规律，知道了他们作战心理上的淳朴无诈，就可以较有把握地安排汉军的驻扎宿营。李广生长于陇西边陲，大概是熟知匈奴人的生活习性和作战特点，他按作战对手的实情考虑问题，逐步形成了自己独特的治军方法，故虽有漏洞却少有危险，他每常宿营时在远处布置侦察兵，以隐蔽的形式瞭望敌人动向，更是防止了意外情况的发生。带兵多年而未遭遇营地被袭的窘境，看来自有其中的道理。李广在带兵中取消许多烦琐的军规军纪，给士卒将吏以更多的自由和休息，加之对属下其他方面切实的关爱，自然赢得了将士们的欢心，换取了他们在关键时候的死力报效，反而极大地提高了军队的战斗力。

千篇一律的治军方法是长期战争经验的结晶，可以对各种复杂的情况做出必要的应付，但也许不是对付特定敌人的上佳策略。更为优良的方法一定是切合作战双方的实际特点及各种环境条件，在实战中摸索产生的。

人生数奇，命运不佳

李广作战英勇，治军独特，为西汉名将，深得君主器重，按说应该驰骋疆场，一生顺利，但事实正好相反，李广虽然武艺高超，善制强敌，但总是在战场上碰到不利的情况。古代占卜中以偶为吉，以奇为凶，所以李广被人称为"数奇"，常常运数不佳。君主刘彻后来也认为李广做事不顺，暗中告诫大将军卫青在关键时刻不要让李广担任正面进攻，以免耽误了胜敌的机会。作为一名战将，战场上的屡次不利决定了他一生的基本命运。

前133年，刘彻的朝廷开始了对匈奴的大规模反击。当年李广以骁骑将军身份随韩安国统帅的三十多万大军埋伏于马邑（今山西朔州）城旁，等待匈奴单于的十万骑兵入城，但单于在百里之外觉察了汉军的行动，立刻引军而去，汉军无功而返。此后第四年，刘彻派卫青、公孙贺、公孙敖和李广四位将军各领一万骑兵，分路进击匈奴。李广兵出雁门，碰上匈奴大队人马，兵败被俘，他在敌人回军时瞅准机会夺得战马，逃脱归京。朝廷将李广交给法官，法官因为李广作战损失太多自己又被活捉，判决斩首，李广纳金赎罪，成为平民。

在长安附近过了近一年平民生活，因匈奴进攻辽西（治所阳乐，在今辽宁义县西），打败了韩安国的军队，李广被启用为右北平太守（治所平刚，在今辽宁凌原县西南）。前123年，李广等六位将军由大将军卫青统率兵出定襄（今内蒙古和林格尔西北），以十余万骑进攻匈奴，诸将中许多人杀敌斩首达到一定标准受封为侯，而李广的部队偏偏没有功劳。三年之后，李广率四千骑兵出右北平，与博望侯张骞的万余骑兵分道而行，相约会合。不料李广的部队半路上被匈奴左贤王四万骑兵包围，交战中汉军损失过半，李广和儿子李敢在危急中以英勇善战精神稳定了士气，第二天继续拼杀，张骞的部队赶到后匈奴才解围而去，而战后李广的军队已所剩无几。按照法律，张骞约会失期，受到惩罚，李广功罪相抵，没有封赏。

李广在前166年的萧关之战中初露头角，若当时他不小于十八岁，那到前123年时已是六十岁以上的老将军了，尚未像许多将军一样受封侯爵。当初李广与堂弟李蔡俱以郎官身份在刘恒朝中干事，刘启执政时李蔡位至二千石，已达到官秩和俸禄的较高等级，刘彻执政时李蔡因军功封为乐安侯，前121年代替公孙弘为丞相。李蔡为人属于下中，按当时的九等划分法当属第八等，名声远在李广之下，但李广当时没有爵位和封邑，官位没有超过九卿，属于朝内的中下层，而李广属下的军吏和士兵有些都取得了封侯之赏。和普通人一样，李广对这一问题并非毫不计较，他曾和当时善于占卜的知名望气人王朔闲谈说："自汉朝出击匈奴以来，我未尝不在其中，但各部校尉以下，中等才能的人，以军功取侯者几十位。我作战不在他人之后，至今却没有一点功劳得到封邑，到底是什么原因呢？"看来李广本人在老年时对自己未被封侯一事也是深感不平。

元人张弘范写诗《读李广传》云：

弧矢威盈塞北屯，汉家飞将气如神；

但教千古英名在，不得封侯也快人。

张氏的诗评属于后人的情感，体现着历史的评判，但事态的当事人却无法跳出现实的氛围，难以摆脱功名的牵累去感受后人所赋予的那种快意人生，一有机会就仍要在功名的路途上拼搏。

前119年，刘彻派大将军卫青和骠骑将军霍去病平分十多万骑兵和几十万部队，从定襄和代郡分两路出击匈奴。李广多次请求随军参战，刘彻觉得他年老，不同意，过了许久，又答应他随卫青之军参战，任他为前将军。卫青军队出塞后，从俘虏口中知道了单于的处所，准备自率精兵突袭，他让李广合并于右将军赵食其的部队，从东路进击。这条路稍有迂回，行程较远，大军行进会缺少水草，难以结队而行。李广不同意这种安排，对卫青说："我被任为前将军，您却改让我从东路出兵。我从年轻时就与匈奴作战，今天才遇上单于，故甘愿作前锋，与单于决死。"卫青曾暗中受到刘彻的告诫，不能让李广担当正面进攻，因而尽管李广一再请求，卫青始终没有答应。他让长史（相当于秘书的将吏）下文书给李广的军府，写道："赶快到军部，照文书上说的办。"李广没有向卫青告辞就走了，心中恼怒，带着士兵与右将军赵食其一同从东路出发。部队没有向导，不时迷失道路，落在了主力部队的后面。及见到主力部队时，正面战场的大战已经结束，大军已回到了沙漠之南。这次战斗因东路军迟到而致单于溃败逃走，没有取得预想的成果。两军会合时卫青派长史送酒给李广，顺便询问他们迷路的情况，准备向刘彻汇报作战过程，李广没有回答。卫青又派长史召李广幕府的人员前去听候审问，李广说："各校尉无罪，是我迷失了道路，现在我自己去上供状，听候审问。"他回到自己的幕府，对部下说："我从年轻时起与匈奴作战大小七十多次，这次有幸随军与单于直接交战，大将军又调我的部队走迂回的东路，偏偏迷了路，这岂非天意！况且我已六十多岁，不能再面对那些舞文弄墨的办案人员了。"于是竟拔刀自刎。

李广自刎，他的全军将士都哭了。老百姓听到此事，不论认识的还是不认识的，也不论老年人还是年轻人，都为他流泪。这次与李广一同出征的赵食其被法官判为死罪，他纳金赎为平民。

李广征战一生，至老年尚无封侯之赏，并不是封赏者对他有意刻削，而是他的军功的确没有合于受封的律令标准。前119年的出征正好是与匈奴单于直接交战，李广将其视作自己大显神威、为国建勋、成就功名的绝好机会，但却被调往东道偏师，不幸又迷路失约，使汉军失去了后路截击部队而致单于在困窘中遁逃。尽管大将军卫青对他本人持以安慰态度，但李广既不能忍受军吏问责的羞辱,更不能忍受这次立功机会的丧失,愤懑之情一时难寻解脱之方,竟选择了自刎的方式。

李广在抗击匈奴的战场上身经百战,但却一次次错过了立功封侯的机会,究竟是什么原因导致数运不济呢? 李广最后一次出征前曾向望气者王朔询问个中缘由,让王朔看看是否属于自己生相上的问题,王朔说:"您自己回忆一下,是否有自己非常悔恨的事情?"李广回答说:"我当年做陇西太守时,羌人反叛,我诱降了八百多人,后来用骗术把他们在一天之内全部杀死,至今最悔恨这件事。"王朔告诉他:"灾祸没有被杀掉已降之人更大的了,这就是将军不得封侯的原因。"王朔并没有直接回答有关生相的问题,却转而从李广一生的行事中寻找缘由,他的说法自然未必能被人们完全接受,但他却道出了望气之人观察生相的一个重要方面,那就是从一个人的社会活动中考察他的行事特点,从而粗断他的命运。

诱降和骗杀羌人之事,与李广未得受封并无直接联系,但它反映了李广行事的恶狠和个人心理上龌龊阴暗的一面。这类心理深层的弊失普通人多不能免除,但要将其恶狠地付诸实施,却不是一般人所能做到,尤其作为一郡之守,他的行事会产生较大范围的社会影响,会使人们对一种恶的行为产生更多的怨望。而一个人的处事行为不会是孤立的,它是一定行为方式的体现,这种特定的行为方式会在日常生活的许多方面,甚至枝末细节上表现出来,从而形成人们对其人格特征的基本认识,也会形成相应的报答回应。社会是一个由复杂因素而有机联系的整体,社会对一个人的报答回应与该人表现于社会的人格特征在善恶性质上总是大体符合的,从长久的时间系统上考察更是如此。从这个意义上说来,王朔的望气之法并非没有道理。

李广在被匈奴俘虏逃回后,他赎罪为平民。这期间他与灌婴的孙子灌强隐居于蓝田(今陕西蓝田县西)的南山射猎,有一次他与一名随从骑马外出,与友人在乡间饮酒,晚上回时路过霸陵亭。霸陵是汉文帝刘恒的陵墓所在,在今陕西省长安东,当时的亭长由霸陵县尉兼任,专司守陵之职。那晚上霸陵尉喝醉了酒,对路过驿亭的李广呵斥阻止,李广的随从急忙分解说:"这是前任李将军。"县尉说:"现任将军也不能夜间通行,何况前任将军。"迫使李广在霸陵亭下住宿一夜。过了不久,北方战事吃紧,刘彻征用李广为右北平太守,李广请求让霸陵尉与他一块去,朝廷同意了,霸陵尉到达军中,李广即将其斩杀。

明人高启因李广此事联想到了韩信。败落王孙韩信忍受了淮阴少年的胯下之辱，但他受封楚王后，专门招来那位少年任为楚国中尉。高启写《读史》一诗，在两相比较中批评李广的心胸狭窄：

猿臂将军本自贤，霸陵醉尉竟难全。

不闻当日王孙贵，重蹈淮阴赏少年。

由李广此事更可以清楚地看出，他在陇西骗杀八百羌人，绝非偶然之为，而是他为人处事的一种行为方式的自然表现。以某种恶狠的方式报复和待人，正是他现实人格的一部分。霸陵尉拒绝李广晚上过亭，如果是照章执行政令，那他就并无任何过错，不认情面而严于守职，正是一种应予赞赏的行为，也许李广的军事活动更需要这样忠于职守的人物；即便霸陵尉是无故关亭，那也属酒后妄为，不至于杀头之罪。李广杀了霸陵尉后曾向刘彻上书谢罪，刘彻批字作复，大意是说：作为将军，是国家制敌的凭借，《司马兵法》上认为将军具有"登车不轼，遭丧不服"等免于俗礼的必要，这是要求为将者要有威严，所谓"怒形则千里惧，威震则万物伏"。我所期待于你的是对匈奴报仇除害，你若免冠徒跣，叩头请罪，那不是我的期望！刘彻在批复中几乎完全回避了李广请罪之事，体现了宽厚的谅解和热切的期待。然而，这是刘彻的聪明之处，李广上任前要求霸陵尉相随，人们一定会认为他要重用此人，答应这一条件的不是刘彻就是朝廷有关机构，但李广凭借刚刚到手的权力，却公报私仇，这虽然满足了自己一时的报复之心，但却使用了欺诈方式，最终也把答应他条件的上司置于了不义和尴尬的地位。适逢朝廷用将之际，刘彻并没有追究李广擅杀之责，甚至给了他不少的宽慰和激励，但心底决不会没有丝毫怨怒；如果国家最高层由此认定李广是一位心胸狭窄、睚眦狠报的人，那日后对他的任用和封爵也就不会没有应有的顾忌。刘彻后来曾暗中告诫大将军卫青不要让李广担任对单于的正面进攻，无论出于什么原因，总是表明他密切关注着李广的为人和作战。征战一生的李广未得封侯，他的尴尬和急切心理刘彻不会不知，天下在握的刘彻也并非没有破例赏封某人为侯爵的先例，但更多的可能是刘彻对李广不愿开启这一封口，他宁愿让李广在前线去拼杀，凭自己的斩首之功去猎侯。战场立功常有许多不定因素，而刘彻对卫青的告诫也表明，他也不愿把最好的立功机会交给李广。王朔提醒李广，人生的不顺要在自身的行为中寻找原因。李广的心性弊失和命运不顺表明，王朔关于看相望气的方法不是没有道理的。

还在前朝刘启执政时,李广以骁骑都尉身份随从太尉周亚夫参加平定吴楚之叛的战斗,他在昌邑之战中率一支轻骑部队冲击叛军,砍敌帅旗,立下显赫战功。昌邑是梁国的要塞,平叛胜利后梁王刘武授给李广将军之印,李广接受了这一将印,但他没有想到,自己是朝廷派出的将官,接受诸侯的封任犯了朝廷的大忌,李广回京后非但没有受到任何奖赏,反倒被调任到边郡上谷为守,带有贬谪之意。刘武是刘启的亲弟,平叛时双方互相支持,兄弟两人的关系当时尚十分要好,也许李广没有想到更多的问题,将受印仅仅视作皇家对自己的看重和个人应得的奖赏,但他作为一名已在皇朝任职的将官,意识不到朝廷与诸侯本有的利害关系,对名利只是一味地接受而不知必要的拒绝,也显示了他政治上的短视和幼稚,这一自身原因也必然成为他人生发展中的一种限制。

虎子豹孙,重蹈窘命

将门出虎子,这对李广的家门而言全是真实的预言。李广有三个儿子,名叫李当户、李椒和李敢,都是英勇能战之士,俱为朝中郎官。刘彻与宠臣韩嫣玩耍,韩嫣略有不恭之行,李当户当即打了韩嫣,刘彻深以李当户为勇。李当户不幸早逝,刘彻任李椒为代郡太守,后来李椒也在李广之前去世。

李敢曾随李广出击匈奴,协助父亲以四千骑兵对付匈奴右贤王四万骑兵的包围,勇冠三军。在李广自刎的那次军事行动中,他随骠骑将军霍去病自代郡出征,在前线与左贤王的部队奋力拼杀,夺得了左贤王的战鼓和帅旗,斩敌甚多,回军后被赐关内侯之爵,食邑二百户,代替父亲做了郎中令。李敢一直怨怒卫青使他的父亲含恨离去,不久打伤了卫青,卫青隐瞒了这件事。过了些时日,李敢随刘彻自雍州到甘泉宫打猎,同行的霍去病是卫青的外甥,他替卫青报仇,射死了李敢。霍去病当时正是刘彻宠幸的将军,刘彻隐瞒了真相,只说是野鹿撞死了李敢。

李敢的英勇善战不亚于李广,他也有幸获得了父亲向往多年的侯爵之位,但他显得鲁莽少礼。其实李广的自杀与卫青并无直接关系,仅仅是卫青拒绝李广担当正面进攻,使李广失去了立功的机会而已,但派将用人是在大将军的职责范围之内,况且这一委派还有刘彻的暗中旨意,卫青对失期后到的李广并无责备之辞,反有宽慰之心,促使李广自杀的是他自己的心态。李敢一片爱父之心，但他完全怨错了对象。卫青是当时国家最高军事首长，李敢作为一名将军，即便与大将军有真正的私怨，那打伤对方也完全是一种违禁和自伐的行为。李敢在军队高层间挑起私仇，卫青虽忍辱按压了此事，但复仇之箭终于反弹到自己身上，毁灭了自己的年轻身躯。从刘彻对霍去病的偏袒可以看出，他对李敢的任性报复行为并无过多的同情。

李敢的女儿为太子刘据的宫人，未有封号，但深受宠幸。他的儿子李禹有勇力，也是刘据喜欢的人。李禹有次与宫中宠幸的宦官饮酒时欺凌对方，宦官未敢对应，事后告诉了刘彻，刘彻招来李禹，让他去刺虎，并用绳索将他吊进虎圈，未等着地，刘彻又下令将他吊出来。李禹从网套中用剑砍断绳索，准备下地刺虎。刘彻敬重他的壮勇，让人把他救了出来。看来李禹是一个比祖父和父亲更具有攻击性和更为倔强的人物。刘彻让他刺虎，大概是要吓唬他，李禹却要真正与虎搏斗，他拒绝中途吊出，不惜砍断绳索自入虎圈，是要表示自己对猛虎并无任何胆怯。如果说刺虎是刘彻对李禹的示罚，那李禹的行为则表现了对刘彻惩罚自己的一丝怨恨。他要向人们表明，自己并不惧怕这种惩罚，也不愿接受刘彻后来给予的恩赦。李禹的勇敢和无畏常人难及，但鲁莽行为却透露出了不少危险的信息。

早逝的李当户有一个遗腹子，叫李陵。李陵年轻时曾为刘彻侍从，善于骑射，关爱他人，谦让下士，口碑甚好，刘彻认为他有李广之风。后来李陵经过战场锻炼，被提升为骑都尉，在边郡掌管骑兵的训练。李陵率领五千英勇敢战的荆楚奇才剑客在酒泉、张掖连年训练，以备匈奴，这些兵卒个个成了力能扼虎、射必命中的勇士，他们组成了一支战斗力极强的精干部队。前99年，鬼使神差，刘彻促使李陵率领这支部队在没有大军配合的情况下徒步出居延（今内蒙古额济纳旗东南哈拉和图），经三十日行军深入到浚稽山（今蒙古西部戈壁阿尔泰山脉），被匈奴单于的三万铁骑包围，勇猛的汉卒杀掉数千敌军，单于又就近招来八万骑兵助战，双方激战数日，李陵在箭尽粮绝的情况下兵败受降。他大概是想避祸存身，希望日后寻找机会逃回汉朝，但阴差阳错，汉朝廷却从俘虏口中得到了李陵为单于教习兵马的错误信息，刘彻遂将其全家诛杀，李陵的堂弟李禹也被告发想追随叛汉，被一并处死。

除李当户、李椒、李敢之外，李陵和李禹都是英勇善战之人，但他们两代人同样没有摆脱不利的困窘之命，不仅重蹈了李广运数困顿的覆辙，而且具有更为悲惨的结局。几十年前的先朝名将周亚夫就因某种原因没有逃脱与父亲周勃后期同样的受侮命运,甚至绝食自杀。李广的虎子豹孙们又几乎重复了那种代际相继的劫数。西汉将门的不幸究竟缘自何方,到底是否属于性格决定命运,颇有耐人寻味之处。

李陵：出海被困的未济蛟龙

李陵，字少卿，李广的孙子。年轻时在朝为刘彻的侍从，射艺精深，恭谦爱人，甚有人望，曾受命率八百骑兵自居延（今内蒙古额济纳旗东）深入匈奴之境两千余里，观察作战地形，未遇敌兵而还，被任为骑都尉，在酒泉和张掖边郡训练了五千英勇善射的精锐骑兵。数年后的前 103 年，贰师将军李广利出师大宛（今吉尔吉斯境内）期间，刘彻派李陵率三千五百骑兵随后接应，兵至边塞，李广利已败还，李陵又受命留屯张掖。其后四年间，李陵一直在边郡训练士卒，待命出征。

前 99 年，朝廷派李广利率三万骑兵出酒泉，准备在天山（今甘肃、青海之间的南祁连山）打击匈奴右贤王的部队，李陵等到了出征的机会。但事难逆料，李陵却因某种倔强、冲动的性格，宁愿承担另一独立的北征任务，由此开始了他不幸的命运。

负气受命，轻旅北征

李广利兵出酒泉前，刘彻召李陵回京，在未央宫的武台殿会见他，安排他负责李广利三万部队的粮草运输。李陵叩头请求说："我所训练的屯边士卒，都是荆楚之地英勇善战的奇材剑客，我愿独自出征，自南干山（今兰州市南）之南吸引单于之兵，以免他们尾随李将军的部队"。刘彻问道："你是不愿意隶属别人吧！我派出了许多军队，没有骑兵给你。"李陵回答说："不必要骑兵，我愿意以少击众，率步兵五千攻进单于住所。"刘彻见李陵很有信心，就答应了。他还特地下诏给驻军居延的将军路博德，让在半道上策应李陵的部队。路博德早先曾随霍去病征战，后又出兵南越，时为强弩都尉，大概资格更老些，羞于作李陵的策应将军，遂给刘彻上奏说："现在正值秋天，匈奴马肥，未可与战。我认为李陵可以等到春天,到时率张掖、酒泉两地骑兵各五千人出击浚稽山(今蒙古境内戈壁阿尔泰山脉中段)必可擒拿单于。"刘彻接到这封奏书后,怀疑是李陵心中后悔,不欲出征,故意让路博德上奏此书,他心中发怒,回复斥责路博德,下令李陵九月出发,并给他指定了大致的进军路线。遵照刘彻的安排,李陵率五千步卒出居延,向北行军三十天,到了浚稽山安下营寨,他在地图上标出所过的山川地形,让属下陈步乐回京报告。

李陵看来是不肖于为李广利的部队负责辎重,他提出由自己独率一军单独出征,也许真的可以吸引敌军,减轻李广利部队的受敌压力,但实际上却是为他摆脱对李广利的归属寻找了一种充足理由。当刘彻说破他的心机,并以没有骑兵分拨来压迫他就范时,倔强难屈的性格竟使他一口答应了那种极为苛刻的出兵条件。匈奴的部队强弓硬弩,骑马奔驰,战场上常有极大的杀伤力和冲击力,他们在自己熟悉的活动区域以主敌客,有以逸待劳之利,这远非五千步兵就能对付得了的,但为了争取到自己独立出征的机会,李陵不仅放弃了一切要求,而且提出了极高的军事目标,他凭借自己的武勇而使性逞强,实际上是用自己的前途性命作赌注。刘彻也许被李陵的豪气所迷惑,他让路博德在驻地策应李陵的出征,表明他对李陵军事计划的成功还是相信的。当路博德因个人的某种心思提议暂缓出兵时,刘彻不明就里,竟怀疑是李陵的主意,如此一来,在刘彻的心目中,武台殿请战的李陵当时就心有不诚。这位刚强英武的君王不允许为臣者欺君罔上,也讨厌为将者出尔反尔的行为,毅然下令李陵如期出征,这一命令虽则果敢,但无疑却把李陵及汉朝五千士卒推向了没有成功可能的危险境地。

李陵也许是太自负了,他深知自己兵士的战斗力,因而就把事情想得有些简单。他的一个有利条件是,多年前他曾率八百骑兵自居延一路深入敌境二千多里观察地形,对沿路的情况有所了解,但当时没有碰见敌军,是全师而归。这一前期经历可能使他对这次出征的风险估计不足,因而接受了刘彻的出兵之命,当他行至浚稽山驻营时,一切都非常顺利,他派陈步乐去向刘彻汇报,大概是意满志得。刘彻听了汇报也很高兴,当即拜陈步乐为郎,以示对这支北征将士的嘉奖。但他们君臣都忽视了,进军顺利是在未遇敌军的情况下取得的,而在匈奴腹地活动,遭遇强敌将不可避免。他们没有想到,一场劫难正在等待着出征的将士。

以寡敌众,恶战惊魂

李陵的部队在浚稽山下略事休息,继续沿山路前行时,与单于的部队相遇,被其三万骑兵包围。当时军队居于两个山头之间,李陵让士兵用大车围成营垒,他亲自领士兵在营外列阵,在前列的拿定戟盾,在后列的手持弓弩,规定击鼓出击、鸣金停战。匈奴见汉军人少,径直扑向营垒,汉军击鼓而起,持戟搏杀,千弩发射,敌军应弦而倒,退还山上,汉军乘胜追击,杀数千人。

单于以为自己以众击寡,稳操胜券,未料吃了败仗,心中大惊,急忙招来附近的八万骑兵助战。李陵且战且退,向南走了好几天,在一山谷中整顿军队。因连日作战,士卒有受伤者,他规定三处受伤者可以坐上载兵器的辇车,两处受伤者拉车,一处受伤者持兵器坚持作战。他又觉得士气稍衰而难以振作,认定军中藏有妇女。当时关东群盗的妻子徙边者多随军为士卒之妇,在军队出发时有些被藏在车中,李陵搜出了这些妇女,全部斩杀。第二天继续作战,杀敌三千多人,然后向东南退兵,准备沿匈奴原祭天之处龙城(今内蒙古西乌珠穆沁旗附近)故道前行。四五天后,行至大泽芦苇之中,匈奴自上风头纵火烧来,李陵让军士在附近先行放火,烧出空地和通道以自救。到了一座山下,单于在山头派儿子率骑兵冲来,李陵率众与敌格斗于树木之间,斩杀数千人,并发连弩箭射单于,单于下山避之。

这天的战斗中汉军捉得了俘虏,从俘虏口中得知了如下的情况:单于因多日不能取胜,对部下说:"这支部队是汉朝的精兵,我们攻击不能取胜,他们日夜引诱我们南近关塞,莫非有伏兵等待我们?"手下头领们说:"单于亲自率领数万骑兵攻击汉军几千步卒尚不能取胜,以后就没有办法指挥边关将领,且会让汉人更加轻视匈奴。我们可继续在山谷间作战,再有四五十里就是平地,到时不能取胜,我们就撤兵。"了解到这些情况后,汉军在当时非常吃紧的情况下继续坚持拼杀,这天交战十多次,杀敌两千多人。

匈奴军作战不利,准备撤军,但汉军中掌握军纪的军侯管敢被一位任校尉的中层军官所羞辱,他逃出去投降了匈奴,对单于说:"李陵的军队没有后方救援,箭也快射完了。只有李将军与校尉韩延年手下各八百人在前开路,他们以黄旗和白旗为标识,若让精骑集中射之,汉军就会被击破。"单于听了管敢的话大喜,即让精骑合攻汉军,大呼:"李陵、韩延年赶快投降!"并挡住汉军道路,猛烈攻击。当时汉军在山谷中,受到山上匈奴的四面射击,箭如雨下,汉军强行南行,距鞮汗山(今蒙古南部)约一日之程时,五十万支箭用尽,枪械也已经拼光,三千多士兵遂扔掉辇车,砍下车轴作武器,军吏手持短刀,一起退入一段峡谷中,匈奴从山的两侧掀下巨石,许多士卒被砸死,不得前行。黄昏后,李陵卸掉盔甲,穿便服走出军营,劝阻身边人说:"不要跟我,我大丈夫一人独取单于之首。"大概是行动不利吧,许久后他回到军中,叹息说:"仗打败了,死掉算了!"身边的军吏劝他说:"将军威震匈奴,即便天命不如意,也可以日后以其他途径返回。先前浞野侯赵破奴被匈奴俘获,后来他逃跑返回,天子尚以礼相待,何况您呢?"李陵回敬说:"不要说啦!我不战死,就不是壮士。"于是砍断所有旗帜,将军用物品埋于地下。他叹气说:"如果能有几十支箭,就可以逃脱。现在没有武器,再去作战,等天明就会坐而受缚。大家各自逃生吧,这样有跑出去的人,也可以向天子报告情况。"他让军士每人带二升干粮,一块冰作为饮食,约定冲出去的在遮虏障(今内蒙古额济纳旗东南)会合。夜半时分,打算击鼓叫醒将士,但鼓破无声,李陵与韩延年一起上马,跟从他们的有十几位壮士,匈奴几千骑兵在后面追杀,韩延年战死,李陵突围无望,说:"我无面目报答陛下了!"接受了投降。四散逃出的士兵,得以到达边塞的有四百多人。

李陵的轻旅北征就这样失败了,但这是一次惊山河、泣鬼神的鏖战。汉军以五千步卒与匈奴十万铁骑相敌,又处在没有后援、地理不熟的条件下,持续十多天,转战近千里,格斗数百次,杀敌过万人,虽然力竭兵败,但也足显汉军的威风。

然而,五千人的出征部队中尚有妇女被藏于辇车之中,供士兵们战隙寻乐,足见李陵部队军纪的松弛和粮食消费上的无所节制。李陵在战斗紧张的时刻觉察到这一问题并将所藏妇女搜查了出来,但却没有想到这些妇女们的无辜,以及她们可以作为战员的可能,竟一杀了之。也许古人的思想中根本就没有同胞妇女的生命权意识,也产生不了男女能同壕作战的观念,我们在此只能对李陵的行为感到痛惜。另外,李陵的退兵为什么总是在峡谷之间而没有抢占到有利的地形,致使自己多处被动,我们也无法做出过分合理的想象。但无论如何,这支汉军的战斗力的确是罕见的,正是众寡悬殊和步骑装备的差异导致了失败的结局,而这些问题是出兵之前就特意确定的,足见失败的隐患在出兵之时就已预埋,战斗力的强悍仅仅是将兵败的时间延迟了些时日而已。

受降误名,抱恨终生

李陵兵败,百余里之外的汉朝边塞很快风闻此讯。消息传到京城,立刻在朝中引起了轩然大波。刘彻希望李陵能英勇战死,他招来李陵的母亲和妻子,使看相者观察她们,并无死丧之色。后来听说李陵投降了匈奴,非常愤怒,遂招来陈步乐,陈步乐自浚稽山回京汇报时说,李陵军队的将士都会拼死效力。刘彻借此责问,陈步乐自杀身死。当时李广利出酒泉的部队虽在天山有所斩获,但后来被匈奴大军包围,死亡的士兵达十之六七,也属出师不利。李广利是刘彻宠妃李夫人之兄,当时正得刘彻幸用。李陵先前婉拒为李广利押运辎重而单独出征,最终两路兵败,他自己亡师降敌,群臣闻讯后都历数李陵的罪责。刘彻就此事询问太史令司马迁,司马迁极力坚持说:"李陵对父母孝顺,对将士守信用,常奋不顾身为国家赴难,平素修养良好,有国士之风。现在一旦事出不幸,只顾保全自身的臣子随即构陷诬害,真令人痛心!况且李陵率步卒不满五千,深入匈奴腹地,抵挡数万骑兵,使敌人死伤极多。后来箭用光了,士兵们顶着刀锋殊死搏斗。能够得到部下拼死效力,即便古代名将也不过如此,虽则战败身陷,但打击匈奴的战绩也很显著。他所以不死,是想等适当的机会报效朝廷。"司马迁在回答中表述了李陵的为人、出征战绩和受降的原因,比群臣们落井下石的构陷似乎更客观些,无论其评价是否非常公允,都是他内心的表达。但刘彻总是把李陵和李广利的两处出兵联系在一块,他认为李广利的失利是李陵分散了兵力的结果,而两处兵败的责任都在李陵。刘彻不认可司马迁的看法,他觉得司马迁赞扬李陵的人格和战绩,就是暗讥贰师将军李广利,为李陵开脱,是欺君罔上,遂下令将司马迁处以腐刑。

事后不久,刘彻也后悔当时没有派兵援救李陵,说道:"我应当在李陵出塞后再下令路博德前往接应。但我预先下了诏书,使那位老将有机会心生奸诈。"他派人慰劳和赏赐李陵军中逃回的士兵。刘彻的言论和行为已表示出了他对李陵战败和受降之事的重新认识。

前97年,李陵在匈奴一年多之时,刘彻派遣将军公孙敖率兵深入匈奴腹地迎接李陵回汉,公孙敖无功而返,报告说:"捉得俘虏,说李陵教给单于防备汉军的用兵之方,所以我没有收获。"刘彻闻讯,即诛杀了李陵全家,李陵的母亲、妻子儿女及堂弟李禹一起遇害。看来刘彻能够忍受、甚至谅解李陵降敌存身的行为,却不能容忍李陵效命于单于。他听说李陵帮助单于对付汉军,遂认定李陵已完全有负于自己的期待,以灭族方式作为对李陵的惩罚,也作为朝廷与李陵关系的彻底了断。此前关于李陵的功过曾有不同的议论和评说,而李氏宗族被灭之后,在他家乡陇西,士大夫们也都认定李陵投敌变节,以李氏为愧。

后来,汉朝派人出使匈奴,李陵询问使者说:"我领汉军五千人横行匈奴,因为没有救援而兵败,我没有什么对不起朝廷,为什么杀了我全家?"使者说:"朝廷听说你教给匈奴兵法。"李陵说:"那是李绪,不是我。"李绪原是汉朝塞外的都尉,匈奴来攻时投降,受到单于的礼遇,在单于庭中排于李陵的上座,正是他常与单于谈论对付汉军之法。大概李陵与李绪在匈奴均被称为李将军,那位俘虏并没有搞清楚李绪与李陵的区别,公孙敖本人也没有仔细地去审问,尤其是人们谁也未曾想到还有一个与李陵同姓的降敌者同在单于之庭,阴差阳错,终把李绪的行为记在李陵名下,酿成了本来就惩罚过当的一场冤案。其实,俘虏的口述本来就是一个孤证,而且口说无凭,不足以作为李陵效忠单于的充分根据,但古人的观念中远没有这样严谨的司法意识,加之刘彻一时缺乏冷静考虑,他感到自己对李陵的一番善意又一次被对方所辜负,冲动之下,竟做出了一个永远也无法挽回的决定。如果说身在匈奴的李陵受降后一直还有伺机报答汉朝的心情,那此后就已经难有这样的兴致和意向了。

李陵痛恨自己的家人因为李绪而被诛杀,遂让人刺杀了李绪。单于的母亲大阏氏为此要杀掉李陵,单于将他藏于北方之地,直到母亲死后才接了回来。单于敬佩李陵的勇敢,将女儿嫁给李陵为妻,封他为右校王,与投降匈奴的汉使卫律一并重用。每有军机大事,单于把李陵接至王庭商议。汉征和三年(前90年),李陵曾受命跟随匈奴一大将率三万骑兵至浚稽山追逐汉军,转战九日而还。从这些事情上看,自诛族事件后,李陵对汉匈双方的态度根本上已发生了转变,加之单于对他的关爱和看重,李陵对单于已开始有了真正的效忠之意。

在李陵受降的前一年,汉使苏武被匈奴扣留,匈奴用各种方法引诱胁迫,苏武终不投降,单于就把苏武迁徙至北海(今俄罗斯贝加尔湖)无人之处。当初李陵与苏武都为朝廷侍中(皇帝的侍从),属同朝共事之人。李陵受降后,一直不敢求见苏武,任右校王后,单于打发他到北海去劝降苏武,而苏武拒绝任何劝言，并且表达了宁死不降的意志，李陵感其赤诚之心，慨然长叹说："真是一位义士！我李陵与卫律的罪过可太大啦！"他泪下沾襟，伤感离去。由于不好意思再见苏武，他回来后打发自己的妻子送给苏武几十头牛羊。李陵虽然效忠单于，受命劝降苏武，但他还是从内心佩服苏武的人格和气节。相比之下，他为自己当初的无奈选择而悲伤。他救助苏武又羞于见到苏武，表露出来的既有对苏武的敬佩，又有深藏内心的自愧与悔恨。

李陵羞于见到苏武，又将苏武视为可以诚心交流的知己之人，前87年，匈奴边境从俘虏口中得知汉皇刘彻去世，李陵风闻这一消息，又远道赴北海向苏武告知。无论刘彻之死对李陵是喜是悲，但都表露了他对汉朝的极大关注。在他看来，这类悲喜交加、动人肺腑的消息只有与苏武才能真正共享。

汉朝新皇帝上台，当政的大将军霍光与左将军上官桀过去与李陵相好，他们打发李陵的陇西同乡友人任立政等三人出使匈奴，招还李陵。三人到后，单于置酒招待，李陵、卫律在旁陪坐，任立政没有与李陵单独说话的机会，于是用眼睛看着李陵，一遍遍地抚摸自己佩刀上的刀环，又握其足，"环"与"还"谐音，足为隐语"走"，"环"与"足"连起来的隐语是"还走"之意。李陵并无反应。几天后李陵与卫律穿胡服置酒款待汉使，其间博戏劝饮，相得甚欢。任立政故意大声说："汉朝已经大赦，国家安乐，君主年轻有为，霍光与上官桀辅政主事。"他想以此言打动李陵。李陵默不作声，看了任立政一长会儿，摸着自己椎结型的束发说："我已是匈奴人的打扮了！"过了一会儿，卫律起身如厕，任立政出言道："哦，少卿受苦啦！霍光、上官桀向你致意。"李陵说："霍与上官都好吧？"任立政说："他们请少卿还归故乡，不用担心富贵。"李陵回答："回去是容易的，受不了再次羞辱，没办法！"话未说完，卫律归席，他听到了后面的话，说道："李少卿是位贤能之士，不会独居一国。当年范蠡遍游天下，春秋时的由余离开西戎协助秦穆公。你们不必窃窃私语。"说罢就离席而去。任立政随即追问李陵："你到底有意回汉么？"李陵回答："大丈夫不能再蒙受屈辱。"最终拒绝了当朝故友的归汉之请。

霍光与上官桀早年与李陵同朝共事，一定深知李陵的为人，以及他后来的含冤之屈，他们在新帝的朝廷主政不久即派人招还李陵，可见对李陵的感念之切。他们选李陵的同乡故友前去联络，可以免去双方见面后解释套近的麻烦，保证谈话可以直奔主题，可见他们的用心细致。任立政三人是以汉使身份出使匈奴,当有另外假托的公务,与李陵的联络只能私下进行。如果真正的意图泄露出去,恐怕对身居匈奴的李陵和主命在身的使者都有不利。任立政为免他人怀疑不能私下接触李陵,又必须向李陵表清相招之意,于是在两次不同形式的公开场合连续隐喻暗示,煞费苦心地触动李陵。也许李陵对任立政抚环握足的深意并非完全不解,但他思绪难理,不好应答。在第二次小型酒宴上,任立政有意大谈李陵应当最为关心、最为敏感的汉朝新政,李陵心中自然有着巨大的震动,但似乎也已有了成熟的考虑。他以发型打扮而喻示内在心理,表明自己从情感归属上已成了真正的匈奴之人,因有卫律在场,其回答之中包藏着的更多内涵尽在不言之中。卫律离席,任立政不失时机地直接表达了招还之意,并以富贵相许诺,李陵则明确地表示了自己不愿再受屈辱的心情,坚决地婉辞了好友们的招还之意。事实上,亲人被朝廷诛杀,不管当时源于怎样的误会,李陵自认为已成了一个愧对祖先的有罪之人,他感到回去后得到的只能是人们的鄙夷、蔑视,以及相知友人的同情。富贵多半会有的,但那一直不是李陵的看重之处,且在亲人被灭的地方自成富贵,那内心的痛楚可能更为深重。另外,早年叛汉那痛彻肺腑的伤口未能痊愈,现在又反叛匈奴投归汉朝,无异于重撕裂口另行缝合,这会是一次巨大的自我摧残,有谁愿意蒙受羞辱而为此。总之,对于李陵而言,婉辞回归尚不是一个糊涂的决定。

数年之后,备受艰辛的苏武将被送归汉朝。临行前,李陵为苏武置酒作贺,他说:"您这次回去,会扬名于匈奴,功显于汉室,即使古代史书所载的和丹青所画的名人,也难以超过您。我李陵虽则无能,假使朝廷宽恕我的过失,保全我的母亲,使我逞发奋雪辱之志,或许会立下春秋时曹柯之盟那样的大功。这是我夙夜不忘的事情。现在收杀了我的全家,这是世间最大的耻辱,我还有什么可顾念的呢?一切都完了!只是让您明白我的心底罢了。我们外邦之人,这是最后的永别。"李陵站起来跳舞放歌道:

经万里啊度沙漠,为将军啊战匈奴,路穷绝啊刀箭摧,士卒灭啊名已颓。老母已死,虽欲报恩何处归!

他泪流数行,与苏武诀别。李陵已经感觉到,苏武将以他的事迹和气节誉满中国,名垂青史,而自己却在无奈中选择了一条受降存身之路。春秋时的鲁将曹沫与齐国作战,三次败北,丧失国土,但在前681年的柯地(今山东阳谷县东北)会盟中持匕首劫持齐桓公,迫使其答应退还先前侵夺的鲁国土地,他一朝雪耻,名震诸侯。李陵说到自己当时想建立"曹柯之盟"那样的功劳,一定是他在心中盘算着伺机劫持单于。以李陵的武艺和胆略,这样的事是做得出来的。他本指望一雪前耻,建不世之功,不想却祸及至亲,使自己失去了安身立命之处。他向苏武道出了埋藏多年的心迹,既是一种积郁之痛的宣泄,也是希望自认的这位知己不要过分地看轻了自己。过去的一切已经过去了,送别苏武,失去了唯一的知己,自己将在这遥远的荒漠孤独苟活、终了残生,一阵失意、自愧、凄凉的感觉油然而生,不禁悲从心来。

是年十二月的一天,苏武出发回国,李陵一大早前来相送,两人执手徘徊在南去的小路上,走过河桥,眼观浮云,感慨万端,不忍离别。据南朝萧统所编《文选》记,苏武当时吟诗作别曰:

烛烛晨明月,馥馥秋兰芳。芬馨良夜发,随风闻我堂。征夫怀远路,游子恋故乡。寒冬十二月,晨起践严霜。俯观江汉流,仰视浮云翔。良友远别离,各在天一方。山海隔中州,相去悠且长。嘉会难再遇,欢乐殊未央。愿君崇令德,随时爱景光。

李陵和《与苏武诗》三首:

良时不再至,离别在须臾。屏营衢路侧,执手野踟蹰。仰视浮云驰,奄忽互相逾。风波一失所,各在天一隅。长当从此别,且复立斯须。欲因晨风发,送子以贱躯。

嘉会难再遇,三载为千秋。临河濯长缨,念子怅悠悠。远望悲风至,对酒不能酬。行人怀往路,何以慰我愁。独有盈觞酒,与子结绸缪。

携手上河梁,游子暮何之。徘徊蹊路侧,恨恨不得辞。行人难久留,各言长相思。安知非日月,弦望自有时。努力崇明德,皓首以为期。

两人的离别诗情感饱满,极富文学色彩,有人认为这是五言诗的开创之作。败降的将军原来却有极高的文学造诣,后人多不知情,是因为他应有的文学才华为功名追求所累,已有的文学成就也为气节之亏所污盖,这是极可惋惜的。当朝司马公偏爱这样的才士,大概自有心灵契合与才华倾慕的原因。

苏武离去后,李陵仍在匈奴,他在异邦一共生活了二十五年,前74年病逝。

和李广有所不同,李陵精心训练出了一支英勇善战的基干部队,作战中更善于发挥部队整体的力量,也不乏军事战略上的设定。以李陵的志向、素养和才干,其成就当不在李广之下,司马迁评价他:"虽古名将不过也。"然而,这条志在飞腾的蛟龙刚一出海,就为罗网所困。不屈的性格决定了其冲出困局、雪耻树功的必然图谋,东山再起仅是一个时间迟早的问题,但误会了的朝廷却向其心脏刺进一把钢刀,他满身的热血与豪气遂被释放殆尽。汉朝因此死去了一只腾空欲起的蛟龙,而匈奴多出了一条失却血性、苟活荒漠的孤独丧家之狗,其一生的不幸与悲戚令人扼腕长叹。

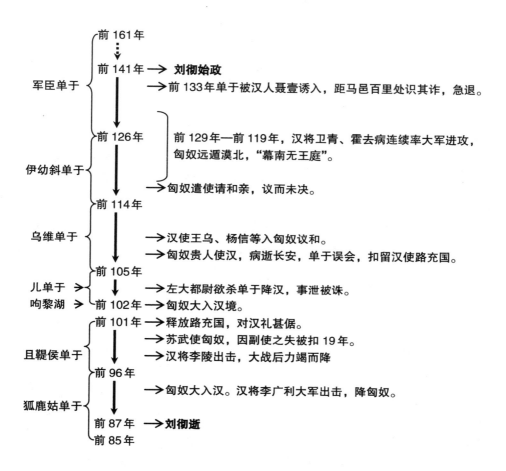

前 161 年
⋮
前 141 年 ——→ **刘彻始政**
——→ 前 133 年单于被汉人聂壹诱入，距马邑百里处识其诈，急退。

军臣单于

前 126 年
前 129 年—前 119 年，汉将卫青、霍去病连续率大军进攻，匈奴远遁漠北，"幕南无王庭"。
——→ 匈奴遣使请和亲，议而未决。

伊幼斜单于

前 114 年
——→ 汉使王乌、杨信等入匈奴议和。
——→ 匈奴贵人使汉，病逝长安，单于误会，扣留汉使路充国。

乌维单于

前 105 年
儿单于 ——→ 左大都尉欲杀单于降汉，事泄被诛。
呴黎湖 前 102 年 ——→ 匈奴大入汉境。
前 101 年 ——→ 释放路充国，对汉礼甚倨。
——→ 苏武使匈奴，因副使之失被扣 19 年。
——→ 汉将李陵出击，大战后力竭而降

且鞮侯单于

前 96 年
——→ 匈奴大入汉。汉将李广利大军出击，降匈奴。

狐鹿姑单于

前 87 年 ——→ **刘彻逝**
前 85 年

汉武时期匈奴单于世系承继及对汉大事

李广利:因宠受任的庸常将军

　　李广利,中山(今河北定县)人,刘彻宠妃李夫人之兄。自张骞打通了与西域的交往后,往来西域的汉使者多言大宛国(领地在今中亚乌兹别克境内费尔干纳盆地。王都贵山城在今卡散赛)有善马在贰师城(今吉尔吉斯西南部马尔哈马特),不愿给汉使者。大宛的马被称汗血马,比乌孙的马更壮实。刘彻很想得到大宛之马,因大宛拒绝给予而心恨,又听使者姚定汉说大宛兵弱,三千精兵即可攻破,他有心对李夫人的兄弟加封,就任李广利为将军,属伐宛之任。李广利遂成刘彻的朝廷在后期最受重用的将军。

两击大宛,重挫得马

　　李广利出击大宛时,汉与大宛的关系已非常紧张。当时汉朝廷派使者带着千金和金马去交换大宛贰师城的良马,大宛人觉得汉朝离得太远,中途又有盐泽(罗布泊周围的盐碱沼泽地带)绝隔,军队无法到达,因此无所顾忌,不同意将国中宝马给汉朝。汉使者怒而痛骂,砸碎金马离去。大宛的宫廷贵人觉得汉使者过于放肆,就令东边的郁城人在半道上截杀汉使,夺取了他们的财物。这一交恶事件使两国结怨为仇,已没有了派使和解的可能。

　　前104年,李广利受任为将,朝廷拨给他属国的六千骑兵和郡国品行恶劣的青少年数万人,目标是到贰师城强取良马,故称"贰师将军",并任赵始成为军中法官,王恢做向导,李哆为执掌军务的校尉。前不久汉将赵破奴率七百骑兵攻破楼兰(今新疆米兰一带),俘虏了楼兰王,受这一战事的鼓舞,汉朝人相信出击大宛必然旗开得胜。

　　李广利率军过了盐泽,沿路小国恐慌地紧守城堡,不供给粮食,汉军能攻下时就得粮,几天打不下来就离开,等行至郁城时,兵士已不过几千人,且都饥饿疲乏。汉军攻打郁城，死伤甚多，终未攻下。李广利与两位领军商议说："郁城尚且不能攻下，何况大宛的都城呢？"就带着部队撤归。往返两年，回到敦煌，剩下的兵士不到十至一二。他派人给刘彻上书说："路远缺粮；兵士们不怕作战，就怕挨饿。兵少了难以攻取大宛，希望暂且撤兵，后面增加兵力再去。"刘彻得到上书后大怒，派使者守住玉门关，声称：军人敢有入关者立即斩杀！李广利心中害怕，遂留驻于敦煌。由于轻敌和准备不足，李广利首击大宛受尽挫折，无功而返。

一年之后，刘彻再次决定攻打大宛，他赦免囚徒，征发各郡顽劣青少年和边境骑兵，组织起六万军队出敦煌，私人带粮食跟随军队的参战者不在其中计算。军队中共有五十余校尉，有十万头牛，三万多匹马，数万骆驼和驴来运送粮食兵器。朝廷还增派甲卒十八万人到酒泉和张掖以北驻守，以为声援；并谪发天下罪吏、逃犯许多人为部队运送干粮。考虑到大宛都城中无井，要从城外汲水取用，朝廷专门派出治水工匠准备改其水道以涸困其城，另外还配备了两位相马者为执马校尉和驱马校尉，以备攻破大宛后选取良马。

李广利二击大宛，兵众极多，沿路小国无不出迎供给粮食。只有仑头国（又作轮台，在今新疆轮台东南玉古尔地）不降，汉军数日攻克，血洗其城。一路顺利到达大宛王都，汉军尚有三万人。两军相迎，汉军以弓箭射败对方，宛兵奔入城中守之。汉军兵临宛城，首先改渠断其水源，使宛城陷入忧困，然后围城攻打了四十多天，摧毁了外城，俘虏了其高级官员中的勇将煎靡。宛人大为震惊，退守中城，高级官员们相议说："汉军所以攻宛，是我们的国王毋寡藏善马而杀汉使。现在杀掉毋寡并献出善马，汉军应会解围而去；如果到时不退兵，再奋死拼战，也为时不晚。"大家觉得言之有理，就杀掉了国王毋寡，派人将其首级送至汉军，对李广利说："汉军若停止攻打，我们拿出全部善马，任其所取，并给汉军粮食。如不答应，我们将杀尽善马，而等康居国的救兵一到达，我们内外夹攻汉军，你们仔细考虑怎么办？"

康居国处在大宛的西北，约在今巴尔喀什湖和咸海之地，当时他们因大宛的请求已经出兵，因侦察到汉兵强盛，未敢进击。李广利与赵始成、李哆等人合计说："听说宛城中新近得到了汉人，知道了打井的方法，城内粮食尚多。我们出兵是为诛杀首恶者毋寡，现毋寡被杀，如不答应请和之求，他们就会坚守，而康居军队等到汉兵疲惫后来解救大宛，汉军多会被打败。"于是答应了大宛的请求,解围罢兵。大宛拿出他们的善马请汉军选择,并献出许多粮食。汉军选了几十匹上等善马,并选了中等以下的公母马三千余匹,又选立了过去待汉使友好的昧蔡为大宛国王,与他们订立盟约,未入中城而撤兵。

汉军自敦煌起兵时,因为人多,路上供粮不便,就分军自南北两道而行。校尉王申生和壶充国率千余人自别路到达郁城,与大军相去二百余里。郁城人坚守城堡,不给汉军粮食,王申生觉得汉军势大,责令对方献出粮食,郁城守军没有答应,他们探知这路汉军每天减少,遂在一天早上以三千人发动进攻,杀死了王申生等人,汉军溃败,只有几人脱险逃归大军。李广利在宛都撤兵后,派搜粟都尉上官桀率军往攻郁城,郁城王逃奔康居,上官桀领军追到,康居人听说汉军已攻败大宛,就将郁城王献给汉军,上官桀派四位骑士把郁城王捆绑押送给李广利。四位骑士在路上商量说:"郁城王是朝廷所痛恨的人,要把他活着押送去,如果路上发生意外,就误了大事。"想杀掉他又无人敢先行动手。最年轻的上邽(今甘肃天水市)骑士赵弟拔剑砍下了郁城王的头,将其带至大军,献给李广利。大军取胜而还。

李广利二次出击大宛,臣服了对方,得到了汗血宝马。回军时沿路小国听说战胜了大宛,纷纷打发自己的子弟随汉军去纳献贡物,谒见天子,并以之作为人质。这次胜利制服了强敌,扩大了汉朝在西域的影响,强化了朝廷对西域小国的统属力,其积极意义是显而易见的。回军后刘彻封李广利为海西侯,封勇斩郁城王的赵弟为新畤侯,又封战功最多的军正赵始成为执掌朝中顾问应对的光禄大夫,任上官桀为少尉,属九卿之一,任出谋划策的李哆为上党郡太守,另有百余人被任为诸侯相、郡守等二千石以上的官员,有千余人被任为一千石以上的官员。自愿参战者赏封的官爵都超过了本人的愿望,犯罪从军的人全被免罪,士兵们所得赏赐约四万金。刘彻的这些丰厚封赏,既是对出军胜利的酬答,也突显了贰师将军李广利的显贵,他用广赐众赏的手段表达了对李氏一门的无比宠信。

然而,李广利出击大宛,其实是付出了惨重的代价。且不说第一次丧师折兵,无功而返,第二次自敦煌出发时近十万人,牲畜不下十五万,而兵到大宛都城时只剩三万人,军队返回玉门关时只有万余人,军马千余匹。这次出军粮食充足,士兵的折损既有战死之故,但大多是将吏们贪财,不爱护兵士,克扣军饷而致人死亡的。刘彻也了解这些情况,但因考虑到远涉万里征战,也是想示宠于李氏,就没有责问这些过失。几十年后,当朝学者刘向对汉元帝刘奭上疏言事,其中讲到:"贰师将军李广利丧五万之师,费亿万之财,经四年之劳,而仅获骏马三十匹,虽斩宛王毋寡之首,犹不足以偿失,其私罪恶甚多。"这当是对李氏出征大宛较客观的评价,其中所说的"私罪恶",正是指将吏侵夺致士卒死者众多的事情。

李广利自大宛撤兵一年多后,大宛的宫廷贵人觉得新王昧蔡善于逢迎讨好,致大宛不幸,遂相约杀了昧蔡,立毋寡的兄弟蝉封为宛王,并送其子入汉为人质,汉朝派使者赏赐财物以示安抚。由于在西域的统属力增强,朝廷在敦煌设置了酒泉郡都尉,向西修建亭鄣直到盐泽之地,又派数百士兵到仑头屯田,并在那里设置使者,以保护田地和贮积粮食,给出使西方的使者提供帮助。无论两次征战的代价如何,李广利臣服大宛、扬威西域的作用还是不能否认的。

三征匈奴,屡负重任

前119年汉朝对匈奴的大规模出击,曾使匈奴元气大伤,退至漠北自守。两年后汉大将霍去病病逝,卫青淡出了军界,汉朝也忙于两越之战、经营西域和出击朝鲜,故十多年间与北方匈奴的关系相对和缓。双方互通使者,虽常有一些边境抢劫和零星的出击,但没有大规模的战争冲突。

前107年,匈奴乌维单于派作使者的贵人病死于长安,匈奴怀疑是汉人的谋害,遂拘留了送丧前来的汉使路充国,双方失去互信,开始了战争准备,并有几次不大的军事冲突。李广利二出大宛返回后的前101年,匈奴且鞮侯单于新立,他释放了路充国等人,以示友好。次年,汉朝派中郎将苏武率使团持礼答谢,不料副使张胜却卷入了匈奴贵族的一次未遂叛乱中,事发后使者全被扣留,汉与匈奴的关系又一次恶化。

刘彻决定对匈奴作再一次打击。前99年,他派大宛得胜的贰师将军李广利率兵三万自酒泉出击匈奴,打击右贤王在天山的部队。刘彻还派在张掖练兵的李陵为李广利的部队押送辎重,但李陵以分散敌人力量为借口,坚决要求独立出师,刘彻遂给他五千步卒,从别路进击浚稽山。

李广利出击天山,初战取胜,斩敌万余首级。返回时被匈奴重兵包围,军中数日缺粮,死伤者极多。军将赵充国率壮士百余人冒死冲突,身负二十余伤,杀开血路,使部队突围,汉军总共损失十之六七,终局已不能算作胜利。李陵一军深入敌境,被十多万敌军包围,激战十余日,杀敌过万,最终全军覆没,本人力尽而降。朝廷稍后还派将军公孙敖出西河(今宁夏、内蒙间黄河南北流向的一段),与路博德屯守居延(今内蒙古额济纳旗北境)之军在涿邪山(今蒙古境满达勒戈壁附近)会合出击,最终无功而返。这次出击以李广利部队为主力,汉军总体上是失利的。

两年之后,李广利受命二征匈奴,他率六万骑兵和七万步兵,并会合路博德的万余部队,自朔方出击,另有将军韩说和公孙敖各统三万部队,分别自五原(今内蒙古后套至包头市一带)和雁门出击相配合。匈奴听说汉朝大军来战,将家口与财物全部置于余吾水(今蒙古乌兰巴托附近的土拉河)以北,而单于统十万骑兵在水南等待。李广利大军到后,双方交战十多天,汉军最终撤归。韩说一路无所获斩,公孙敖一路与左贤王交战,因不利而撤军。这次出击损失不大,但也无所获得,空自消耗。

经过六年的息战,匈奴狐鹿姑单于于前91年率军攻入上谷、酒泉、五原,杀死吏民,抢掠财物。次年,朝廷决定出击。当时让各位将军占卜,只有李广利最吉,遂派李广利率七万人出五原,另有御史大夫商丘成率三万部队出西河,将军马通率四万骑兵出酒泉。单于闻讯后将所有辎重徙置于赵信城(今蒙古杭爱山脉东南窴颜山附近)北边的郅居河旁,左贤王领民众渡过余吾水远徙六七百里,单于自领精兵在姑且水(今杭爱山脉东南)一带等待。

商丘成的部队深入敌境,未见敌人,于是撤归,半路上遇到三万敌军的追击,双方在浚稽山连战九天,汉军杀敌甚多,匈奴见交战不利而撤兵。马通一路部队在敌境被匈奴两万多骑兵邀击,匈奴见汉兵强盛而撤退,汉军无所得失。主将李广利率军出塞后,在夫羊句山峡(今蒙古达兰札达加德城西)受到匈奴五千骑兵的截击,汉军派出两千北方骑兵接战,斩敌数百,大军乘胜追至范夫人城(夫羊句山峡东北),敌军奔逃,莫敢迎战。这时,李广利听到了自己夫人家室在长安因故被收捕的消息,他内心忧惧,急于想在战场上取得功劳,遂纵兵深入,至赵信城北的郅居河,时单于大军已离此地,汉军派出二万骑兵渡河,与左贤王二万骑兵交战一日,取得小胜后退军至燕然山(今杭爱山脉)。单于料知汉军劳困,自率五万骑兵截击,双方激战,伤亡甚多。晚间,匈奴在汉军的退兵之道挖出几尺深的壕堑,从后面急攻,汉军大乱溃败,李广利遂降匈奴。

李广利自大宛回军后,十年中以主将身份三征匈奴,耗费财力无数,而并未取得应有的战功,尤其是前90年的出征,全军溃败,本人屈而降敌,使汉军及其声望大受损失。他的部队中军吏贪财,侵夺粮饷,致士兵饿毙。不论从品德上还是从才能上,李广利其实都算不上能够统兵的人才,他的任将完全是刘彻出于宠用李夫人家族的一己私情,而十多年的为将用兵,尤其是三征匈奴的战况表明,李广利有负国家大将的重任。

困中降敌,屈死北疆

李广利前两次出击匈奴,都是不求大胜,稍战即退,以不败为满足,第三次出征时亲统七万余众,以他本有的风格也可照例循事,不致大失。他所以在范夫人城取胜后还要一意深入,是想在战场邀取大功,救出被收捕的妻子家室。因自己并无出奇制胜的用兵之才,就只能靠侥幸求成功了。

李广利的妻子家室被朝廷收捕,源于李广利与丞相刘屈氂的私情之谋,以及持续日久的巫蛊之祸。李广利的女儿嫁给刘屈氂的儿子,两人是儿女亲家,可能是无话不说。前91年,太子刘据在巫蛊之祸中受害,国无太子。次年,李广利率军出征时,在渭河桥边,他对设宴送行的刘屈氂说:"您可提早请求昌邑王为太子,如果昌邑王作了皇帝,将对您大有好处。"刘屈氂当即应诺。昌邑王刘髆是李广利之妹李夫人生的皇子,为李广利的外甥,七年前被立为昌邑王。时李夫人已经病逝多年。在刘据上年遇害、太子缺位的情况下,李广利嘱托亲家刘屈氂以丞相之尊请立刘髆,属二人的私情之谋。李广利出征后,朝廷的巫蛊之狱仍接连不断。朝廷少府属下掌管宫内卧具帷帐的内谒者令郭穰告发刘屈氂与夫人多次派人使巫术祝诅君主,以及与李广利共同祷祠,欲令刘髆为皇帝的两宗罪行。有关官员受案查验后认为证据确凿,属大逆不道之罪。刘彻下诏书载刘屈氂于食车上游街示众,腰斩于刑场,他的妻子在长安当街枭首。事情牵连到李广利,朝廷遂将李广利的妻子家室收捕入狱。

李广利在前线听到妻子被捕的消息,内心惶恐不安。从军将官胡亚夫对他说:"夫人家室全部被捕,如果牵连你入狱,那时想降匈奴可就没有机会了。"李广利狐疑不定,后决定再战邀功,遂率军深入,在郅居河旁与敌交战。汉军长史与将官仆雷电密议说:"李将军怀异心,想危害全军以求功,只能失败。"他们准备捉拿李广利,李广利闻讯后斩掉了长史,他知军心不稳,退至燕然山,被单于大军围攻后兵败投降。

李广利在家室被捕、内心忧惧之时拒绝了胡亚夫的教唆煽动,他率军深入,想要侥幸求功,无论其动机如何,都不失坚贞为国的忠心。在获知部将生变时他先行下手,制止内乱,也属统兵为将的职分,后来兵败投降,确有不得已的一面。刘彻听说李广利降了匈奴,即杀掉了李氏全家,并下诏逮捕太医令随但,据说是随但向外透露出了关于李家被捕的消息,使李广利降了匈奴。但事实上李广利的投降还远非刘彻想象的那样直接和简单,看来长期重用李广利的刘彻既不了解所用之人的才能,也不了解他的内心衷曲。

降敌的李广利在匈奴受到很好的对待。单于知道他是汉朝的贵臣,将自己的女儿嫁与为妻,非常尊宠。当时投降匈奴的还有汉使者卫律,卫律感到李广利受到的尊宠在己之上,心中怀恨。一年多后,恰好单于的母亲阏氏生病,卫律串通匈奴巫者,让巫者把阏氏之病说成是先父单于阴间发怒,巫师假托前单于之言道:"我们匈奴过去出兵前祭祀,说要杀掉贰师将军祭血,现在为何不取用?"匈奴人也有极深的神灵观念,他们认为巫师通于阴阳,能转达死者的意志,因而对其言深信不疑。狐鹿姑是嗣父之位为单于的,他不敢违背父命,于是收捕李广利,杀以祭祠。李广利临屠前大骂道:"我死后必灭匈奴!"表现出了一种不屈的气概。他死后恰好北方连续数月雨雪,牧畜冻死,民间疫病不绝,庄稼不能收割,单于非常恐惧,搞不清是否是李广利的神灵作怪,即为李广利立祠建室,以香火祭奠。

巫蛊之狱本是没有实际根据的一串冤案,受害者甚多,李广利虽无突出的军事才能,但亦无叛逆之心,却不幸成为这批受害者中的一位。他的妹妹李夫人病逝前对刘彻曾以兄弟家族为托,看来刘彻在处置巫蛊之案时并没有考虑爱妃的相托之情。李夫人另一位任协律都尉的兄长李延年,十余年前因弟弟李季与宫人淫乱,事发后全家已被处死,李家一门大多成了无辜的屈死者。

在匈奴构陷李广利的卫律,其父是屯居汉地的匈奴人,卫律生于长安附近,与李延年交往甚厚,被李延年推荐出使匈奴,返回时恰逢李延年因罪遭全家收捕,他惧怕牵连,返回去投降了匈奴,常在单于左右用事。卫律与李家照说应该有不错的情缘,但当李广利投降了匈奴,受到单于更高的尊宠后,卫律嫉恨在胸,他并未念及李家恩缘,甚至没有同病相怜的情分,而是用尽心机,恩将仇报,对李广利作了最恶毒的陷害。这样看来,李广利也是承受了一个负义之人的构陷,他是怀着双重的冤屈命断北疆的。

因为最高当权人的宠信而任将,又因当权人的迷惑而受殃。作为一位庸常之人,李广利一生几乎没有为国建功,他在权重之位上不能把持自我,终由万众仰慕的皇亲重臣沦落为遭小人踩踏的屈死冤鬼。

本篇小结

蓄势积力几十年的汉朝在汉武时代对匈奴发起了前所未有的战争,取得了前所未有的胜利,因而造就了一批前所未有的将军。

与朝中其他臣僚的政治活动有所不同,将军们主要从事的是军事活动。军事活动有着明确的行动目标,有着分明的敌我界限,又有着变幻莫测的战场形势,它要求作将军的人应该英勇、果敢、机智,并且要有相互配合的协作精神。朝中臣僚需要对政治趋势的揣摩,需要不时地提防和算计,需要取得上峰的认可;而将军们则不屑如此,他们只要组织自我力量,有效地打击敌人就够了,战场上的胜利就是对他们的最高认可。因而,战争是一个最能锻炼人才、最能显耀人才,也是最易淘汰庸才的场合。卫青、霍去病在数年时间内就脱颖而出,成为后世难及的猛将,中层将军李广一直为后世敬仰,而李广利最终则身败名损,就是因为战争是对身为将军者最为客观可靠的考验,是对将军素质的最后认定。

在一个崇尚战争的时代,在国家的主要活动都围绕战争的时候,作战有成的将军总是充当着时代的宠儿。他们的作为牵连到国家的荣誉,充当着对国家政治运作方向正确性证明的使命,因而是该时期国家政局稳定的寄托。国家的最高执政者对他们寄于巨大的期望,普通民众会把他们视为国家安全的保障,他们可能成为受到万众追捧的英雄。在军事成功的同时,他们个人的荣誉、地位和实际利益也极易达到顶端,这既是他们应得的奖赏,也是政治运动的情势使然。应该说,在军事活动处在政治风口的年代,投身军事活动的人物如不失身跌落,就将成为该政治活动的最大受益者;战争会使将军出尽风头、地位腾升,这是政治运动的常则。卫青前 129 年初次任将出征,前 127 年被封侯,前 124 年即被任大将军,既是统领其他将领的国家最高军事长官,又是刘彻中朝首辅,地位在丞相之上。霍去病于前 123 年两次参战出征,当年即被封侯,此后数次增加封邑。前119年被封为大司马,地位与卫青并列,两位将军在汉武时代的快速擢升和政治上的走红,自然是他们的军功所致,但也是当时军人地位提升的结果,反映着该时代政治运动的鲜明痕迹。

军队是国家的暴力机器,是专制政权的生命之所系。在最高执政者准备扩军用武、军人地位将要提升的时候,执政者会特别慎重于将官的任选。他们要选取有能力的人物指挥军队,以便有效地实施政治目标,然而他们更要选取忠诚不二的人物掌握军队,要绝对避免暴力权柄的失落。刘彻选用卫青、霍去病为最高军事长官,自然是二人各在首次随军出征中战功显赫,战争初步证明了他们的用兵才能,而更重要的在于二人是当朝皇亲国戚,一直受到自己的宠幸,他们当是与当朝最高执政休戚相关的利益集团。把武装部队交给他们,绝无失柄之虞。飞将军李广及其子孙,包括训练了精锐之师的李陵,虽然有过战争的考验,但他们只能作为镇守一方或独率偏师的将军。在专制政治中,非皇亲不能镇抚各军,非国戚不能得君主信赖,军事全盘中的用人命将超不出一定时代的观念。刘彻的侥幸处在于,他的皇亲国戚中正好有军事才质绝对一流的人物,而一流的人物尚不止一人,这使他在对匈奴的前期作战中能大获成功。而在对匈奴的后期作战中则没有这种侥幸,所宠用的国舅李广利军事能力上稀松庸常,致使每次出征耗费巨大而收效甚小。前90年李广利兵败降敌,实是一种不完美的军事用人方针在失去侥幸后的缺陷自露。接连失败的战绩以至动摇了刘彻坚持达几十年的军事化政治的信念。他于前89年下轮台悔过诏,提出罢战减赋,迅速调整国家政治的活动方向,既表明了失败的军事活动不可能长久支持军事化政治的持续,也表明一种用人方式不可能长久建立在侥幸得利的基础上。

将军是指挥千军万马的统帅,他们能以军事成功赢得人们的尊崇。然而,任何将军不仅有他的正面,而且有他的侧面和背面。现实的政治之光往往只照射将军的正面,如果对历史人物作全面整体的观察,就会发现,即使那些人生成功、赢得光彩的人物,也有难以称道、令人失望的一面。千古名将李广内心恶狠、心胸狭窄,勇冠三军的霍去病不知善待士兵、又恃宠用气。在人生辉煌的背面或侧面,成功的将军并不比一般普通人高洁,毋宁说他们都是普通人物,是有生命光亮点的普通人物;而败落将军李陵对人感情诚挚、富有文才,其人生的另一面也不比一般人逊色,他是无意间进入不利的情势中,意欲光亮自身而反蒙污斑的普通人物。屡建大功的卫青开创了对匈奴战争的胜局,他卑势待人、又柔媚事上,战场外似无将军之风,但却是最少瑕疵的将军。他出身奴仆,常怀感恩之心,立足于普通,实不普通。战争是残酷的,将军却可以是温情的。将军们以自己的行为谱写战争,塑造人格,并以人格来丰富战争。

【臣僚篇（下）】

天汉璀璨

在社会能量竞相迸发的年代，必然有文化上的开拓。政治的有为，军事的冒险，疆域的拓展，民情的振奋，必然刺激和带动文化的创新。刘彻的朝廷网罗了一大批卓异人才，他们与现实的政治活动有一定距离，但他们在既有的条件下，按照自己确定的目标发奋作为，为时代之光增添了绚丽的色彩。

司马相如：以赋谏政的风流才子

西汉时形成了一种被称为"赋"的文体，《汉书·艺文志》中说："不歌而诵谓之赋。"这种文体吸取《楚辞》和战国荀卿《赋篇》的表现形式，讲究辞藻、文采、韵节和铺张的手法，大多描写都城、宫宇、园苑和君王极侈的生活，暗寓说理和讽谏。这种文体的创新和运用以司马相如为代表。

司马相如，字长卿，蜀郡成都人，少年时喜好读书，学过击剑。可能是属相为狗的缘故吧，他的父亲给他取名犬子。他本人在读书中仰慕战国蔺相如的为人，遂改名为相如。司马相如曾两朝致仕，好赋一生，他借赋谏政，以风流才俊而留名。

身在朝廷，以赋为重

在刘启执政后期，蜀郡守文翁曾派遣相如去关东学习七经(指《易经》、《诗经》、《尚书》、《仪礼》、《春秋》、《公羊》、《论语》)，回来后教给蜀地吏民。司马相如后来以资财获得朝廷郎官，在景帝刘启朝中供职，任秩禄八百石的武骑常侍，职责是"常侍从，格猛兽"，但这不合他的喜好，刘启也不喜好辞赋，想必相如这时的在朝生活是郁闷的。前150年时，刘启的弟弟梁孝王刘武来京朝会，邹阳、枚乘、庄忌等一帮文人游说之士作为其门客随同来京，相如一见面就喜欢上了他们，遂乘着有病辞去了朝中职务，旅居梁国，做刘武的门客。刘武让相如与那些学人门客住在一起，相如就与他们交往了好几年，其间写下了《子虚赋》。赋中假借楚国子虚和齐国乌有先生互相夸耀，采用主客问答的形式，各自列举其君主大规模打猎的盛况，历数了两地的奇珍异宝、名禽怪兽。子虚乌有者，空虚无有之事也，借此表现了诸侯苑囿景象和文辞之美。

前144年刘武去世，相如返回故乡，但家中贫穷，没有什么谋生之业，遂受临邛(今四川省邛崃)县令王吉的邀请而前往,其间结识了当地富商卓王孙的女儿卓文君,结成良缘,最终得到了一笔财产,成为富人。

继位为君的刘彻不久读到了《子虚赋》,对此大加称赞,叹息说:"我偏偏不能与这位作者同时啊!"刘彻身边主管猎犬的狗监杨得意是蜀郡人,他在服侍刘彻时听到了其叹息之言,就对刘彻说:"我的同乡人司马相如自称此赋是他作的。"刘彻听了大惊,即从蜀郡招来司马相如相问,相如回答:"是我作的,但这写的是诸侯之事,不值一看,请让我作天子游猎之赋,作好后进献。"刘彻立即答应让身边主管文书的尚书给他笔和木简。相如在《子虚赋》的基础上,再加进"无是公"之人,表明"无有是人"之意,并借无是公之口大肆铺陈汉天子上林苑的壮丽、繁华、周全及天子射猎之盛举,以压倒齐楚,显示汉天子的无比声势和气魄。新作的部分被称为《上林赋》,相如将所写之赋呈上,刘彻看后非常高兴,任相如为郎官,留于朝中。

身富文才的司马相如当年是怀着对京城的憧憬致仕朝廷的,但武骑常侍的职位限制了他文学才能的发挥,刘启的朝廷也不可能形成对辞赋的推崇,相如宁肯过那种以文交友、抒情致兴的游历生活,而不愿沉闷于官场和并不爱好的职位,于是一逢机会就辞职而去,跟随邹阳、枚乘等文学大家去过那种闲情雅致的生活。在做官和文学不能兼得时坚定地选择了后者,他是一位以辞赋爱好为重的性情中人。

新朝廷的最高执政喜好辞赋,这给相如的命运带来了新的转机。他因《子虚赋》而被新帝看中,又因《上林赋》而深得赏识。被刘彻任为郎中后,从此开始了他做官写赋两不误、仕赋两得的倜傥生涯。

刘彻的首位皇后陈阿娇在前130年被贬居长门宫,愁闷悲思,听说司马相如所写辞赋很得刘彻喜爱,遂奉上黄金百斤相请,相如为其作了《长门赋》(见《乐府解题》)据说刘彻看到此赋,一时伤感,曾拟再会陈氏,可见相如之赋在宫中的走红。宋人辛弃疾写词《摸鱼儿》,其中有:"千金纵买相如赋,脉脉温情谁诉?"正指此事。

前129年,相如奉命两度出使西南,安抚家乡巴、蜀之民,实施朝廷开通西南夷的事务。他从蜀郡归来后不久,被人告发曾在出使期间接受了别人给予的金钱,遂被免去了官职。一年多后又被刘彻召用为郎。

相如说话口吃,患有中医学当时所称的消渴病,有易渴、多尿等症,可能属现代医学所称的糖尿病。因他与卓文君结婚后，家中富有，故而在朝任职时很少参与公卿与国家之事，常托病在家闲居，不追求官职爵位，几年后他又被任命为孝文园令，掌管汉文帝刘恒的陵园，直到晚年免职，归养于茂陵。

无论是在朝为郎、奉命出使，还是担任文园令、病归在家，相如对辞赋的爱好与著述都始终如一，写赋抒情几乎成了他向世界表达自我的生存方式，成了他生命的一部分。相如后来因病免职，在茂陵家中居住。刘彻说："司马相如病得厉害，可派人把他写的书全带回来，若不然，以后会遗失。"打发一名叫所忠的人前往取书。所忠去后，相如已死，家中没有书，询问他的妻子，其妻回答说："长卿时常写书，时常又被人拿去，所以没留下书。他未死时写了一卷书，说朝中有使者来时就送给，再没有别的书。"相如留下的书为《言封禅书》，所忠将其献给了刘彻。因为相如写的东西常被人拿去欣赏，至今留下来的作品除刘彻看到的两赋一书外，被后人命名的主要还有《谕巴蜀檄》、《难蜀父老》、《谏猎疏》、《哀秦二世赋》、《大人赋》等篇。

相如在前150年时辞掉朝职而随刘武的门客去游历，此时应不小于25岁，如按属狗的属相推算，他应是约前179年出生。即使说，他29岁辞职游历，刘武死后35岁时回到成都，大约40岁时被刘彻征召，入朝为郎，约60岁时病免回家。史书上说，相如死后八年朝廷封禅大典，那他应逝于前117年，终年62岁。

相如曾两度入朝致仕，是刘彻所赏识的官员，在朝二十多年，但他把自己一生大半精力倾注于撰述上，他是以赋为重官为轻的朝中才子。北魏人常景写诗赞云：

> 长卿有艳才，直致不群性。
>
> 郁若春烟举，皎如秋月映。
>
> 游梁虽好仁，仕汉常称病。
>
> 清贞非我事，穷达委天命。

其中对司马相如一生的文才和风度作了高度评价，认为他以做官为轻，是一位任性委命、不同流俗的人物。

设局伴贵，美缘自得

梁孝王刘武去世，他的门客猢狲自散，35岁的司马相如回归家乡成都，他家中贫困，没有谋生之业。先前与他相好的临邛（今四川邛崃）县令王吉对他说："长卿多年在外求官不顺，你来我这儿吧!"于是相如去了临邛，在其城郭的客舍住了下来。临邛在成都西约百里，周边矿产丰富，城中以冶铁为业的富人很多。一定是王吉有心让相如与富人结交结缘，于是在相如到来后，为他安排了一场引人耳目、故显尊贵的自设之局，最终成就了一段风流韵事。

相如到临邛后有车马随从，举止大方，王吉对其非常恭敬，每天都去客舍拜访，开始相如还见王吉，后来声称有病，让侍从辞谢不见，王吉却更加恭敬。城中的卓王孙家是秦时从赵国迁居蜀郡的大族，以冶铁为业，雇有家僮八百人，当时由山东迁来的程郑家也雇有家僮数百人，均为当地富户，二人商议说："县令有贵客来，我们得招待一下。"于是准备好酒食筵席请县令及贵客一块儿在卓家吃饭。县令王吉按时赴宴，卓氏的客人数百人。到了正午去请司马相如，相如托病不能前往，县令王吉不敢尝一口饭，亲自去客舍迎接，相如不得已，勉强前来，满座人都为他的风采所倾倒。大家酒兴正浓时，王吉捧着琴对相如说："听说长卿喜好奏琴，请以自乐。"相如推谢了一下，拿起琴弹奏了两曲。

卓王孙有个女儿，叫卓文君，刚死了丈夫，她爱好音乐，相如弹奏时以琴声挑逗之。卓文君可能从家人口中早已听说了相如的高贵和俊秀，相如在家中弹琴时她从门缝偷看，感悦于琴音，对相如心中仰慕，担心自己配不上他。相如弹琴结束后，使人暗中送厚礼给卓文君的侍者，让其向主人转达自己的倾慕之意。卓文君一拍即合，晚上逃出家中来会相如，两人遂坐着马车急返成都，私奔成婚。

王吉对卓王孙家中的情况，包括卓文君的寡居应该十分了解，他利用自己县令的职位和在当地的影响力，不仅为相如提供了车马、随从和住所等财物支持，而且以躬身殷勤的行为把相如打扮成尊贵无比的宾客，诱使卓王孙设家筵以待，为相如提供了显示才艺和俊美、以倾倒并联络卓文君的机会，相如显然是积极地配合了王吉的安排，他享受了临邛县令所提供的超常规的非分待遇，对王吉的慕敬问候佯为怠慢，又在弹琴时抒慕情而挑芳心，显然是明白事情的目的所在。从这个意义上说来，他们两个朋友是以"演双簧"的形式，欺骗了卓氏家人，使他们对相如的身价做出了不合实情的高估；然而文君对相如的私意相属虽曾以相如的高贵身份为铺垫，但文君毕竟不是视身份地位而委身他人的女子，她所看重和感受到的是相如的才艺和秀美，至奏琴之时两心相通，而相如的才气还远未得到充分表现。卓文君的私意奔投虽然冲动而唐突，但相如的人物才美总不会使她产生丝毫的终生委屈之憾。从普世价值的角度讲，仅仅寄托于家境和财富的婚姻是不道德、非正义的。王吉以假象掩饰了相如的家境困窘，使一对才子佳人在无家境悬殊的前提下进行了纯心灵的撞击，成全了一段美好姻缘，虽在行事方式上有欺骗富家的失当之处，但无论其动机还是效果都可合于人类更为长久的婚姻道德，其失当的行事方式似乎未可厚非。

卓文君随相如回到成都，家徒四壁，空无他物。看到这一切，卓文君应该是已经清楚了相如的真实家境，但她既没有为自己的选择而反悔，也没有认为相如欺骗了自己，也许她在短暂的接触中更为郎君的才华所征服，对相如为得到她如此挖空心思、巧设机局而自豪、而感动。从后来的事实看，他是铁心跟定相如，对由此带来的贫穷、困苦、家人的压力和舆论的指责都在所不顾，这也更加证明了王吉为相如设局牵成的姻缘是合乎当事人双方择婚心理的行为，行事方式的不当在此已不足挂齿了。

传说相如在卓家唱了两曲《琴歌》，名为《凤求凰》。宋人郭茂倩辑录的《乐府诗集》中记其歌词曰：

> 凤兮凤兮归故乡，遨游四海求其皇。
> 时未遇兮无所将，何悟今兮升斯堂！
> 有艳淑女在闺房，室迩人遐毒我肠。
> 何缘交颈为鸳鸯，胡颉颃兮共翱翔！
> 皇兮皇兮从我栖，得托孳尾永为妃。
> 交情通意心和谐，中夜相从知者谁？
> 双翼俱起翻高飞，无感我思使余悲。

诗中表达了男主人公对女方的爱慕渴求之情，并向女方做出了大胆直露的相会邀请，似乎符合于相如当时的心境。但史书记载相如的爱慕之心是由所贿通的女方侍者转达的，且奏琴时满座宾客，相如不可能有那么直白地表露出倾慕之心，歌词应该是后人的假托之作。相如与文君都精通音乐，相如弹奏时寄心思于琴声，为卓文君感受和倾悟，倒是有可能的，但那只能是一种借琴传意的无词之曲。

相如携文君回到成都，过着穷苦人的日子，此时应有一小段抚琴寄爱，相濡以沫的浪漫生活。据说当时家贫无着，相如就典当自己的鹔鹴裘赊酒与文君为欢。卓文君抱着脖子哭泣说:"我生平富贵,现在却要用衣裘来换酒。"(见《西京杂记》)她在此尝到了生活的辛酸。成都市有相如琴台,相传为相如与文君生活弹琴的故宅所在,后来曾游人不绝。宋人田况有感于人们只致兴于才子佳人的琴台风流而忽略了相如的文才,在游其故迹时写了《相如琴台》一诗,可见宋时琴台已为景观。其诗云:

> 西汉文章世所知,相如宏丽冠当时。
>
> 游人不赏凌云赋,只说琴台是故基。

无论如何,卓文君当时瞒过家人而私奔成婚,总是有违礼教和风俗,这使她的父亲卓王孙当时大为震怒,他对人说:"女子太不成材,我不忍心杀死她,但不分她一个钱。"有人劝说王孙,但他始终执拗不听。时间一长,卓文君想出了解困的办法,她对相如说:"你只管与我一同去临邛,向我们族中兄弟借贷也足以生活,何必这样受苦。"于是两人一同来到临邛,把车马全部卖掉,买下一个酒店做卖酒生意。卓文君坐在土炉边热酒售卖,相如身穿遮前系后的围裙,与雇来的佣人共同操作,当市洗刷酒器。

富家出身的卓文君从来没有考虑过生计问题,她是怀着纯真的情感奔投相如的,只是到了成都,才感受到了生计问题在生活中的紧要,但她并没有为生计窘迫而对自择的婚姻产生疑虑和动摇,而是想法谋求自主解决的新路子,可见其婚姻意志的坚贞和人格的可爱。临邛是她生长和熟悉的地方,那里有能够得到的兄弟之助,因而她自然选在临邛谋求生计;另一方面,虽然她当初根本没有指望父亲的资助,但当听到父亲拒绝给她家财的消息后,遂产生了内心的怨望,她要用毫不触犯的方式对父亲施加给自己的报复实行反报复。生计压力和报复心理促使她与郎君回到临邛,干起了操壶卖酒的营生。

卓王孙听说女儿和女婿在街肆间卖酒,深感羞耻,为此闭门不出。他的兄弟和长辈诸公相劝说:"你只有一儿两女,缺少的不是钱财,现在文君与相如结婚已成了事实,相如原是厌倦了做官,虽然家贫,但人才是靠得住的,况且又是县令的客人,为什么偏要这样相辱呢?"卓王孙不得已,分给文君家僮一百人,钱一百万,还赔给出嫁的衣被财物。文君与相如遂回到了成都,置买田地房屋,成了富人,过起了衣食无忧、琴台为乐的生活。

几年之后,刘彻读到了相如早先在梁国写成的《子虚赋》,打听作者,征召相如入京,任为郎官。卓文君是否与之同行,不得而知,但她后来一定是赴长安相会,共筑爱巢的。前129年,相如被拜为中郎将,持符节出使西南,路过蜀郡,太守以下的官员都到交界迎接,县令照礼节背负弓箭在前面引路,蜀郡人深为相如而自豪,卓王孙和临邛的长辈都前来献牛酒以交欢,卓王孙感叹不已,觉得让女儿匹配相如晚了,便分给女儿和儿子一样的丰厚财物。据《华阳国志·蜀志》所记,成都城北十里曾有升仙桥,桥尽头有送客观,当初司马相如初入长安时在观门上题写:"不乘高车驷马,不过汝下也。"这次他高车驷马过此,如愿以偿,后人于是改升仙桥为驷马桥。相如这次衣锦还乡,在完成朝廷使命的同时又光宗耀祖、再得财物,不久圆满归京。他在朝为官,不追求爵位而热衷于自己的撰文写赋之爱好,卓氏的财物支持当是其重要的保障。

相如晚年在茂陵安家,传说他想新聘茂陵女为妾,卓文君作了一首《白头吟》以明志,相如遂打消了此念(见《西京杂记》)。《乐府诗集》记卓氏之诗曰:

皑如山上雪,蛟若云间月。闻君有两意,故来相决绝。今日斗酒会,明旦沟水头。躞蹀御沟止,沟水东西流。凄凄复凄凄,嫁娶不须啼。愿得一心人,白头不相离。竹竿何袅袅,鱼尾何徒徒。男儿重意气,何用钱刀为。

茂陵安家距他俩相识成婚已二十多年,无论此时发生了怎样的波折,他们已是厮守半生。前117年相如去世后,刘彻派身任掌故的所忠去其家中索取所著,相如的妻子招呼接待并献上《言封禅书》,该人是否就是卓文君,不得而知,但从她对夫君平生写作爱好的了解看,应该不是与相如短期相处的新妇。如果相如在与卓文君蜀地相识之前,没有在关中和梁地娶妻置家,那此人极有可能是卓文君。即使说,卓文君可能一直陪伴着司马相如,在相如终世后还在茂陵生活了一段时间。诗圣杜甫晚年在成都凭吊司马相如遗迹时作《琴台》一诗,正是缅怀他们始终不渝、白头偕老的爱情和姻缘。诗云:

茂陵多病后,尚爱卓文君。

酒肆人间世,琴台日暮云。

野花留宝靥,蔓草见罗裙。

归凤求凰意,寥寥不复闻。

司马相如与卓文君的爱情传奇被后来的好事之人猎取并作了演绎,形成了许多不同版本的故事传说,其中多数没有资料可以证实为真。他们的大胆追求触动了人们对世间情爱禁锢的反叛心理,又有才子佳人两情相悦的浪漫之处,故能引起人们永远的追捧与联想。通过许多演绎的故事,人们可以从中看出两人的投情私奔对传统礼教的巨大冲击,也可以看到他们的相爱结缘对后世之人内心情感产生的长久激荡。

建功西南,以赋谏君

相如在朝做官二十多年,始终有一种避政意识,对公卿国事多不参加,以撰文作赋为乐事。但因他是蜀郡人,对刘彻开通西南夷的事务曾给予积极支持,在朝廷经营西南的事业上曾建功立业。

那是前130年时,汉使者唐蒙开通夜郎(今贵州西部及北部),以及夜郎西部的僰中(以今四川宜宾市为中心的川南和滇东北部一带),为此征发巴、蜀吏卒千人,郡中又派万余人以车转和水槽运送粮食,其间因采用战时法令处死了违令的长帅,竟使巴、蜀二郡的民众大为惊恐。刘彻得知巴、蜀的情况后,派司马相如为使者,去责备唐蒙,并让乘此告知当地民众,唐蒙的做法并非皇帝的本意。相如受令出使,写了《谕巴蜀檄》,其中指出了唐蒙对待吏民的错失,表达了刘彻的恤民之意,重申了朝廷对巴蜀之民的基本要求。该檄文的公布,一时稳定了当地民众骚动不安的情绪。

相如回京汇报时,西南事务出现了新的情况,一是唐蒙已率万余人自巴符关(今四川合江南)进入夜郎并联络上了夜郎君主多同;二是朝廷组织当地民众数万人修筑西南夷的通道,两年来路未修成,许多士卒死亡,耗费以巨万计,蜀民与朝中大多数人都认为做这事对朝廷没有好处;三是夜郎西边邛、筰之夷的君长听说南夷与汉朝交往得到了很多赏赐,于是他们大多愿意成为汉朝的属国,请求给他们设置官吏,得到与南夷同等待遇。面对种种复杂情况,应该如何处置西南事务,刘彻征求蜀人司马相如的意见,相如说:"邛、筰之夷靠近蜀郡,道路也容易开通,秦朝时就曾置有郡县,到汉朝时放弃了。如今要是开通那里,设置郡县,会胜过南夷。"刘彻采纳了相如的意见,决定继续经营西南,即在前129年任命相如为中郎将,让持节出使。

相如与副使王然于、壶充国、吕越人乘驿站的传乘之车到了巴、蜀,可谓衣锦还乡,受到郡守和所属官员的隆重迎接,相如利用当地的财物来拉拢和收买西夷,派人拆除了旧的关隘,把国家的边关扩展到沫水(隋唐后改为大渡河)、若水(今雅砻江)、南至牂柯江(今北盘江或都江)。开通了零关岛(即今灵关道),

自今大渡河南岸通向西昌平原,在孙水(今安宁河)上架桥以通邛都,其后返京向朝廷报告。相如在开拓西南的事业上立有大功,这令刘彻非常高兴。

相如这次出使前逢朝廷许多大臣反对经营西南夷,他想上书鼓励刘彻,又想到自己已有建议在先,不便再上书,于是写了《难蜀父老》的散文赋,借使者与蜀郡父老谈话的问答形式以讽喻刘彻,表达了自己的心意。其中借使者之口提到:"世上必有非常之人,然后有非常之事;有非常之事,然后有非常之功。"又说:"贤君即位,难道是猥琐局促、拘泥于文字、受制于流俗、讨好当世、人云亦云的吗? 必将有崇高宏大的胸襟,能够开创基业传于后世,为子孙万代制定法度。"实际上是激励年轻的刘彻要不惧人言,勇于创新和开拓。几年时间内朝廷取得了开通西南夷的巨大业绩,得益于刘彻的果敢决策,想必与司马相如等少数人对刘彻的激励和支持也不无关系。

也许因说话口吃的原因,司马相如未见参加朝廷诸事的论辩,它更多的是奏赋谏君。他不是把自己的意见直接写出来呈给刘彻,而是借赋中人物之口婉转地表达出来,让喜欢读赋的刘彻自己去从中体悟。如在《子虚赋》中,齐国乌有先生针对楚使子虚对楚王游猎的奢侈夸张,就不无责备地说道:"您不称颂楚王的恩德之厚,却大谈云梦狩猎的佚乐豪侈,这是极不应该的。假如真是你所说的那样,也不是楚国美好之处,你把它说出来,是彰显国君的过失;假如没有你说的那些事,是损害你的信誉。彰显国君的过失和损害您的信誉,二者都是您不该做的。"相如是借乌有先生之口,表达了一种反对奢侈的价值观念。

在《上林赋》中,无是公批评子虚和乌有两位先生说:"你们两位的议论,不讲君臣之义和诸侯之礼,却在享乐上比输赢,都是贬君自损。"在讲了上林苑的狩猎后,无是公说:天子茫然而思,若有所失,意识到了事情的奢侈,认为这是劳精神、耗士卒、费资财、失厚德、忘政事、仁者不为之事,不是继承王业传给子孙的方法。天子从此停止了酒宴和打猎,下令开垦苑地作为农田,让百姓在苑中生产作业,又打开粮仓救济穷人,并减轻刑罚,改革制度,易服色,更正朔,除旧布新。于是迎来了道德复兴、天下大悦的局面,天子的恩德胜于三皇,功绩超过五帝。而子虚和乌有两先生听了无是公的这番描述,也接受领教,深以为悔。至此,《上林赋》的思想主题就非常明白了——描述豪华而劝谏豪华,正是相如两赋的真实意蕴所在。

出使西南后闲居在家的相如有一次随刘彻到长杨宫(今陕西周至县东南)打

猎,刘彻亲自猎杀了熊和野猪,驰马追赶野兽。相如即上了《谏猎疏》,其中讲了许多条道理,并引用了"家有千金,不坐檐下"的俗言,认为轻万乘之重而不讲究安全的快乐,是不该追求的。这种"领导应爱护身体"之类的劝谏最得受谏人欢心,是不需要婉转表达的,因而这属相如对刘彻少有的一次直言劝谏,但其中也许包含着他借题取消天子盛猎的曲折苦心。长杨打猎回宫时路过秦朝的宜春宫(今西安市城东),秦二世胡亥当年被闫乐杀害于此宫,相如又写了《哀秦二世赋》,其中哀叹道:"持身不谨兮亡国失势;信谗不悟兮宗庙灭绝;操行之不得兮,魂无归而不食。"其中不乏对秦二世失国原因的分析,认为胡亥被杀身亡是自食为君无德之果。相如此赋正是要以胡亥之事儆诫刘彻,提醒他应注意治政中的道德和行为操守。

相如为孝文园令时,见刘彻仍然赞美子虚之事,后来又喜爱神仙之道,于是说:"上林狩猎之事并不够美,还有更壮美的。"遂完成了早先酝酿而未就的《大人赋》,作完后献给刘彻,相如在该赋中描述了住在中州的大人升天为仙,载云气而远游,与众神仙交往的事情,其中有一段写道:"世有大人啊,住在中州,居处万里啊,竟不能稍微停留。哀叹世俗之狭窄啊,轻装疾进而远游。乘着红幡白霓啊,载着云气而上浮。"赋的最后写道:"在阴山徘徊婉转飞翔啊,我今日亲眼看到西王母的白发,她戴着首饰住在洞穴啊,幸亏有三足青乌为她驰驱。倘若能像她这样长生不老啊,纵然万世也不值得欢喜。"

相如描写了神仙的生活,他认为传说中的神仙和术士都住在山泽之间,体貌臞瘦,独自生存,不是帝王想象的仙意。他大概是要借赋暗喻,讽刺刘彻的寻道求仙。但刘彻看后大为高兴,飘飘然有凌云之气,似有遨游天地间之意。这纯粹是一篇被刘彻误读了的名赋。由于两人处境和心境的不同,相如的许多借赋之谏并没有产生与愿望相同的效果。《子虚赋》是这样,《大人赋》更是如此。

相如在临终时所留的《谏封禅书》中回顾了五帝三王以来尤其是周朝的大典,认为从古到今,最应该封禅的是汉朝而不是周朝。认为周朝不可以封禅,但"进"而封禅;汉朝可以封禅却"让"而不封。书中借大司马之口向皇帝进言,指出了汉朝的功德和符兆祥瑞并提出了封禅的必要,而赋中天子也改变了想法,采纳了公卿之议,决定封禅,并拟出了封禅的《颂辞》。朝廷在前110年正式举行了封禅大典,相如该谏书使刘彻将封禅提到议事日程上,是促成这次盛典的最早和十分重要的因素。

反叛礼教和优美辞赋是风流才子司马相如留下来最为人们称道的两笔精神财富。他的谏君之赋多未收到直接的效果，但由此拓展了一片极为广大的艺术世界；他与卓文君的情爱故事为许多艺术创作提供了人物素材和思想灵感，人们认为是刘彻的赏识和卓文君的情爱成就了相如的千载盛名。明代戏曲家汤显祖写《相如二首》，其中之一就表达了这样的认识，诗云：

> 相如美词赋，气侠殊缤纷。
> 汶山凤凰下，琴心谁独闻？
> 阳昌与成都，贵赋岂足分。
> 子虚乃同时，飘然气凌云。
> 臣托文园终，不受世訾氛。
> 清晖缅难竟，遗书封禅文。
> 知音偶一时，千载为欣欣。
> 上有汉武皇，下有卓文君。

东方朔：避世于朝的滑稽大师

刘彻身边有一位姓东方，名朔的博学多智之士，自称"避世于朝廷"，狂放不羁，性情诙谐。他一直被刘彻亲幸着，而始终未得到政治上的重用。

东方朔，字曼倩，平原厌次（今山东惠民）人，刘彻即位初征召天下贤良文学之士，东方朔上书自荐，被选为随时待命以备咨询顾问的待诏之士，后升为太中大夫，在朝供职四十多年，是西汉朝中与众不同的"另类"官员

诙谐为趣，调笑取宠

刘彻刚即位时，四方读书之士千余人上书言政事得失以应朝廷征召，没有被任用的人也极多。东方朔初来长安，在公车署（掌管宫殿司马门和征召事务）写奏书，用了三千片木椟。公车署让两人抬着他的奏书呈报。其中写道："我少年时丧了父母，兄嫂养我长大，十三岁开始学习，三年后所学文史够应试之用，十五岁学击剑，十六岁学《诗经》、《尚书》，熟读二十二万字。十九岁学孙吴兵法，用兵布阵，指挥进退的知识也熟读了二十二万字，共诵书四十四万字。我常佩服子路之言，（指《论语·先进篇》中子路所述志向："千乘之国，摄乎大国之间，加之以师旅，因之以饥馑；由也为之，比及三年，可使有勇，且知方也。"）我现年二十二岁，身长九尺三寸，目若悬珠，齿若编贝，勇若孟贲（战国时的勇士），捷若庆忌（春秋时代箭射不中、马追不及的敏捷之人），廉若鲍叔（齐国管仲的早年知己鲍叔牙），信若尾生（古代传说中与女子约会于桥下，遇大水而不逃的守信之士）。像这样的人，完全可以做天子大臣。我冒死再拜以听命。"东方朔的奏书并不谦逊，自我评价极高。刘彻在主管皇家器物的上方署读此奏书，每次读到哪里要划个记号，用了两个月读完。他觉得作者是个奇特之人，就让在公车署为待诏。

东方朔待诏公车时俸禄少，好长时间未被召见，于是他对主驾车马的侏儒说："皇上觉得你们这些人无用，耕田出力赶不上别人，出面做官不能治民，作战迎敌拿不起兵器，对国家无用，还要白白供给衣食，现在准备把你们全部杀掉。"侏儒大为恐惧，流泪哭泣。东方朔告诉他："皇上马上要过来，你叩头请罪。"过了一会儿，刘彻走过来，几位侏儒都哭号叩首，在刘彻询问原因时他们回答："东方朔说皇上要杀尽我们这些人。"刘彻早听说东方朔点子多，叫过来问他："为什么要恐吓这些侏儒？"东方朔回答："我活着是这么说，杀了我也是这么说。侏儒身高三尺多，俸禄一囊粟，钱二百四十。我身高九尺多，亦是俸禄一囊粟，钱二百四十。侏儒饱得要死，我饿得要死。我若在朝可用，就请给予不同的待遇；若不可用，就请罢免，不要让白吃长安的粮食。"刘彻听后大笑，让东方朔在未央宫的金马门待诏，比公车待诏更为亲近。

也许真的因为待遇低而生活窘迫，待诏公车的东方朔挑动侏儒哭闹，制造了被刘彻相召问事的机会，在答问中道出了朝廷平均式待遇使自己衣食不足的问题，他以自己的身材高大与侏儒的矮小作比较，使他的待遇之请具有无可辩驳的说服力。刘彻本也感到了他所请求的合理性，同时更为他调笑侏儒而借机申辩的机智所逗乐，于是将他调入了更为亲近的部门，其个人待遇也可能随之提高。

当时宫中有一种游戏，是将某物覆盖，请术数之人猜测覆盖之物，称为"射覆"。刘彻曾将壁虎置于钵盂之下，请几位术数家来射覆，几人都没猜中，东方朔自我推荐说："我曾学过《周易》，请让我猜。"他分开蓍草布卦，其后回答："说是龙又无角，说是蛇又无足，跂跂脉脉善上墙。它不是壁虎就是蜥蜴。"刘彻大为称赞，赐帛十四。又让他猜了几物，连续猜中，每次都赐给布帛。

不知东方朔为什么能够猜中，但他由此吸引了刘彻的兴致。当时有一个叫郭舍人的滑稽倡优，常在刘彻身边，他坚持认为东方朔是侥幸猜中，亲自覆盖一寄生物让东方朔推猜，并当着众人的面相赌，让刘彻作仲裁。东方朔猜的是窭薮，那是一种用茅草做成的圆圈，放在头上做顶东西的垫子。正当郭舍人高喊没有猜中时，东方朔解释说："生肉为脍，干肉为脯；在树上的叫寄生，在盆下面的叫窭薮。"按他的解释，窭薮与寄生只是处所不同而有不同的名称，实则为同一物，并且盆下的此物理当叫窭薮。郭舍人被刘彻判定赌输，按设赌之约受鞭挞一百。东方朔后来与郭舍人作另一辩论，他的辩论应声而对，变诈露锋，不能穷折,使周围旁观者大为吃惊。刘彻欣赏他的才学,任其为侍从皇帝的常侍郎,更为宠爱。

有一年三伏天,刘彻下诏向侍从官赐肉,主管该事的太官丞迟迟没有到来,东方朔遂拔出剑自己割肉,对其他人说:"伏热天应当早点拿肉回去。"即带肉离去。太官后来将此事告诉了刘彻,刘彻在次日东方朔上朝时问:"昨天赐肉,你为什么没等到宣诏就以剑割肉而带走?"东方朔脱帽致歉,在刘彻要他起来做出自责时,他拜谢说道:"朔来!朔来!受赐不待诏,无理也!拔剑割肉,多么豪壮!割而不多,多么廉洁!拿回去给妻子细君,多么仁慈啊!"刘彻听罢大笑道:"让你自责,你反而自誉!"给他再赐一石酒,百斤肉,让带给他妻子细君。

前122年时,建章宫后阁的双重栏杆中钻出了一只酷似麋鹿的动物,刘彻亲自前往观看,问身边熟悉物典和通晓经术的人,没有人能知道是什么。于是下诏让东方朔来看,东方朔说:"我知道它,希望赐给我精美酒食大吃一顿,我才说。"刘彻同意了。吃完饭后东方朔又说:"某处有公田鱼池和蒲苇地数顷,陛下把它赐给我,我就说。"刘彻又同意了。东方朔说道:"这动物口中牙齿完全相同,只有门牙而无臼齿,故叫驺牙。当远方有来归降的事,驺牙便会出现。"其后大约有一年,匈奴浑邪王果然率众归降汉朝,刘彻又赐给他很多钱财。在这里,东方朔凭借自己的博闻多识卖弄关节,逼使急于知晓的刘彻答应了他的两次请求后,不仅告诉了动物的名称,还预告了一个吉祥的事件,在场的君臣们根据动物牙齿的特征知道了动物的名称,羡慕东方朔的受赏,而这时可能未必相信他的预告,但当浑邪王来降后,他们才真正感到了东方朔对驺牙解释的神奇,刘彻再赐钱财,既是对他博学的奖赏,又是感谢他对祥瑞的提早识报。

其时,东方朔被招至建章宫识物时索要酒食和田宅,未必是生活急迫,只是一种借故幽默。他见驺牙而识祥瑞,并不立即指明,是要表示吉祥的预报不应是无代价的,借此抬高人们对祥瑞物及其识辨的估价,顺便得到些酒食田宅,亦为美事一桩。而驺牙出现预示外邦人物归降,那是古书上的记载,东方朔只是据书认定即可。至于驺牙何以预示吉祥,想必那不过是存有驺牙显身之悬念的人们,从日后千姿百态的复杂世事中,选中了外夷归顺的好事,赋予两者以因果联系,并把这种想象中的联系记载在了书中。刘彻的朝廷南北交战,东西开拓,成效已见,外夷归顺的事总会有等到的一天,驺牙的吉祥预报如同人们认定蟋蟀叫雨一样,也终究不会落空,东方朔的吉祥识报自然会迟早应验。

持正谏君，自艾小用

　　诙谐多趣的东方朔同时有端庄严正的一面，他在取得刘彻的宠信后，也常在自己感到必要的时候对其直言劝谏。

　　前138年前后，刘彻对微行远游发生了兴趣，常化装出行，远游各处，有时带领常侍武骑和陇西良家子弟善骑射者进山打猎，后来感到远行劳苦，又怕给当地百姓带来麻烦，于是让太中大夫吾丘寿王与待诏人士中善于计算的二人筹划，将长安西南一大片土地征收，与秦岭北部连成一片，欲建成上林苑，而以未垦荒田补偿受征地的百姓。东方朔闻知此事，即奏书进谏，认为建此苑会有荒废良田、毁人冢墓和驰车生危三大弊端，并以历史事实提醒说："殷纣作九市之宫而诸侯叛，灵王起章华之台而楚民散，秦兴阿房之殿而天下乱。"建议刘彻以史为鉴，谦逊诚笃，以应天福。此谏被后世称为《谏除上林苑》。刘彻看了东方朔的谏书，并未停止上林苑的修建，但升任他为太中大夫，并加官为侍从皇帝左右的给事中，赐给黄金百斤，大概是作为对其直谏和忠诚的奖赏。

　　刘彻的姑母馆陶公主刘嫖在其丈夫陈午死后，五十岁时与男宠董偃同居生活，刘彻去刘嫖家拜访，称董偃为"主人翁"，实已认可此事。董偃喜欢踢球和狗马赛跑的游戏，刘彻常去观看取乐。后来刘彻在未央宫前殿的宣室置酒招待刘嫖，并使谒者引董偃前来。东方朔这时在宫殿下持戟而立，他放下戟前去对刘彻说："董偃有三条可杀之罪，怎么能进入宣室。"刘彻问哪三条罪，东方朔回答说："董偃以人臣的身份私下侍奉公主，为一罪；败男女之化，而乱婚姻之礼，为二罪；他以狗马之乐引诱君主，行邪枉之道，为三罪。"刘彻默然不应。停了一会儿说："我已把酒席设在这里了，今后改掉。"东方朔坚持说："不可以。宣室是自先帝以来的正殿，不合法度的事不能在这里办。"刘彻感到说得有理，就下诏让董偃勿入，把酒席另置于北宫，引董偃从东司马门进入，并把东司马门更名为东交门。刘彻事后赐给东方朔黄金三十斤。

　　当时天下有奢侈之风，老百姓多抛弃农耕而追逐工商业。刘彻有次很随便地问东方朔："我准备教化百姓，有什么方法吗？"东方朔回答说："尧舜禹汤文武成康上古之事，经历了几千年，难以说清，我不敢陈述。孝文皇帝的事，在世的老年人都听说和见到过，可以说清。"他于是列举了刘恒为帝时许多节俭和爱民的事情，认为正是刘恒自己的仁义道德引导天下望风成俗，教化成功。东方朔还明确地指出了刘彻大建宫室、追求佚乐而对天下风化的不良影响，建议他从自身做起，以正本清源。东方朔的劝谏完全是以道德礼仪为准绳的忠直之言，是教化万民的有效方法，但刘彻在日后的施政行为上并没有真正地采纳。

东方朔对刘彻的劝谏，有时还采用调笑戏谑的方式。有次刘彻询问他："先生看我是怎样的君主？"东方朔回答说："以唐虞的盛世和成康的时代，不一定能比得上现在，我觉得陛下的功德在五帝之上，高于三王。如果不是这样，则求得天下贤士，使公卿之位各得其人则可。譬如以周公旦为丞相、孔丘为御史大夫、姜太公为将军……"他一口气说了三十多历史名人，后稷、管仲、子路、百里奚、孙叔敖都被安排于汉朝各职位。惹得刘彻大笑不止。其实东方朔的回答是以幽默方式提出了重用人才的问题，提醒刘彻量才用人，开创盛世。但因为以调笑的形式提出，刘彻可能仅当作一种玩笑话，未必能深思其真正的含义

当时朝廷的贤才不少，刘彻又追问东方朔："现今朝中丞相公孙弘、御史大夫倪宽，以及董仲舒、司马相如、吾丘寿王、主父偃、朱买臣、庄助、汲黯、严安、司马迁等人，皆博学多识、美于文辞。你自己以为可与他们谁相比？"东方朔回答说，这些人各有局限，他认为自己虽然无才，但可以比得上几人的总和。东方朔始终没有改变首次上书时就有的自夸特性，既可将此看作他一贯的放浪之言，也实在是他希望得到重用的自荐之辞。联系他前面提醒刘彻重用贤才的言论，这一心迹就更加清楚些。

东方朔后来还向刘彻上书，献农战强国之计，并表达了自己未得重用、欲求试职的意思。奏书仍持诙谐风格，达数万字，但终未被刘彻任用。当时朝廷召集学宫里的博士先生讨论国事，大家都诘难他说："苏秦、张仪一遇大国之主，就能居卿相之位，泽惠后世。现在您研修先王之术，熟悉百家之语，著书流传，自以为天下无双。然而您尽力侍奉圣明的君主，旷日持久几十年，而官不过侍郎，位不过执戟，看来还是有不检点的行为吧？到底是什么缘故呢？"东方朔对此作了回答，他事后将此问答过程写成《答客难》，文中记述了客人的诘难，并写出了自己的答复。东方朔在回答中首先认为现时与战国之世时代不同，"彼一时也，此一时也"，不可相提并论。他认为战国之时多国相争，未有雌雄，得士者强，失士者亡，所以对士人言听计从；现在诸侯朝服，天下一家，人们为衣食所困，贤与不肖无法区分。他应用了古书上一句话："天下无害灾，虽有圣人，无所施其才；

上下和同,虽有贤者,无所立功。"认为苏秦、张仪若处现时,恐怕连一个管礼乐的掌故都得不到,更不敢奢望朝中常侍侍郎。东方朔还应用《诗经》之语:"鼓钟于宫,声闻于外。""鹤鸣九皋,声闻于天。"他借许多历史名人的事迹说明了修身研学的必要性,认为和平时代要持义保身,即使知音和追随者甚少,也是正常之事。

东方朔后来又写了《非有先生论》,文章假设吴王责问三年不说话的臣属,而非有先生从多方面论证了忠言逆耳,谏言不宜。吴王遂改而纳谏,行之三年即海内大治。文章用主客问答的形式劝谕刘彻纳谏和重用人才。

无论是东方朔的诙谐自夸还是他后期的劝谏用才,都反映了东方朔对自己未得朝廷大用的怨艾之意,所写《答客难》更是直接把博士学子对他的讥讽之辞公开展示,并表达出了和平时代,旷世之才难以脱颖而出的怨时之情。他用客难和答客的两种形式倒逼执政者,希望其能考虑对自己的任用,以使自己能免除世人的讥讽。

刘彻对东方朔的才学从未怀疑过,前129年卫子夫生下长子刘据后,他非常高兴地为之祭神,特让东方朔作祝祭之文。他早先见身边的郎官称东方朔为狂人,曾对他们说:"假如东方朔做事没有那种狂荡行为,你们哪能比得上他?"这些情况表明了刘彻对东方朔学识才能不曾稍低的估计,但也透露出了未能重用东方朔的原因所在。传统的东方政坛是一个讲求庄正、严肃的场所,东方朔缺少的正是这一条,犯了政坛之忌。应该说,幽默诙谐曾是东方朔得以接近刘彻、取得宠幸的方式,同时也是限制他受到重用的原因。一个行为滑稽的人物只能被主政者视为准倡优,作调笑和消遣之用,而不会给以大任。东方朔自入朝后就持礼谏君,在《答客难》中又特意表白了他对修身研学的看重,意在表现一种正人君子的风格,端正形象,可惜刘彻在心目中对他的印象和给他的特殊定位始终没有改变。东方朔临终前再谏刘彻,他用了《诗经》之言:"恺悌君子,无信谗言。"说:"愿陛下远巧佞,摒斥谗言。"刘彻听后说:"现在东方朔反而多说正经话了。"为此感到奇怪。这正反映了刘彻对他终生的形象定位之偏。同朝人司马迁在写史时将东方朔列入《滑稽列传》,可见这种形象定位的深刻固化和不易改变。

刘彻曾把女儿夷安公主嫁给妹妹的儿子昭平君,昭平君放荡无度,醉后杀人,刘彻垂泪批准了廷尉上奏的死刑判决,为此悲哀不已。东方朔上前向刘彻祝寿说:"圣王为政,赏不避仇,诛不避亲。此二者是五帝所重,三王所难行。陛下能做到这点,所以四海之内万民各得其所,天下幸甚! 我奉觞敬酒祝您万岁寿。"刘彻听罢起身进入宫中,傍晚将东方朔招来责备说:"古人说'看准时机说话,人不厌恶他的话。'今天你给我祝寿,是时候吗?"东方朔冕冠叩首说:"我听说快乐太过则阳溢,悲哀太过则阴损。消除忧哀的最好方法是喝酒。我所以向您祝寿,是想彰显您的执法之正,并为您解除哀忧。愚蠢得不知道忌讳,死罪!"东方朔这次的善意祝寿引起了刘彻的反感和指责,最后竟不得不以解释来解脱,并谢罪致歉,无论他的本意是想诙谐调笑还是想借酒劝哀,都属一种欲巧还拙的行为。他的滑稽和劝谏看来并非每次都十分得体,他是一个对自己的言行缺乏时机判断的人,这也许是他不能被刘彻重用的另一原因。

放浪言行,游戏人生

东方朔晚年对自己未得重用稍有怨艾,那是他看到同朝人各有升迁后的一种自然心理反应,其实他在年轻时代很少有获取公卿的意识,更多的是一种狂放不羁、游戏人生的处世态度。

东方朔入朝取得宠幸后,多次被刘彻召去谈话,刘彻高兴之下就在宫中赐给他酒食,吃罢饭,东方朔把吃剩下的肉全部揣在怀里拿走,衣服尽是油污。他有一次醉酒后尿在了宫殿,一度被免去郎官之职。刘彻多次赐他绸绢,他扛在肩上就带回,用受赐的钱财绸绢娶长安城中年轻漂亮的女子为妾,大多娶来一年就抛弃,重娶一个,得到的钱财尽花在了女人身上。他是一个追求享受和挥霍,在个人生活上无视礼教的放浪之人,所以朝中郎官们都称他为"狂人"。

有一次东方朔在殿上经过,一位郎官对他说:"大家都认为你是狂士。"东方朔说:"古代的隐士是避世于深山;像我这样的人,其实就是避世于朝廷。"有时他在酒席上,借着酒兴,坐于地上唱道:"隐居尘俗中,避世金马门。宫殿中可以隐居生存,何必在茅屋之下,深山之中。"金马门是宫中管理宦官的官署之门,门旁立有铜马,是宫廷的象征。东方朔本是无所顾忌之人,酒后更是吐露真言,他自比古代博学厌世的隐士,想要过上无所约束的自由生活,但又不愿忍受野山茅舍的困苦,于是以某种机巧的方式,借居于朝廷,既享受到世人莫极的荣华富贵,又与尘世保持一定距离,得到古隐士的无拘与超逸。他最初的人生心迹在此已明确地反映了出来。

按照有关规定，东方朔还把自己的儿子保举为郎官，他同世人一样，具有对儿子呵护扶持的舐犊之心。其子后来升迁为侍中的谒者，时常持符节出使。东方朔曾写有《诫子诗》，是告诫儿子之作，班固在其本传之赞中引用了一部分，其可靠性应当无疑，诗曰：

> 明者处世，莫尚于中；优哉游哉，于道相从。
>
> 首阳为拙，柱下为工；饱食安步，以仕代农。
>
> 依隐玩世，诡时不逢……

东方朔认为殷商隐士伯夷、叔齐饿死于首阳山，是笨拙的，老子、柳下惠分别在周朝和鲁国的殿柱之下为吏，而终身无患，为工巧，他主张以玩世的态度依违于在朝和隐居之间，做到行为与时机诡异契合而不逢祸害，这才是明哲的尚中处世之道。东方朔要把自己对人生的感悟和处世经验教给儿子，应该是真诚的交流，其中清楚地显露了得仕求隐、游戏人生的真实态度，这与他酒后对郎官的表白是完全一致的。东方朔正是以自己特有的行为方式在西汉朝中避世了一生。

东方朔在公车署的第一次奏书中自称22岁，这次上书应不迟于他写《谏除上林苑》的前138年，极可能写于前140年，据此，那东方朔应是前161年出生。《史记》中有关于东方朔临终谏言的记载，那东方朔应卒于《史记》收笔的前93年前；又因刘彻曾向他当面提及"御史大夫倪宽"，其卒年当在倪宽任御史大夫的前110年之后。即他应去世于前110年至前93年之间，具体年份难考。现行人物词典标定东方朔为前154年出生，前93年去世，未知所据。班固说汉时关于东方朔的传闻很多，多是后世好事之人猎取其奇言怪语附会给他的。

博学多识的东方朔以避世于朝中的人生态度求仕做官，后期也不乏求得大任的进取心愿，但他调笑为乐、狂荡不羁，一直被视作宫中的滑稽放浪之士，在传统政坛上不具有担当大任的外在认可。他把定生命的一叶扁舟超凡行驶，独自感悟世情，游戏人生，既是生命的遂愿，又成为生命的遗憾。

张骞:开辟"丝路"的探险外交家

为配合对匈奴的战争,汉朝廷决定联合西部若干国家共同制敌,于是开展了与西疆诸国的涉远外交。张骞带着战争联络的使命两次出使,首次打通了汉与西部诸国的隔绝,成了西汉时代实现东西文化交流的杰出外交家。

中原王朝与西方地区自古几无交流,在古老的神话传说中有周穆王驾八骏西驰数万里,在瑶池会见西王母的故事,说明汉以前人们对西部地区十分陌生,只停留在一种想象的程度。张骞受命出使西部国家,是汉民族对西部世界的开始了解与主动交往。张骞通使之后,人们才知道,在今帕米尔高原和昆仑山、喀喇昆仑山脉组成的葱岭之东,原来还有许多与汉朝不尽相同的社会组织。由于这些国家对中原王朝而言,处于玉门关和阳关以西地区,因而汉王朝将其统称为"西域"。当时汉朝与西域外交实现的前提是必须首先有地理上的开通和了解,但双方此前一直处于地理隔绝状态,因而,张骞对西域诸国的开拓性外交,实际上也是一场非凡的地理探险。

两出西域,探险外交

前138年,即位刚三年的刘彻一面准备着对闽越的南方之战,一面筹划着对北方匈奴的战略打击。他从投降汉朝的一个匈奴人口中得知,匈奴打败了月氏(《辞海》标注为 yuè zhī)王,用他的头骨做饮器,而月氏国远逃西边、怨恨匈奴,想报复却没有合作者。一直有心打击匈奴的刘彻闻听此讯,即在国内招募远涉月氏的使者,希望能联合月氏,共同对付匈奴。

汉中人张骞以郎官的身份应募,愿意接受这一挑战。张骞做事强毅有力,对人宽厚诚实,应募后被选中,朝廷为他配备了一百多随从之人。同行的还有在堂邑氏家中当奴隶的胡人甘父,被称堂邑父,此人善于射箭,可以保护使者。

张骞一行出陇西郡(治所在今甘肃临洮南)西行,进入匈奴地盘,被匈奴人抓获,送押给单于。军臣单于听说他们要去月氏,对张骞说:"月氏在我们的西边,汉朝怎么能越境出使?如果我们要让使者越过汉地去越国,你们会允许吗?"他扣留了这批使者,给张骞娶了当地的女人为妻。

张骞在匈奴一住十年,生有儿子,但他始终没有丢弃朝廷交给他的出使符节。因为时间长了,匈奴对他的看管渐渐放宽,他乘机和部属们向月氏方向逃走。向西奔跑了几十天,来到了大宛国(今乌兹别克境内费尔干纳盆地,王都在今卡散赛,称贵山城),大宛人风闻汉朝财富丰厚,正想与汉朝相通,见了张骞非常高兴,询问他们的打算。张骞说明了自己出使月氏的使命,请求大宛派人引路,并允诺说:"如果能带我们到月氏,回到汉朝后,我们将送来许多财物作报答。"大宛人相信张骞的话,就派人做向导和翻译,把他们送到康居(活动范围在今咸海与巴尔喀什湖之间,王都卑阗城),康居又把他们转送至大月氏。

月氏原是在敦煌祁连间的游牧部族,约前176年为匈奴所败,君王被杀,国人立其太子为王,大部分人迁至伊犁河上游,称大月氏,十多年前遭乌孙攻击,又被迫迁到今阿富汗北部阿姆河流域,他们臣服了大夏(在今阿姆河以南至阿富汗境内),在那里定居下来。因为当地土地肥沃宽广,很少受到侵扰,他们心志安乐;他们又认为离汉朝太远,基本上已没有了报复匈奴的想法。张骞远涉山水来到这里联络,其间又去过大夏,但始终没有得到月氏的明确答复。

逗留了一年多,张骞决定回国,他傍依南边的喀喇昆仑山脚东行,想从羌族人居住的地方绕道而归,不想又被匈奴人抓住扣留。过了一年多,军臣单于逝后匈奴国内发生夺权之争,政局变乱,张骞带着在匈奴所娶的妻子,与堂邑父一道逃离,多亏路上堂邑父射取飞禽走兽来充饥,终于在前126年逃回汉朝。

张骞这次出使,除匈奴外,经过大宛、康居、大月氏、大夏四国,还听说了这些国家旁边的乌孙、身毒(yuán dú 印度)等大国五六个,回来一一向刘彻做了汇报。这次出使联络月氏合攻匈奴的使命落空了,但却极大地开阔了汉朝君臣的眼界和胸襟,使他们看到了西边一个广大的世界。当年去时有百余人,十三年后,只有张骞与堂邑父归还。刘彻任张骞为太中大夫,任堂邑父为奉使君,这也是对他们劳苦功高的肯定和酬答。

张骞回国时适逢汉朝对匈奴大规模用兵之际,刘彻不久将他派往北方前线。前123年,张骞以校尉身份随从大将军卫青出击匈奴,他知道大沙漠中的水草所在,为大军做向导,给行军带来极大的方便,战后刘彻封他为博望侯。两年之后,张骞以卫尉身份与骁骑将军李广出右北平分路进攻匈奴,他的部队因迟到耽误了会战,致使匈奴包围了李广父子的部队,损失惨重,按军法当斩,张骞献出财物赎为平民。

其后几年间,汉朝与匈奴的战局发生了重大变化。汉骠骑将军霍去病在西部祁连山歼敌数万人,浑邪王率众投降内归,汉朝的西侧空无匈奴,偶尔只有匈奴的侦察兵到来,成为数百里空旷地带。当刘彻向张骞问起西域大夏等国的情况时,张骞建议朝廷厚结乌孙,吸引他们向东迁至浑邪王所居之地,臣属汉朝,作为对匈奴的牵制。刘彻同意了这一建议,拜张骞为中郎将,让他带三百人,每人备两匹马,并带万余牛羊和价值数千巨万的金币丝绸等礼物再去西域,刘彻还给他配了很多持旌节的副使,让道路方便时派他们到乌孙以外的其他国家去。

前119年,与匈奴的战争刚一停歇,张骞就率众再赴西域,因没有匈奴的阻隔,他们直接到了乌孙。乌孙为游牧部族,当时已迁至今伊犁河和伊塞克湖一带,在赤谷城建都。乌孙王昆莫接见了张骞一行,张骞说明了来意,告诉他:"乌孙若能东迁到浑邪的旧地,汉朝会嫁一位诸侯翁主作昆莫的夫人。"此时昆莫年老,国家势分为三,他们与汉朝距离远,又很陌生,平时一直服属匈奴,有点害怕,因而不愿迁徙。张骞见乌孙一直没有明确的答复,遂将所带副使派往大宛、康居、大月氏、大夏、安息(占有今伊朗高原)、身毒、于寘(yú zhì 又称于阗,今新疆和田一带)等旁邻之国。乌孙王不久于前115年派翻译和向导送张骞本人回国。

据说乌孙人是很贪利的,当时国王昆莫初见汉使,要用接待匈奴单于之礼节,张骞感到不妥,他告诉昆莫:"天子送的礼物,大王若不起拜接受,就把礼物退回。"昆莫终于起拜接受。这是张骞抓住了乌孙人的贪利心性,迫使昆莫使用汉朝的礼节。昆莫送归张骞时,让几十位使者带着马跟随张骞同行,说是答谢汉朝,实际上让他们探视汉朝的情况,使者们看到汉朝人口众多、国家富足,把这些情况汇报给了昆莫,乌孙人才开始看重汉朝。

张骞这次回国后被拜为朝中执掌民族外交事务的大行,列于九卿之列,一年多后去世。张骞逝后被安葬在他的家乡汉中城固县,坟冢至今犹存。

文化拓荒,惠遗后世

张骞两次出使西域,其直接的外交使命并未完成,但却打开了中原与西域相互认识交流的闸门,属一种开创性的文化拓荒活动。

张骞为中原和西域两地带给了新异的社会信息,激发了双方相互认识和交往的兴趣。月氏、乌孙及大宛、康居、大夏等国居于西陲之外,对中原王朝、社会状况及毗邻关系可能了无所闻,或者知之极少,张骞向他们带去了汉朝的政治观念、文化礼仪和珍宝财物,使这些国家自此对大汉王朝耳有所闻,心向往之;与此同时,张骞打破了中原人士对西部世界的神秘想象,向中原较系统地介绍了西部诸国的地理状况、政治关系、风土人情及其当地物产,使人们对一片奇异的世界更衍生出好奇探索之心。

张骞第一次出使回国后向刘彻详细介绍了自己所知道的西域各国状况,其间谈到,他在大夏时见到邛崃(qióng lái)山(今四川省西部)出产的竹杖和蜀地的细布,打问后得知是大夏的商人从东南几千里的身毒国买到这些东西的。张骞分析说,大夏在汉地西南万余里,身毒在大夏东南数千里,有蜀地的产物,说明身毒离蜀地不远。他认为汉朝出使大夏若径直经由蜀地,要比经过羌人居住地更为便捷和安全。刘彻对西南方的统摄经营早有兴致,前130年时就征调巴蜀士卒开山筑路,想要打通西南,后因耗费太大而终止,张骞这次提供的信息和建议又一次激起了刘彻经略西南的决定,他下令让张骞由蜀郡(治所在今四川成都市)、键为郡(治所在今四川宜宾市西南)派出王然于、柏始昌、吕越人等秘密使者,分四路从打探的小道出发前往身毒,四路使者各走了一二千里,均被当地夷人拦截,道不得通。最终有一路曲折地联络上了滇国(今云南昆明一带)、夜郎国(约今贵州西北、云南东北地区),使者回国后极力声称滇为西南大国,值得争取使其亲附。刘彻为此又重新开始了开通西南夷地的宏大事业。在这里,张骞根据自己在大夏国的听闻正确地判断了身毒的方位,使汉朝君臣重新估价西南夷的战略地位,推动了汉朝西南方向的大开拓。

张骞在西汉外交舞台上的活动自前138年起到前114年去世为止,大约25年,但其产生的社会影响在他逝后不断增强:

首先是,乌孙国知道了汉朝的强大,在前105年受到匈奴威胁时主动向汉朝献马送礼,愿意聘娶汉朝的翁主,结兄弟之好,于是衍生出了江都公主与解忧公主相继远嫁乌孙的悲喜故事。张骞为汉朝提出的以婚姻结好乌孙的设想在他身后得以实现,中原王朝与陌生的西域在政治与婚姻关系的双重因素作用下快步走向民族融合。

其次是,由于好奇心和利益的驱使,在张骞逝后不久,汉朝兴起了一股通使西域的热潮。最先是张骞二次出使时派往大夏等国的多位副使与出使国的使者一起来到汉朝,开始了汉朝与西域多个国家的同时交往。早先在张骞手下的官吏武士看到了张骞的成功,他们竞相上书,陈述西域的奇物怪事,请求出使,刘彻觉得那些十分遥远的地方不是人们乐意去的,便全部同意了他们的请求,授予旄节,并不问出身,多方招募人员,扩大使者来源。后来所派的使团大则数百人,少则百余人,一年所派多则十几批,少则五六批,往返一趟近则几年,远处常需八九年。由于朝廷管理思路不善,这股出使热潮一度出现了混乱局面。如侵吞财物,贾货谋利,违背使命,好说大话及口径不一等。刘彻觉得这些人熟悉西域事务,因而查处过错定为重罪,想以此激怒他们,迫使他们为赎罪再次请求出使,这又造成求使的人员循环无尽,使出使的热潮在朝廷的纵容下久盛不衰。无论这些使者后来的作为引起过怎样的纠纷和冲突,他们毕竟加强了中原与西域的相互了解,深化了民族间的融通,也为朝廷后来实现政治一统积累着条件。

再次是,汉朝与西域诸国的多边使臣来往带动了互相间的文化交流,促进了各方生产与生活方式的改善。汉使将中原的蚕丝、漆树、铸造等技术传至西域,同时将大宛的葡萄带回汉朝,并学会了葡萄酿酒技术,又把大宛的苜蓿种子带回汉朝,刘彻让人种在他的行宫周围,一眼望不到边。苜蓿是牲畜极爱吃的食物,至今盛产于关中和中原地区。安息的使者给汉朝带来鸵鸟蛋,黎轩国(大秦国,即罗马帝国)献来的魔术师能够吞刀、吐火、屠人、截马,奇幻精彩,其他小国都有不同的礼物献给汉朝。刘彻为了显示国力,每次巡视外地,都让外国客人跟从,从大城市经过,总是散发钱财丝绸来赏赐百姓,并用丰盛的酒菜款待众人,同时进行大型的角斗摔跤表演,展出稀奇古怪的技艺和怪物,让人们围聚观看时,还加进魔术师的精巧表演,并将其技艺年年改善变化,使这一艺术自此走入繁荣。多方使者的往来热潮对文化繁荣兴盛的刺激显而易见。值得注意的事,汉朝虽教会西域铸铁,但并未交给他们铸作兵器的技术,后者最终是由投降的使者传授的;而传给汉朝葡萄苜蓿的大宛也拒绝给汉朝一日千里的汗血马,汉朝最终是以战争之胜夺得这种"天马"。在战争要素上对对方的限制反映着双方相互戒备的心态，但历史的进程总是：文化交流的闸门一旦打开，任何人为的阻隔迟早会因某种方式而被浸透和冲垮。这就更显示出了张骞文化开拓的历史穿透力。

不仅如此，张骞的开拓性功业是遗惠久远的。司马迁称张骞的探险外交为"凿空（孔）"，认为是他开辟了通往西域的通道，有凿孔启光之功。也许张骞并非首次走通西域的中原人，但他无疑是受命朝廷、带着明确的政治目的出使西域，打通两地官方交往的第一人，其外交具有地理探险和文化拓荒的重大意义。张骞之后，随着中原王朝对西域政治统摄权的逐步确立，当年的使者外交通道更多地变成了商业贸易通道，而且随着交通技术的进步，商贸交流活动以葱岭之西为中点，一直向西延伸到地中海西岸和小亚细亚。由张骞所开凿的两地文化交流以商贸为载体，在空间上向西延伸，在时间上也持续地延绵。

自十九世纪以来，人们在张骞当年走过的通道上发现了大量古代中西贸易交流的遗迹和遗物，更加确认了这一通道在世界文化交流史上的地位。1877年，德国地理学家李希霍芬在他出版的《中国》一书中肯定了这一通道的文化地位。由于在古代世界，只有中国是种桑、养蚕和生产丝织品的国家，因而李氏以"丝绸之路"首次命名这一由张骞所开辟、后以丝绸贸易为主的交通路线。可以认为，中国和亚欧各国间各项交往不会止息，张骞的凿孔遗惠就将无尽延绵。

司马迁:把屈辱的生命燃烧成辉煌的烈焰

司马迁,字子长,夏阳(今陕西韩城)人。他的祖先曾任周朝太史,为记载史事、兼管国家典籍和天文祭祀的官员,父亲司马谈博学广识,以继承先祖周太史的事业为己任,为刘彻朝廷的太史丞,官至太史令,曾著《论六家要旨》,对儒、墨、名、法、阴阳和道家六大学术流派进行过精辟的分析评论。司马迁是司马谈的独子,早年在家乡耕牧,十岁能诵古文(用先秦篆文传抄的古书),二十岁后外出游历,曾到过江淮、会稽、湘江,北至齐鲁之都,自睢阳(今河南商丘南)、彭城(今江苏徐州市)一路返回。沿路探访古迹,考察风俗。约前111年任侍从皇帝的郎中,奉命出使巴蜀以南,安抚今峨眉山一带及昆明的少数民族,次年返回朝廷汇报。

对司马迁一生发展影响最大的人是他的父亲。前110年,刘彻在泰山举行封禅大典,至期尽罢儒生学人不用,司马谈中途滞留于周南(今洛阳一带),因感到自己不能参与盛典,忧愤成疾,临终前恰好司马迁自巴蜀出使返回,父子相见,司马谈拉着儿子的手,和泪诉说了自己的内心衷肠。他说:"我们的祖先是周朝太史,世代功名显耀,后世衰落了,该不会从我这里断绝了吧?我死后你必为太史,做了太史,不要忘记我想要完成的论著。"他特别嘱咐司马迁:"尽孝,开始于事亲,上升为事君,完成于立身。扬名后世,显耀父母,这是最大的孝敬。"司马谈还告诉儿子,自东周以来,孔子修《春秋》,为史学经典,而自《春秋》绝笔至今已四百多年,其间诸侯兼并,归于汉朝一统,这一时期却缺乏完整的历史记载;如果做太史的人不做整理,任由天下典籍流失,是最令人担心的。他希望司马迁心念此情,承担此任。

司马谈因为不能参加封禅盛典就忧愤而病,由此也见他是一位功名心很强、使命感极重的人物,他临终前向儿子表达了对自己事业未竟的伤感,以时人看重的孝道勉励司马迁,希望承担起自己的未竟之业。尤为可贵处在于,他以自己的博学多识,为儿子指出了一条立功树业的明确道路。人生岔路上最需要的是通识者方向性的指点,何况司马谈把一种明确的功名事业赋予了恪尽孝道的内涵。自认为"少负高远之才,长无乡人之誉"的司马迁应该如醍醐灌顶,既知晓了自己恃才获誉的下手之处,也突然明白了自己生命的受托之重,面对满怀期冀的父亲,他俯首流涕表示说:"儿子不才,一定编撰好父亲所记录的往事,不敢马虎缺漏。"

司马迁不久安葬了病逝的父亲,两年后的前108年被任为太史令。由于职任的便利,他开始查看和研究藏于金匮石室(以金为匮,以石为室,重缄慎封)的皇家档案文书。前104年时,他受命与公孙卿、壶遂等人创制《太初历》,把每年岁首由十月改为正月,完成了一项复杂的历法修改。此后,他曾随从刘彻出巡,到过长城、黄河等地,而遵父遗命对历史的整理也已同时进行。司马迁是一位忠于职守,任事勤勉的人物,他自称在职任上断绝了宾客交往,顾不了室家之事,一个心思为国效力,希望得到君主宠信,但后来的李陵事件却彻底改变了他的生活与生命。

前99年,朝廷派贰师将军李广利率数万人出击匈奴,将官李陵因不愿为大部队运送辎重,申请自率军队出击,他领手下五千步卒深入敌境,后来被单于数万骑兵包围,斩获过万,但激战未脱,李陵力尽而降。朝廷的公卿官员先听到李陵战胜的消息,皆在席间向刘彻敬酒祝寿;几天之后,接到李陵败降之讯,刘彻食不甘味,无心听朝,公卿百官迎合君主,又大多指斥李陵的罪过。司马迁与李陵并无深交,但同朝共事,知其为人。他觉得李陵常有以身殉国之志,战斗中能得部卒死力,有古代名将之才,虽然力尽败降,但必有寻机报效朝廷之意,且其战场上的斩获,也可足显其功。司马迁想陈述自己的看法,一直没有机会,恰好刘彻召问,就道出了自己的所想,并想以此宽慰刘彻,堵塞公卿们的斥责之言。当时李广利在出击中无功而返,刘彻听了司马迁为李陵的表功卸责之辞,认为其中暗含讥讽毁谤李广利之意,即将其下狱。狱吏以诬蔑君上之罪将其判刑。司马迁家中贫穷,没有财物赎罪;同时结交不广,也无人出言相救,最终被处以了毁坏生殖机能的宫刑。

蒙受了奇耻大辱的司马迁痛不欲生,想一死了之,因为他认为宫刑是对大丈夫人格的最极端侮辱,而且认为自己为降敌者辩解,因言受祸,也必为家乡人耻笑,有辱祖先。然而司马迁也同时想到,自己死了,世人只能把他视作不能自免的犯罪之人，根本不会与那些守节而死者相提并论，自己的死对这个社会就像九牛失去一毛，或者像死掉一只蝼蛄蚍蜉一样。他想到，人固有一死，或重于泰山，或轻于鸿毛，关键在于个人的选择。要想让自己死得重于泰山，就要在有生之年做出有价值、有意义的事情。他想到了父亲交给自己整理史籍的嘱托还远没有完成，这是一项惠遗万世的功绩；他又想到，周文王被拘而推演出《周易》，孔仲尼受困而作《春秋》，历史上许多圣贤和有为之人正是在困厄的命运中发愤努力，虽百挫而坚韧，才最终成就伟业。他以之为勉，决定保留自己的粪土之躯，忍受屈辱活下去，完成未了之业，让文采留于后世。

獄中的司马迁终于想通了属于自己的人生真谛，完成了他关于生命的理解，实现了思想上的彻悟与升华，他由此把自己的生命完全交给一项崇高的事业。出狱后他被任为传宣诏命的中书谒者令，简称中书令，在刘彻身边用事。因刘彻喜欢游宴后庭，常以宦者任中书之职，受刑后的司马迁正适合此任。也许司马迁仍然勤勉为职，但他曾对好友讲，自己居则若有所失，出则不知所往，肠一日而九回，汗未尝不发背。事实上，他这时已深刻地体会到了生命的屈辱，又感到了事业和生命的珍贵。他述往事，思来者，隐忍屈辱，发愤著述，在恍惚难安中努力把定着人生的舵向。

大约至前92年，司马迁基本上完成了自题为《太史公书》的史籍，该书上迄皇帝轩辕，下至收笔之时，首尾三千余年，含十二本纪、十表、八书、三十世家、七十列传，共一百三十篇，五十二万六千五百字。他把全书的正本藏于名山，以备亡失，将副本留于京师。大约二十多年后，司马迁早已离世，他的外孙杨恽爱好此书，将其全部公诸于世，但人们看到的原书已有十篇有目无文，时人褚少孙作了许多补缀，使其保留完整面貌，自东汉荀悦起，人们称该书为《史记》，流传至今。

《史记》是司马迁在中国文化史上矗立的一座不朽丰碑，它的价值远远超过了作者本人的估计。司马迁一方面决心以自己的著述"究天人之际，通古今之变，成一家之言。"另一方面也认为自己的著述只是记述旧事，整理史籍，算不上创作。他宣称自己的著述秉承了"述而不作"的传统手法，远不能与《春秋》相比，甚至反驳同僚壶遂的两相比较为荒谬。然而，随着时光的流逝和历史的推移，《史记》愈益显示出了自身的夺目绚丽。它是中国历史上第一部完整的通史，是后世之人认识西汉及其以前历史的必读资料；它开创的体例为后来不少史学家所沿袭;它对中国文学贡献极大,在经济史、政治史和民族史上都有无可替代的地位。总之它是一座内涵丰富的文化金矿,可供后世之人做出无尽的开掘。可以说,司马迁是真正完成了父亲的遗愿,他生前觉得自己身受大辱,身后无面目入父母坟地,其实他已将屈辱的身躯燃烧成了生命的烈焰,放射出了照古耀今的奇异光彩。西汉末王莽执政时,就寻求司马迁的后人封为史通子,以彰显司马氏之功德,表明司马迁永垂不朽的巨大功业已远远超越了司马谈当年向儿子所提的尽孝目标,而在数千年的中华民族发展史中,司马迁始终是司马族的骄傲,是所有中国人的骄傲。

著述接近完成时,司马迁的好友任安从益州刺史之任上来信,信的内容已无法知晓,但其中殷切地期望身为中书令的司马迁在皇帝身边应慎于处事,推举贤能,也许有让司马迁保举自己之意。正在忍辱发奋的司马迁因内心凄怆,没有立即回复。任安原是大将军卫青门下舍人,经卫青推举得任郎中,迁益州刺史,后改任太子太傅,与卫太子刘据的关系应该较深。前91年巫蛊事变中刘据受诬起兵,身任北军使者护军的任安接受了刘据符节,因疑惧而闭军不出。刘彻在平乱后认为任安坐观成败,怀有二心,准备将其处斩。司马迁时已完成了论著,他想在任安离世前偿还这一"书信债",免得友人离世时有所怨恨,遂写了《报任安书》,该信说明了自己难荐贤士的原因,叙述了自己为完成论著而隐忍苟活的苦痛,表达了长期于积心底的愤懑之情,同时告诉任安,现在论著已经完成,自己虽万死而不恨。该信是文学史上的名篇,其文辞和思想均属少有的文化珍品。也有人认为司马迁的信是在此前任安另一次因犯罪几乎被杀前写的。总之,向赴死之人述心迹、诉衷肠,既反映了司马迁对赴死者的情感珍重,又反映了他自感生命屈辱而难与世人诉说的隐衷。

司马迁的具体生卒之年已难考证。唐人张守节《史记正义》中言,司马迁在前104年参与创制《太初历》时42岁,据此推算,他应生于前145年;唐司马贞《史记索引》引晋人张华《博物志》的佚文,称司马迁在前108年任太史令时年28岁,据此推算,司马迁应生于前135年。两种说法相差十岁,但无法证实哪种说法为错。《史记》中出自司马迁手笔所记载的最迟的事件是《匈奴列传》中李广利前91年降敌,相信司马迁卒于前91年之后。事实上,不管他生命的起止之点何在,他已默默地将生命之躯化为中华文化的一座丰碑,获得了生命的永恒。

郭沫若曾写《题司马迁墓》，对出身龙门的司马迁以高度评价，认定他是因怜才而遭斧钺之刑的，认为他的功业可以直追孔子。诗云：

> 龙门有灵秀，钟毓人中龙。
>
> 学识空前古，文章百代雄。
>
> 怜才膺斧钺，吐气作霓虹。
>
> 功业追尼父，千秋太史公。

王国维认为孔子删削的《春秋》记事简略，许多史实难以详知，司马迁的记史之功应是空前绝后。写有《读史》一诗云：

> 《春秋》谜语苦难诠，历史开山数腐迁。
>
> 前后固因无此作，一书上下二千年。

苏武：气贯长虹的千秋名使

苏武，字子卿，杜陵（今陕西西安市东南）人，他的父亲苏建曾多次跟随卫青出击匈奴，后为代郡太守，卒于任上。兄苏嘉为掌管天子车舆的奉车都尉，弟苏贤为皇帝身边的骑都尉。苏武是苏建的中子，早年受父亲保举而为郎，不久调任掌管鞍马鹰犬射猎的栘中厩监。前100年时，匈奴新立的且鞮侯单于释放之前扣留的汉使者路充国等，谋求与汉和解，刘彻即派苏武以中郎将身份出使匈奴，送还被扣于汉朝的匈奴使者。朝廷安排副中郎将张胜和代理官员常惠为副使，招募使者与侦察人员百余人一同出使，给单于带去大量货物，以答谢他的善意。但双方的良好愿望却因意外的事件被粉碎，苏武的命运也由此而改变。

使命受累，求死报国

苏武一行人到了匈奴，将财物留给单于，虽然单于趾高气扬，有失汉朝所望，但使命已完成，匈奴已在做送走汉使的准备。

恰好这时，单于身边的缑王和虞常准备暗中谋反，意欲劫持单于母亲阏氏归汉。缑王是匈奴王侯之一，此人原本匈奴人，他于前121年随舅父昆邪王降汉，他于前103年随汉将赵破奴出击匈奴，兵败投降，正被单于重用；虞常是投降了匈奴的汉人，其母亲和弟弟都在汉朝。两人筹划反叛多日，及苏武一行到来后，虞常对先前相识的副使张胜说："听说汉天子很恨卫律，我能将卫律伏弩射死。我母亲和弟弟在汉朝，希望能多加照应。"张胜答应了虞常，并送给他财物。一月多后，单于出猎，虞常等七十多人准备发动反叛，有一人夜间逃跑告密，单于的军队出击镇压，缑王等人全部战死，虞常被活捉，谋反以失败告终。

单于让卫律查治反叛之事。卫律的父亲是早先降汉的匈奴人，卫律生长在汉，他被好友李延年推荐出使匈奴，返回时逢李延年及其弟李季的家室被朝廷因罪收捕,他怕自己受到株连,就逃跑降了匈奴,受到单于的爱幸,被封为丁灵王。单于这次让他查治虞常谋反之事,也表明他正受单于的信赖。张胜听说虞常被审,怕他与虞常先前的私议密约被查出,就把情况如实地告诉了苏武。苏武听说后表示:"事已至此,肯定会牵连出我们。使者受到侮辱再死,更加负于国家。"遂欲自杀。张胜、常惠两人急忙阻止,自杀未果。

在这里,苏武事先并不知道虞常的谋反,但当他知道副使张胜已支持了那场未遂叛谋后,料知事情的查究必然牵连出整个使团,而自己作为使团的主要负责人,无论如何是洗刷不清。在一种特殊而敏感的国家交往中,参与了对方国家中谋叛的使者,已无法指望对方能宽释放回。而使者不能顺利回复使命,本已是一种羞辱,再如遭受对方国家的盘查审讯,那就是双重的羞辱。在苏武看来,使者身负国家之托,代表国家的形象,如果有负重托,伤及国家,还不如一死了之,以免去受审查之辱。苏武一闻听真情,就估计到了事情的严重性,他看重自己国使的尊严,以必死之心去面对,只是由于副使的阻拦才未得实施。

虞常果然供出了与张胜的密约,单于听说后大怒,招来匈奴多位贵人商议,准备杀掉汉朝使者。担任左伊秩訾的贵人说道:"假如他们谋杀单于,又该判什么更重的刑罚呢?应该让他们全部投降。"他的意思是劫持阏氏和杀死卫律不应是最重的刑罚,对参与了该事件的汉使迫降即可。单于听了此言,遂让卫律召来苏武听取供词。苏武对常惠等人说:"屈气节辱使命,即使活着,有何面目回到汉朝!"他拔出佩刀刺向自己,一时气绝。卫律惊恐地抱住苏武,赶快招来医生,人们在地上凿出坎坑,点上煴火,将苏武放置于坎上,轻叩其背,让吐出血,苏武不久恢复了呼吸,常惠等人哭着用车拉苏武回营帐。

下了必死决心的苏武果然不愿面对匈奴的审讯之辱,觉得屈节苟活比死去更加难受,毅然决然地选择了黄泉之路,这使审讯的卫律大感意外,他大概感到难于向单于交代,于是立即组织实施了一场紧急救护,按匈奴盛行的抢救方法,苏武醒了过来,但安排的审讯已无法进行。单于听说了苏武的壮烈气节,心中敬佩不已,他朝夕派人问候苏武,另将张胜收捕。苏武死而不屈的精神已折服了匈奴单于。

威难屈节,苦不易志

苏武求死不得,被众人救起,伤病逐渐痊愈,单于让人召来苏武,见证对虞常的定罪。当时斩杀了虞常，卫律随后宣布："汉朝使者张胜谋杀单于身边大臣，当判死罪，愿意投降的赦免。"他举剑欲杀张胜，张胜答应投降。卫律又对苏武说："副使有罪，你当连坐。"苏武反驳道："原本没有参与，又不是亲属，怎么能连坐？"卫律举剑对着苏武，似乎要动手杀之，苏武声色不动。在这里，单于是想以斩杀虞常来威胁汉使，张胜经不住这种威胁而投降了，证明了单于策略的有效，而苏武早已以必死的心态面对此事，死的威胁对他毫无效力，他以法律常识反驳卫律所谓的"连坐"，只是要说明自己的无辜，证明自己作为汉使者的清白。苏武自然不能决定卫律的判决和行动，但他却能以泰然处之的态度表示自己的无罪和无愧。

卫律见苏武在剑砍时毫无所动，遂放下剑说："苏君，我卫律先前负汉归了匈奴，幸蒙单于大恩，赐号称王，拥数万之众，马畜满山，没想到如此富贵。苏君今天投降，明天也是这样。你白白地死在草野之中，谁能知道呢？"苏武没有回应。卫律接着说："你听我话投降，我与你结为兄弟；今天不听我言，以后就再也见不到我了。"苏武大概本想以沉默表示对卫律本人及其利诱的蔑视，没想到卫律竟与自己约结兄弟，并将能见到他看作幸运之事。苏武已无法忍受来自卑鄙者的人格羞辱，不禁勃然怒骂道："你为人臣子，不顾恩义，叛主背亲，屈降于蛮夷，我何必见到你！况且单于相信你，使你决判事端，你不平心持正，反而想挑起两国争斗，欲观祸败。当年南越杀了汉使者，已被消灭设郡；宛王杀了汉使者，他头悬城墙；朝鲜杀了汉使者，即时诛灭。现只有匈奴还在，你明知我不会投降，想让两国相攻，匈奴的祸端会从我开始。"苏武痛斥了卫律的人格卑鄙，义正词严地提醒他应该公正判决，指出了挑起事端会给匈奴带来的恶果，他的言辞再一次显示了对自己国家的无限忠诚，破灭了匈奴人对他的一切幻想。

卫律见苏武难于胁迫，将事情报告了单于。单于更加想让苏武投降，于是将苏武幽禁于一个大地窖中，不提供饮食。逢天下大雪，苏武就吃雪水和毡毛以充饥。几天后匈奴人见苏武未死，以为很神奇，就把他徙往北地遥远的海上（今贝加尔湖）无人之地，与常惠等人各处一地，互相隔绝，让他放牧公羊，并声称等羊下了羊羔，才能返回。很明显，匈奴人是要用折磨的办法迫降苏武，他们将苏武在地窖中困饿未死，又置于更为偏远的海上，那是一种几乎与世隔绝的、更为恶劣的生存环境。公羊是不能生羔的，匈奴人是想告诉苏武，他将永远被监禁此地而不得回还。

　　这是一种艰难、寂寞,并且远无期限的困苦考验,苏武至此已无法回避。苏武到了海上,没有粮食,他掘出野鼠洞里所藏的草根和果实充饥,幸得不死。他每天手持汉使者的旄节去牧羊,时间一长,旄节上的旄毛全都脱落,仍然节不离手。这时候,牧羊成了苏武的生存方式,旄节则支持着他生活的信念。在苏武看来,即使在孤寂的海上,自己仍然是汉朝的使者。他先前未曾向死亡屈服,现在同样不会向困苦屈服。

　　牧羊五六年后,苏武的处境有了转机。单于的弟弟於靬(wū jiān)王在海上射猎,他采用的弋射是将细绳系于箭上射出。苏武曾担任过移中厩监,掌管鹰犬射猎,他能够以网做成丝绳,又能够校正弓弩,对於靬王的射猎有所帮助,因而深得对方敬爱,被送给了足够的衣食,很可能还找匈奴女子配给苏武为妻。三年后於靬王生病,仍赐给苏武马畜、衣服和帐篷。不久於靬王去世,身边的人众也相继离去。这年冬天,居住于贝加尔湖南部的丁令族人盗走了苏武的牛羊,苏武再次陷入困厄之境。

　　单于是要用困厄来逼迫苏武,於靬王的施予一时改变了苏武的生存环境,但却最终失去。苏武既然已在海上孤独地生存了许多年,重陷困厄也并非难以经受,他仍然是汉朝的使者,不屑向匈奴屈服,继续向困苦和命运作无限期的搏斗。

　　在荒寂的海上,苏武手持旄节,没有忘记自己的使命,他同样没有忘记远在中原的亲人,兄弟妻子的亲情温暖也曾是他获取生存信念的巨大支持。清人沈德潜选编《古诗源》,其中有苏武伤怀兄弟和思念妻子的诗各一首,深情悠长:

　　骨肉缘枝叶,结交亦相因。四海为兄弟,谁为行路人。况我连枝树,与子同一身。昔为鸳与鸯,今为参与辰。昔者长相近,邈若胡与秦。惟念常离别,恩情日以新。鹿鸣思野草,可以喻嘉宾。我有一樽酒,欲以赠远人。愿子留斟酌,叙此平生亲。

　　结发为夫妻,恩爱两不疑。欢娱在今夕,燕婉及良时。征夫怀远路,起视夜何其。参辰皆已没,去去从此辞。行役在战场,相见未有期。握手一长叹,泪为生别滋。努力爱春华,死当长相思。

　　苏武在荒野的海上牧羊,内心也思念和玩味着来自亲情的温香。他热爱自己的亲人,珍重自己的使命。他正是以不屈的气节展示了心中的使命之重和对亲人的热爱之深。

世情寥落，坚贞永在

苏武出使匈奴的次年，汉将李陵率五千精兵出击匈奴，兵败投降。李陵曾与苏武同朝为侍中，相处甚好，他投降匈奴，一直不敢来见苏武。许多年后，单于打发李陵劝降苏武。李陵到达海上，为苏武置酒设乐，他转达了单于的诚心相待之意，并告诉了苏武离汉后他的家庭的许多变故。

李陵叙述说，苏武做奉车都尉的哥哥苏嘉，跟随刘彻到雍地（今陕西凤翔南）的棫阳宫，扶辇车下台阶时，触撞柱子，折断了辕木，被弹劾为大不敬之罪，伏剑自刎，朝廷赐钱二百万安葬。苏武的弟弟苏贤跟随刘彻祭祀河东郡的地神时，宦官骑兵与掌管皇帝副车马的黄门都尉争抢船只，黄门都尉被推入河中溺死，而肇事的宦骑逃亡，刘彻下诏让骑都尉苏贤去抓捕宦骑，苏贤寻捕不得，惶恐之下饮药自杀。苏武的母亲已经去世，李陵还参加了其母在阳陵的安葬。苏武年轻的妻子，听说已经改嫁离去，只有苏武的两个妹妹，共生有两女一男，现在已十多年了，不知消息。说完这些情况，李陵劝苏武："你终归不能回到汉朝，在无人知晓的地方空自受苦，能显示出什么信义呢？人生短暂，你何必这样自讨苦吃！"

苏武自来匈奴后多被监闭，关于母亲、兄弟和妻子的消息可能是首次听说，他长期引以慰藉的亲人都离去了，内心的痛苦和激荡可想而知。李陵正是要用亲情寥落的消息来触动和取消苏武本有的信念，完成单于的嘱托，拉苏武走上与自己同样的道路。他继续劝苏武道："我开始投降匈奴时，自己痛恨有负于汉，加上老母亲被监禁，整天像狂癫一样。你不想投降，也超不过我那时的心情。而且汉帝年老，法令无常，大臣无罪被灭族的几十家，安危不可预知，你这样坚守又为了谁呢？但愿你听我之言，不要拒绝。"

的确，兄长和弟弟被逼自杀，母亲去世，妻子离走，汉帝的喜怒无常使人心寒，自己在万里荒野的海上忍苦坚守忠贞，到底是为了谁呢？好友前来推心置腹，以亲身经历相劝导，此境此情，常人怎能不动心就范。然而，苏武并没有跟着李陵的思路走下去，他认定人固有一死，而兄弟的去世与汉帝的作为没有关系，亲人的离去也不能成为自己屈节投降的理由。他告诉李陵："我们父子没有什么功德，都被汉帝所重用，任将封侯，为朝廷近臣，我常愿肝脑涂地，以身殉国。现在正是杀身报效之时，即使砍下脑袋，以鼎烹煮，我也乐于接受。臣对待君，就像儿子对待父亲一样，子为父死无所恨，请你不要再多说了。"苏武对事情有他的理解，他要实现自己早有的报国承诺，要践行一个使者本有的节义。虽有认识上的某些局限，但却表明了一种不屈的气节和超越世情的坚贞人格。

受到拒绝的李陵并不甘心，他与苏武饮酒数日后又恳切相求："你就听我李陵一句话吧！"苏武回敬他说："我本来早就死掉啦！你一定要让我投降，就请结束今天的欢饮，让我死在你面前。"李陵见他是内衷之言，不敢再劝，挥泪诀别而去。苏武以死相挟，再一次坚决拒绝了李陵的劝降，从而决绝地走上了与李陵完全不同的人格完成之路。满怀劝降胜算的李陵未料无果而返，他由衷感叹："苏武真是一位义士！我李陵与卫律的罪责真是太大啦！"李陵从苏武的身上看到了什么是矢志不移和义薄云天，他领悟到了与自己所持完全不同的一种价值观，从对方的坚贞守持看到了那种价值观的珍贵和高尚，从而感觉到了自己所选道路的龌龊，由此心生了无限的愧疚。他与苏武相别时泪湿衣襟，这已不是对朋友的怜悯，而是对自己曾经错走一步的悔恨，是源于他难以言表的心中之痛。李陵应是被苏武坚贞精神所感动和震撼的第一个人，他回去后耻于见到苏武，就打发他的匈奴之妻送给苏武几十头牛羊，既是对朋友的相助，更是表达了对忠义之士的敬佩。

过了许久，时光已到前87年春，李陵又匆匆远赴海上，他对苏武说："边境部队捉住汉兵俘虏，说汉朝吏民都穿白衣丧服，汉帝崩驾了。"苏武听说刘彻已逝，乃面向南方哀号哭泣，吐出了血，又早晚哭吊。他是十三年前刘彻派出的使者，现主使之君已逝，而自己远隔万里，未能回复，使命尚未完成，并且已经失去了向任使者本人复命的一切可能，这是自己和国家的双重悲哀，加之邦国亡君，黎民失主，怎能不悲痛万分。世情寥落，苍天无情，而苏武对祖国的坚贞之心至死不渝。

唐人杜牧曾写《边上闻胡笳》一诗，从游人在荒凉边塞上的感受来想象苏武当年凄苦的生活，赞赏苏武甘于长期忍受煎熬的坚贞气节。诗云：

何处吹笳薄暮天，塞垣高鸟没狼烟。

游人一听头堪白，苏武争禁十九年。

荣享终世，名留千秋

汉朝新帝刘弗陵（汉昭帝）继位后，匈奴与汉又开始和好，辅政的大臣们熟知苏武，派使者向匈奴索人，匈奴谎称苏武已死，加以搪塞。后来汉使者再到匈奴，受监禁的常惠打通看守关节，晚上见到汉使，说明事情的真相，并教给使者讨要苏武的妙方。使者按常惠所教的办法，对单于说，汉天子在上林苑射下一只雁，雁足上系着帛书，上面写着苏武在某泽中。单于听了这话，惊慌地看着左右，向汉使致歉说："苏武等人的确还活着。"于是他召回苏武及其属员，除过已经投降和死亡的，一共剩下九人，打发他们返回汉朝。苏武临行前李陵曾来挥泪相送，两人作诗诀别。苏武于前81年春回到长安，自前100年壮年出使，在匈奴被禁十九年，回来时已头发全白。

苏武到了长安后，奉诏以丰厚的祭礼拜谒刘彻的园庙，旋被拜为掌管少数民族事务的典属国，为中二千石官员，朝廷给他赐钱二百万，并送田地二顷和住宅一幢。跟随返回的人皆受赏封，其中常惠后来出使乌孙，征讨匈奴，被任将封侯，另有一番事业。苏武一行受到朝廷的热情款待和民众的一致钦佩。

苏武回国次年，他的儿子苏元参与了一场宫廷内变，事败被究罪斩杀，苏武受牵连被免职，但朝廷对其所受弹劾搁置不议。前74年，刘弗陵去世，苏武与朝臣拥立刘询为新帝（汉宣帝），受赐关内侯，食邑三百户。过了一段时间，朝臣张世安大力称赞苏武不辱使命和熟于朝事，刘询遂多次召见苏武咨政，恢复典属国之职，并加右曹之任，在皇帝左右掌章奏事。刘询认为苏武是德高望重的老臣，让他每月初一、十五上朝即可，号称祭酒（飨宴、祭祀酹酒祭神的长者），给予极为优宠的对待。而苏武则把自己所得到的赏赐，全部送给族中兄弟和朋友，家中不保留多余财产，朝廷的大臣们对其愈加敬重。

刘询觉得苏元前已被杀，老年的苏武应该身边有人，就打问其子嗣情况，苏武自己讲："当年在匈奴时，匈奴妻子生有一子，名通国，最近曾来消息问候。"他请求通过使者送去财物将其赎回。刘询答应照办。不久苏通国随汉使返回，被任为郎官。苏武弟弟的儿子被任为右曹。前60年苏武寿终，年八十多岁，他是在荣耀和受尊宠中度过了晚年。

前51年，匈奴呼韩邪单于入长安朝汉，汉朝对匈奴的宗主地位已经确立。

刘询在巨大的成功中感念功臣,命画匠在未央宫的麒麟阁画下以功德名世的大臣十一人,苏武即在其中,刘询认为他们就像历史上辅佐周宣王中兴的方叔、召虎、仲山甫一样,应该受到表彰,让后世永远铭记。苏武去世不到十年,他就已作为汉朝的中兴名臣而被彰扬。

元朝人杨维桢写《题苏武牧羊图》,诗作将苏武与李陵作对照,赞颂了苏武这位麒麟阁功臣当年甘守困苦、不忘使命的高尚情怀。诗云:

> 未入麒麟阁,时时望帝乡。
>
> 寄书元有雁,食雪不离羊。
>
> 旄尽风霜节,心悬日月光。
>
> 李陵何以别,涕泪满河梁。

匈奴的归顺是对苏武忠贞行为的历史性肯定。当年匈奴单于逼迫苏武投降,并非出于对其人才的渴求,因为单于一开始也是要杀掉所有使者的,对苏武并无特别的看重。而当苏武以必死的决心面对迫降时,才使单于对他发生了兴趣。单于是要通过迫降苏武来考验汉使者对朝廷的坚贞,卫律、李陵、张胜等许多汉人都投降了匈奴,单于不相信还有死不屈服的汉人,他要通过苏武的投降来进一步证实匈奴对于汉人的吸引力,证明汉朝廷的人心分离,从而获得自身对于汉朝的心理上的优势。为此他采取了威逼、利诱、冻饿、寂困和友情劝诫等多种手法,但终究愿望落空。苏武的坚贞不贰不仅表明了单于各种迫降手段的破产,而且表明了汉人对朝廷的忠诚和对自身文化的高度自信。匈奴的归顺,证明了苏武这种忠诚和自信的正确性,说明具有历史眼光的正是苏武的价值选择,而不是李陵那样的选择,从而在生活流逝的大浪淘沙中突显出了苏武人格的金贵。

人类是一种生活的动物,也是一种精神的动物。人们既需要物质资料支持人身躯体,也需要精神元素支撑人格力量,这是两种相对独立的人类生命系统。汉代的人已经完全看得清楚,追求神仙般的人身不死仅仅是一种幻想,而有价值的精神和人格往往可以永存;以有限的人身存在获取精神与人格的永存,才是对自我生命真正的看重和尊重。司马迁以这样的信念忍辱为生,写下了史家之绝唱,造就了中华民族一笔万世流芳的精神财富。苏武不愿以一时的体面苟活伤害自己本有的价值精神,虽百死而不稍屈,无形中成就了一种千古不朽的崇高人格。

　　苏武是一名普通的使者，不管他承担的具体事务大小，但他看重自己的使命，明白一位使者所承担的责任。他把热爱祖国的情怀融化进完成使命的追求中。他不惜人身的陨灭，宁愿承受巨大的困苦，在无所期盼和无人知晓的境地坚守一种不屈的气节，用国使的尊严捍卫国家的尊严，也属使者的千年绝唱。他的使命感、责任感，对祖国的忠诚和坚贞气节都将使他彪炳史册，获得后世永远的敬仰。

本篇小结

　　刘彻的朝廷汇聚了一批卓异人才。司马相如以赋谏政,他参与政治不多,但却把某种形式的文学艺术推向了高峰;东方朔以辟世于朝的生活态度谏君处世,没有显赫的功业,却探索了一种不失成功的人生艺术;两出西域的张骞以旷古绝代的大勇实现了华夏族西向的地理探险,拓展了汉人的政治胸怀和后世交往;司马迁以卑弱的生命完成了一部空前绝后的中华通史,把民族最早的记忆保留下来,刻印在人们的心底,开创了史学的新体例;千秋名使苏武决死报国,誓不易志,以气贯长虹的气概守护了人生的坚贞。这些人物的事迹似乎互不相干,但多样光彩的同时闪亮却不能不使人们着眼于时代的根源。司马相如在刘启的朝廷辞职而去,在刘彻的朝廷才大受追捧、才艺毕显;司马氏世为史官,汉武时代的太史令司马谈则产生了续祖业、著史志的强烈使命感。这是一个大作为的年代,一切人都在发奋,都在建功立业,都在追求名垂后世,连游戏人生的东方朔都曾心幕功名,何况无心避世的才俊之士。张骞把自己不长的政治生命宁愿奉献给一种开拓性的事业,苏武无限推崇自己的使命之重,都是一种时代共有的精神风貌的反映。也许每个人一生可以投身的领域不能由自己全部把握,但在所从事的事业上做出成就、立下功业,却大多决定于自己的发奋和努力。一种大作为的时代精神改变了无为的心态,带动了人们精神面貌的振奋。社会期待功业,欣赏才俊,同时又以宽容、多元的姿态给各种迥质异材的生长留下了空间,因而许多领域中的开拓性推进和创新型人才的竞相涌现就顺乎其理。

　　社会由无为向有为的转变,必然伴随着人们的价值大发现。以前被人们视为毫无意义的东西,现在却感觉到了其巨大的价值。人们曾经以为匈奴占有的漠北牧地对汉人是无用的,现在却发现了它对汉朝生存发展的重要支持,因而才有不惜代价的用兵与拓疆。人们发现了东越、南越和西南夷归顺内附在经济意义以外的价值,因而才愿做出艰难和赔本的经营。张骞是首先明白地理探险和荒漠开拓之价值的人物之一,如果说他首出西域尚有某种盲目探索的意味,那他二出西域就完全属于对一种事业的自觉投身。张骞明白自身行为的外交价值、政治价值和地理认知的价值,故而说给刘彻,主动请缨,甘愿在罕有人迹的西部再作拓荒。同样,辞赋的价值被发现,当代史的价值被预期。司马相如常常回避政事,司马迁强忍生命的屈辱,就是因为他们把自己的人生命运与一种崇高的价值创造相联结,他们有着比参政之贵和生命之尊更具意义的价值追求。与此同时,使命承载者对国家坚贞不贰的人格价值也被发现。在汉朝和匈奴的双边交往中常有受引诱或主动投敌的先例,如中行说、赵信、李陵、李广利、昆邪王等,有些甚至在汉匈两边反复投降,如卫律父子、赵破奴、緱王、虞常等。人们把势不得已时的降敌存身看作略蒙屈辱的权宜之计,张骞早先被俘获后在匈奴娶妻生活十多年,这无损于他后来为朝廷建功立业,汉浞野侯赵破奴一生甚至两降两归,照样为朝廷所接纳。不同的是,苏武发现了使者个人对国家所负载的使命之重以及忠贞品性的人格价值,他威武不屈、死不易志,就是要坚守一种珍贵的人格,人们对苏武的千年赞颂正表明了他所珍重的某种价值理念得到了后世永久的认可。东方朔一度想要参政而不得,也是因为同朝君臣们认定了他生活行为中的诙谐成趣更有价值。价值发现与多元化的思维互为因果。当人们用多样化的生活心态看待社会,就会窥视到某种事物曾被忽略了的价值;当人们努力追逐许多被预期的价值物时,就自然有文化的创新和创造。

思想文化方面的创新常常需要与直接的政治活动保持距离,规避政治当是文化创新的一种保证性条件。然而,处在专制朝廷的才俊之士,他们的事业推进和文化创造却摆脱不了时代政治的影响。司马相如正是在做官时的婉转谏政中书就了富丽铺张的辞赋,东方朔是在调笑取宠的朝政生活中践行着他那独特的艺术人生;张骞的“凿空”西域和苏武的人格实现,纯粹就是国家外交与政治的驱使,司马谈父子对历史著述紧迫感的形成,以及司马迁某些史论理念的转变,无不与当朝政治有所关联。作为朝中臣僚,他们享有一定政治体制提供的种种便利条件,同时也会受到相应政治的制约,因为他们处在政治活动的氛围中,生活于一定的政治关系中,甚或担任相应的政治使命,虽然不是政治决策的参与者,甚至不是政治活动的执行者,但他们的个人活动总是受到当朝政治各种形式的影响,他们的创造性业绩定然会带有当朝政治的烙印。

一定时代的文化创新受到时代精神的影响,带有特定时代的气质。然而,另一方面,任何文化创新都体现着开创者的个性特征。几乎同时在朝的司马相如与东方朔,他们的文化成就大相异趣,这与他们不同的人生志趣、不同的才质息息相关;张骞和苏武均奉使命出使外邦,前者成就了宏大的业绩,后者塑定了崇高的精神,是不同的经历、不同的环境和不同的气质决定了文化创新的迥异色彩;司马迁是司马谈所设定的开拓事业的忠实继承者和最终完成者,但他无疑有着与父亲不全相合的理念、风格与文笔,一部《史记》,我们处处触摸到的是司马迁的魂灵,而少能看到司马谈的身影。在文化创造中,文化成果的品位越高、内涵越丰富,其创造者的个性特征就越鲜明。

【事件篇】

天汉璀璨

有为的时代总是事件多发的时代。由君主、臣僚和将军等众多人物所推动的事件互相交织与作用,构成汉武时代政治活动的基本演变轨迹。而与这些深沉的轨迹相间杂,也有许多足令人们瞩目的事件,其中有些事件在一定意义上反映着政治的转变和时代的特质。

文士主战，兵靖东南

前138年，刘彻上台约两年之时，汉朝东南边境的属国闽越（今福建福州一带）举兵围攻东瓯（今浙江温州之地），东瓯向朝廷求救，年未二十岁的刘彻征询朝臣意见，刘彻的母舅、原太尉田蚡认为，越人相攻击是常有的事情，他们反复不定，不必要出兵救援，况且那些地方自秦时就受抛弃而不被视作臣属国了。中大夫庄助诘难田蚡说："那只是秦国的力量不能达到、德政不能覆盖罢了，如果能，何必要抛弃呢？况且秦国连咸阳都抛弃了，何谈越地！现在小国受困告急，朝廷不救又怎么能臣属万国呢？"刘彻说："太尉的说法不对。但我刚即位，不愿意用虎符征发郡国的军队。"遂给庄助以出使的符节，让去调用会稽之兵。

汉朝自刘恒执政以来已几十年没有对境外主动用兵，田蚡的意见反映着刘彻之前几代人的既成观念。但这一观念在刘彻的朝廷却被重新考量，这一考量反映着时代的变化和治政方式的转变。庄助作为一名文学儒士，按说也没有疆场争战的经历和资本，但却力主出战，表现了一种无所顾忌、充满自信和勃勃进取的精神。新的朝廷绝不以秦为限，要真正地臣属万国，囊括天下，这是庄助的主战言辞中清楚表达出来并且为刘彻最为认同之处。庄助主战方案的采纳，表明奋发有为的治政方针已取代无为政治而在汉朝廷占据上风，对外争战的序幕已经开启。

按照汉朝规定，军队的调拨权归朝廷掌握，要以皇帝所发的虎符为验证。庄助没拿到虎符，持符节到了会稽，会稽郡守依据规定拒绝发兵，庄助斩掉了郡司马，将刘彻的意旨告诉大家，遂争到了兵权。他率军队乘船渡海前往东瓯，尚未到达，闽越王郢就引兵撤归，东瓯之围遂解。

刘彻派主战的庄助率兵救援东瓯，并让他就近调用会稽的军队。庄助没有拿到调兵的虎符，郡守拒绝发兵应该是谨慎的态度，庄助用符节作凭证，以自己皇帝使者的特殊身份，斩掉主管军队的郡司马以树威，又宣布了刘彻的旨意，终使郡守稍减顾虑,在持疑不定中交出了兵权。刘彻欲调兵而不用虎符,尽管有自己的考虑,但终归不是上好的方式,庄助却把有限的符节凭证用到了极致,以灵活果敢的手法迅速实现了具有不可能性的掌军之事。闽越军未战而退,使汉军的胜利来得出乎意料,这一结果无疑给庄助的政绩加分不少,它也更加增强了主战人士的信心,鼓励新一朝的君臣们更加意气昂扬地走上兴兵争战的开拓之路。

首倡兵战的庄助为会稽郡吴(今江苏苏州)人,后人避汉明帝刘庄之讳,也称他为严助。先前刘彻上台数月时征召贤良文学之士,庄助的贤良对策深得刘彻赏识,被任为中大夫,谋议朝政,成为皇帝的亲幸之臣。庄助在入朝早期不畏田蚡之势,首倡主战方针,对年轻君主刘彻的大志雄心启发不小,对朝廷治政方式的转变起到了重要的推动。另外,刘彻朝廷的首次对外用兵不是由武将提出,偏偏是由文士倡导,正说明兵讨闽越不是出于朝臣的职业思路,恰好是朝廷执政理念的大转变。

谋战马邑，首击匈奴

朝廷首次用兵闽越两年多，闽越王郢又率兵侵扰南越，大行（负责接待宾客）王恢与大司农韩安国于前135年受命率军南讨闽越，因闽越发生内变而降服，很快罢兵。两次用兵的规模不大，但表明了刘彻朝廷对外战略方针的转变。这一转变面临的难题是如何处置与北方匈奴的关系。

汉朝自闽越回军不久，匈奴照往例派使者来汉请求和亲。刘彻将此事交群臣商讨，王恢首先提议说："我们与匈奴和亲，过不了几年对方就背约。不如勿许，出兵击之。"同僚韩安国则持相反的意见，认为千里而战，兵难获胜，且匈奴的土地和人口难以为汉所用。朝中群臣大多赞成韩安国的意见，刘彻于是答应和亲。

王恢是燕地（今河北北部、辽宁西端）人，前137年在朝担任大行前曾多次为边吏。在这里，王恢了解匈奴的习性，他在朝廷首倡与匈奴交战，对汉朝传统的和亲之策作公开非议，其意见虽然被否决，但他表达了一种主战的声音，反映了汉朝廷自三年前庄助兵讨闽越以来不断升高的求战呼声。朝廷虽允诺了匈奴和亲之请，但战争的准备却已开始进行。

前133年，马邑（今山西朔县）城一位名叫聂壹的老年豪绅将犯禁的货物私运出塞，与匈奴交易，据说他是受命而为。聂壹通过王恢转告刘彻说："匈奴刚和亲，听信边民，可以以利引诱前来，汉朝埋伏军队发动袭击，必胜无疑。"刘彻又召集公卿大臣商议，王恢坚持出兵，韩安国仍然反对，双方进行了激烈的辩论，王恢论述了这次出击匈奴的必要性和取胜把握，刘彻表示赞同，遂任韩安国为护军将军，统李广、公孙贺、王恢、李息等将领，率车、骑、步兵三十万隐蔽于马邑城附近的山谷中，等候匈奴之兵到来。汉军的部署是等单于进入马邑城后全线出击，其中王恢、李息从代郡攻敌辎重。

与此同时，聂壹暗地里进入匈奴，对军臣单于说："我能杀掉马邑县令，献城投降,城中财物全部归你。"单于非常高兴,与聂壹商议了出兵取城的方案。聂壹回来后,杀了几名死囚犯冒充县令县丞,将首级挂在城上,让匈奴使者看见,对他们说:"马邑长官已死,可速来取城。"军臣单于于是领十万骑兵穿越边塞,进入汉朝的武州塞(今山西左云县)。

匈奴部队离马邑城一百多里地时,看见郊野牲畜遍地,正要抢劫,却发现无人放牧,感到非常奇怪,就攻打附近的亭障,当时雁门郡一名任尉史的县尉助理武官正在防地执行巡逻任务,被匈奴士兵在亭障中抓获,单于准备杀了他,顺便向他探问有关情况,这位尉史便把汉军埋伏的情况告诉了单于,单于大惊失色道:"我本来就怀疑其中有诈,差点被汉人所骗。"于是引兵出塞。

汉军听到边塞传来的消息,说单于已领兵撤归,于是率军追至关塞,因追之不及,只好罢兵。王恢在代地的三万军队原计划击敌辎重,考虑到在匈奴没有与马邑汉军交锋的情况下出击,肯定要与单于精兵交战,没有取胜的可能,也就没有出击。汉朝君臣精心部署的这场战役,竟以无功收场。

刘彻对王恢放弃出击而擅自罢兵非常恼怒,王恢解释说:"当初约定匈奴在马邑与大部队交战时由我击辎重,可以取胜,现在匈奴未战撤兵,我凭三万人以寡击众,只能自取其辱。我知道这样回来会杀头,但想要保全您的三万将士。"刘彻把王恢交给廷尉审判,廷尉判决王恢延误战机,观望不前,应当斩首。王恢私下给丞相田蚡送去千金,田蚡不敢向刘彻进言,去对姐姐王太后说:"王恢首倡马邑之谋,现在事不成而受诛,是为匈奴报仇。"王太后在刘彻朝见时将这些话告诉了他,刘彻说:"谋划此事的是王恢,所以才征发天下几十万兵力听从他。单于固然捉不到,但若王恢的部队击其辎重,有些斩获,尚可以多少安慰将士之心。现在不杀王恢,无以告慰天下。"王恢听到了这些消息,以为死不可免,遂即自杀。

从战术上看,马邑之谋是汉军对匈奴的所有作战中最有计划、最为周密、把握最大的一次军事筹划,汉军以全歼入塞之敌、擒获单于为作战目标,适逢匈奴对大规模交战没有预料、无所准备之时,若能成功实施,对匈奴的打击和震撼将是极其巨大的,它完全可以一雪67年前刘邦的平城之耻,振奋汉军的士气,在日后的交战中获取先声夺人的效果。这一谋划未能如期实施,完全属于一种意外的情况,任何战场上的形势无不千变万化,意外的情况常会发生,匈奴单于觉察汉军之谋,弃诱饵而撤归,虽属意外,汉军也应平静地接受这一事实,另作准备,等待新的机会。但刘彻气盛心躁,急于显功于天下,过分看重期待的战果,不能接受这一意外,竟在自己的将领身上寻求恼怒的发泄。

王恢无疑是马邑之谋的主要策划人,他的精明和周密显而易见,如果聂壹与匈奴起先的货物交易等私下联络是王恢授意而为,就更见他虑事的深远。王恢是一位在战术上务求全胜的将领,在战场形势变化,没有取胜把握的情况下他放弃了击其辎重的行为,竟然招致了杀身之咎,这可能是他没有预料到的。他向刘彻的申辩讲清了未曾出战的理由,表明自己并不惜死,只是想把三万军队完整地保存下来,这实际上是一种婉转地表功,是对自我之罪的否定。他后来向丞相田蚡重金行贿,也表达了一种不甘屈死和强烈的求生意念。当这一努力终无效果时,他只好选择自杀的方式,借以免去受刑的屈辱。

首战无功,刘彻最为看重的当是朝野舆论和个人的脸面,三万将士在他眼中其实是无足轻重的。在他内心深处,自己一反前代策略,顶着朝野压力,在全国征召几十万军队押注马邑,想以事情的成功向天下证实自己的正确,结果却毫无斩获,枉费了心机,使他难以向舆论交代。王恢在代地有机会截击撤归的匈奴,但却按兵不动,这正好给刘彻的无名恼怒提供了宣泄的出口。马邑之谋本来就是王恢倡导和筹划的,刘彻此时已把自己的诱战决策看成了自己对王恢的支持,在他看来,我全力支持了你,你却一点也不配合我,军队劳而无功和君主的尴尬都由你造成,让我如何赦你之过。在刘彻的心目中,王恢正是汉朝军队马邑失功的全部责任人,也是造成自己难堪的可恨之人。正是由于这些原因,王恢的自我辩解、太后的劝释都没有使刘彻心生宽宥。王恢是朝中对匈奴主战最早、最坚决的人士,是一位深谋远虑的将领,他初战被咎,死于非命,刘彻发泄了对匈奴首战而无功的恼怒,汉朝则失去了一位极其优秀的军事人才。

自武州撤军出塞的军臣单于对雁门郡的那位尉史非常感激,他说:"我得到尉史,真是天意!老天让其告我真情。"并把尉史称为"天王"。匈奴自此知和亲之路已断,经常进攻控守大路的要塞,入边抢劫,而边界关市的货物交易还在继续。因匈奴喜欢中原的货物,汉朝也要投其所好,以求关系的缓和,但双方都明白,未来的战争交锋已不可避免。四年之后,匈奴攻扰上谷,杀掠吏民,汉朝派出卫青等四路军马出击,开始了对匈奴的战争大反攻。

仇人廷辩，窦婴屈死

前 132 年夏，刘彻在母亲王太后所居的长乐宫组织了一场朝中高官参加的论辩，就功臣灌夫的过错如何定罪，由卸任的原丞相窦婴和现任丞相田蚡进行公开廷辩。

事情的起因是，窦婴在长安城南有一块田地，田蚡让人传话想得到它，窦婴认为是田蚡以势欺人，予以拒绝。窦婴的好友灌夫早就因田蚡待人骄横而怨恨其人，这次借机将索要田地的传话人痛骂了一顿，田蚡事后知道了灌夫和窦婴的态度后心生怨恨，准备惩治灌夫。

前 132 年春，田蚡在朝廷上提出，灌夫在他的家乡颍川郡非常横暴，平民深受其苦，请求查办。刘彻回答说："这是丞相的分内事，不必请示。"当时灌夫也掌握着田蚡几件人所不知的逆君之事，田蚡大概是心中有惧，他虽得到了刘彻的认可，但并未立即对灌夫下手，几位宾客在两人中居间调解，双方中止了攻讦，出现了和解迹象。

不久发生的事情又使缓和了的矛盾进一步升级。这年夏天，田蚡娶燕康王刘嘉的女儿为夫人，王太后发诏令让列侯和皇族同去祝贺。魏其侯窦婴想缓和灌夫与田蚡的关系，强拉灌夫前去赴筵。酒席间许多来客给现任丞相田蚡以恭敬的礼节，而给了卸任丞相窦婴稍微简慢的礼节，灌夫对此心中不悦，他敬酒给田蚡时对方又不肯多喝，灌夫心中发怒，遂借族侄临汝侯灌贤在自己敬酒时的失礼发泄怒气。当时灌贤正与长乐宫卫尉程不识附耳谈话，灌夫骂道："你平时诋毁程不识不值一钱，现在长辈向你敬酒，却像女孩子一样咬耳朵说话。"田蚡听见骂声，对灌夫说："程将军和李广将军同是东西两宫的卫尉，你当众侮辱程将军，难道不给李将军留点面子吗？"灌夫答道："我今天准备着砍头穿胸，不知道什么程、李！"在座的客人见事态扩大，借口上厕所，纷纷离开这是非之地，窦婴也挥手让灌夫出去。田蚡发怒道："这是我平时放纵灌夫的过错。"遂让警卫骑士扣留灌夫。籍福起身代替灌夫向田蚡道歉,并按下灌夫的脖子让他谢过,灌夫怒而拒绝,不肯道歉,田蚡让骑士缚绑了灌夫,将其关至休息室,招来助手说:"今天是奉诏令召集皇族。"交代其弹劾灌夫席间骂人闹事的不敬之罪,并将灌夫拘禁于专押犯罪官员的居室,同时追查他以前的事情,派人分头追捕灌家的旁支亲属,不久做出判决,要将他们全部处死。

筵席间拘灌夫是田蚡与窦婴间的个人矛盾在一次突发事件中的骤然升级。窦婴本不知道田蚡在求田之事后对他们的怨恨加深,他是以和缓关系的本意拉灌夫赴筵的。耿直的灌夫并未理解窦婴的苦心,面对众官员的势利和田蚡的少礼而借题发泄。灌夫辱骂的本是与程不识附耳私语的族侄灌贤,田蚡却有意指责他侮辱了程不识,并把与程不识齐名的李广也拉扯了进去。这一谬释既把灌夫骂坐的对象引向了盛有人望的李广与程不识,使灌夫的行为显得更为狂妄和无理,又将自己扮成了超脱于事件的局外之人,使后面对灌夫的处置变得更为主动。灌夫也许已被田蚡的言语激怒得忘乎所以,他要表示自己对权势的无所畏惧,竟顺着田蚡的谬释公开表示了对程、李两将军的轻蔑,径直走进了田蚡临事设置的话语陷阱。至此,灌夫的席间闹事已看不出任何正当的理由和道义上的合理性,似乎成了一种无缘由的蛮横撒野。田蚡以骂坐不敬的名义将其拘禁,之后判其死罪,固然论罪勉强、处刑过重,但灌夫的行为几乎已失去了人们的同情与保护,他的本家族人也都逃跑躲藏,失去了为之辩护的勇气。

在灌夫及其族人性命危机的关头,窦婴挺身而出,他不顾家人的劝阻,冒险给刘彻上书,在刘彻召见时他陈述了灌夫醉酒犯错、不能重判死刑的意见,刘彻认为他讲得有道理,于是决定在长乐宫公开辩论这件事。

宫中辩论时,刘彻和朝廷的许多高级官员在场。不妨看看两人大致的论辩过程:

窦婴:灌夫在前154年的吴楚之乱时随父亲灌孟在太尉周亚夫手下从军,父亲战死后他坚持不随灵柩回家,招募几十位勇士冲入吴军营垒杀至敌军的帅旗之下,仅和一个骑兵归还,受伤十多处;伤口稍愈后又自愿请求带领汉军再闯敌营,当时名闻汉军。灌夫是天下壮士,对国家立有功劳,现在醉酒后犯错,没有大过,不应受诛。丞相借故诬罪,是冤枉了灌夫。

田蚡:灌夫平叛后任中郎将,曾经犯法免职;前139年任朝中太仆时曾与长乐宫卫尉窦甫喝酒时话不投机,醉后殴打了窦太后的族弟窦甫,欺凌皇戚;灌夫家中富有,平时结交奸猾之徒,在家乡欺凌平民,名声不佳。有道是:"枝叶大于树干,小腿粗过大腿,不是折断就是分裂。"朝廷应该对灌夫的大逆不道做出处罚。

(窦婴在田蚡陈述后,估料自己不能必胜,就转而揭露田蚡的短处:无非是生活腐化、喜爱倡优、耽误政事等等。)

田蚡:现在天下安乐无事,我有幸得为君主心腹,无非喜好田宅狗马和女乐歌舞,不像魏其侯和灌夫日夜招聚豪杰壮士议论天下,腹诽而心谤,盼望天下有变而等待立功。我不明白他们想干什么!

灌夫之案引出的廷辩成了田蚡和窦婴两人的直接交锋。廷辩的第一个回合是围绕灌夫的功罪作辩论。灌夫本是一位功过俱有的人物,其实世界上的任何人都是如此。辩论的双方各抓住灌夫的一个方面,大肆渲染,均非客观全面的认识。实际上,双方辩论的中心议题应当是:灌夫是否罪当致死。由于窦婴在论辩中没有抓住这一议题,他在无法否认对方所列灌夫之罪错时,即感到了驳倒对方意见的困窘;而为了保护灌夫,他就陈述其功,由此造成了他论辩中偏离议题的失误。

论辩的第二个回合变成了双方当事人的人身攻击,这就更加偏离了廷辩的议题。当窦婴列举了田蚡生活与治政方面的明显缺陷时,田蚡则以退求进,他似乎认可了窦婴的指责,将其粉饰为天下太平时本有的生活态度,同时转而从政治的方面向窦婴栽赃。失势后在家蜗居的窦婴确曾与灌夫等人一起发泄过失落情绪和议论过世情的淡凉,田蚡有意将其说成对天下政治的腹诽心谤,又当着刘彻之面公开提出,确是极为阴恶的一手。

刘彻似乎并没有在意田蚡对窦婴的政治诬陷,对两人的论辩他没有急于做出仲裁,而是让在场的朝臣们表态。御史大夫韩安国首先归纳了两人的主要观点,结论是:魏其侯说的有道理,丞相的说法也有道理,只有请英明的君主来裁决。掌管封爵事务的主爵都尉汲黯认为窦婴说得对;治理京城近郊的内史郑当时认为窦婴说得对,但后来不敢坚持自己的回答,其余的人都不敢表态。刘彻斥责郑当时说:"你平时多次议论他们两人,到今天公开辩论,却像驾上车辕的马驹那样局促畏忌,真想一并斩掉你们。"因为在场者大多不愿表态或首鼠两端,搞不清朝臣们的倾向,刘彻当即结束了廷辩。事实上,对灌夫的罪错本来就缺乏可靠的法律依据来量定,而当田蚡与窦婴的廷辩又偏离了议题,演变成双方的人身攻击时，对论辩的判断已失去了单纯的是非标准，人们更多考虑的已是现实中的复杂关系。窦婴和田蚡都是皇家的亲戚，朝臣们谁也得罪不起。在场的朝臣要对自己表态所能引起的恶性后果做出充分的估计，在未看清最后裁决人刘彻真实心意的情况下，不敢轻易作出表态，倒是很自然的。

朝臣们大多不愿违逆刘彻的心意表态，那刘彻内心究竟是怎样的态度呢？首先可以说，把现任丞相的一个定罪结论拿到朝臣面前公开辩论，本身就含有对其处罚不大赞同的意味。田蚡在相位上曾有生活礼仪上的僭越和任官用人上的越权，刘彻早有不满，但碍于田蚡是母后的弟弟，只能忍而不发。田蚡在朝臣面前的骄横无礼是出名的，刘彻这次想采用廷辩的形式，让窦婴把不利于田蚡的事实抖给朝臣，借用朝臣的抨击来打击田蚡，这样也可免除母后对自己的责备——廷辩本身就是刘彻抑制田蚡和搪塞母后的有心选择。其次，从刘彻事前对灌夫和窦婴的态度看。他上台后曾先后任灌夫为淮阳太守和朝中太仆之职，当时灌夫醉打窦太后的族弟窦甫，他立即将灌夫调往燕国任相，是为避免窦太后处死灌夫。灌夫任侠违法的事情刘彻其实是知道的，他可能欣赏灌夫的战场之勇和豪爽为人，并没有处其刑罚的想法。当田蚡提出要查究灌夫时，也许他没有认真思量此事，而当窦婴为此上书，他则立即召见，听了窦婴对田蚡的看法后他并未表示反对意见，又赏赐窦婴进餐，其态度是友好的。如果当时不赞同窦婴的看法，当面指责是极容易的事情，当时窦太后已经去世，刘彻对窦婴的指责已毫无受制之虞。刘彻的难处只是在于，母后的存在使他无法对窦婴抨击田蚡的意见做出正面肯定。再次，从刘彻在廷辩当场对内史郑当时的发怒指责上看，郑当时先表示赞成窦婴的看法，后来又不敢坚持，刘彻的指责明显是不满于他后来的不敢坚持和畏缩不前。郑当时平时在刘彻面前惯于议论田蚡和窦婴的短长，他要想向刘彻显示自己正人君子的品格，其开言表态就应该基本符合于平时的议论。刘彻预计到他的表态将不利于田蚡，才更看重他的表态；但当他不能坚持自己的看法时，则使刘彻大失所望、怒气顿生，因为这种油滑使刘彻的计划全部落空，也使廷辩成了毫无意义的闹剧。刘彻事后将郑当时由内史降职为管理太子家务的詹事，实施了对他的处罚。另外，事后若干年，大将军卫青在自己的故旧部属苏建建议他养士成名时拒绝说："魏其侯窦婴和武安侯田蚡结交宾客，天子常愤恨不已。"卫青算得上深得刘彻心腹的股肱之臣，他向苏建解释自己无心养士的原因，也无意中泄露了刘彻对田蚡的真实态度。窦婴虽然也是刘彻所恨之人,但他失势后宾客离散,已不会成为刘彻的心头之患和打击重点。司马迁讲,刘彻在廷辩时本不赞同田蚡,只因母后的缘故不好表态。这确是抓住了刘彻的隐秘心理。

廷辩中止后,刘彻去长乐宫王太后那里进餐,王太后已派人了解了廷辩情况,知道了事情的经过,她见了刘彻拒绝进食,发怒道:"现在我还活着,人们就欺凌我弟;假使我死了,他会被人家像鱼肉那样宰割。再说你做皇帝的不能像石头雕像一样呀!"

在母亲的逼迫下,刘彻不得不做出有利于田蚡的决定。在前 132 年夏,朝廷执行了田蚡之前对灌夫及其家属所判的死罪,又先后搜寻出窦婴的欺君谩上之罪和伪造诏书之罪,将其逮捕和论处。这年年底将窦婴在渭城(今陕西咸阳市东北)斩首示众。

对窦婴的论处应该是经历了一个曲折的过程。当朝史家对这一过程及其发生的缘由写得语焉不详,但透过其中的一些蛛丝马迹,仍然能窥到朝中权力运作的险谲不测和人物命运被权势捉弄的悲凉。因为窦婴在廷辩中大谈灌夫的功劳,于是朝廷在廷辩后让御史在文书档案中查验灌夫的事情,结果是窦婴所说的许多事情无案可稽,于是给他定了欺君谩上之罪,被弹劾拘禁。当年刘启生前给窦婴留下诏书道:"遇到紧急情况,可以直接上奏。"给了窦婴不按常规向皇帝奏请的特权。窦婴前次奏请刘彻,被立即召见,很可能就是使用了这一特权;这次被拘禁后,他听到要执行对灌夫的灭族之刑,而朝臣无人敢规劝主上,于是托侄儿上书劝谏,希望使用刘启遗诏所给特权,能得到刘彻的召见。奏书呈上后,朝廷检查宫中档案,没有发现先皇的遗诏副本,诏书只收藏在窦婴的家里,由他的家丞盖印加封。于是有关官员弹劾窦婴伪造先皇诏书之罪,此罪可判"弃市"之刑,即杀头示众。

窦婴的奏书非但没有得到刘彻的召见,反而给自己招惹了更大的麻烦。问题的要害在于:其一,档案卷宗中并不会记载一个人的所有事迹。窦婴所述的灌夫之功也许有夸大之处,但是否夸大不能由档案记载来判定,即便个别情节的不符也在主观上是为了当时论辩的需要,不能以欺君论罪。其二,田蚡在论辩中列举了灌夫的许多罪状,同样也应该在档案中核查,才符合公平的原则。如果所言罪状与文书记载不合,田蚡该当何罪?其三,刘启所留遗诏是否为真,只能通过对所示遗诏本身的鉴定来证明,而不能由宫中是否留有遗诏副本来证明;如果朝廷素有诏书必留副本的规定,那在鉴定窦婴所持之诏为真后只能追究宫中管理人员的备案失职之过,但绝不能由宫中无副本推断出正本为假。这些道理刘彻的朝廷并非不知,而是有意枉曲,是强势者利用国家权力而对所要制服者的恣意玩弄。

大概当时的矫诏之罪尚未被最后确认,窦婴在狱中有一个等待的时间。数月后,窦婴听到了灌夫及其家属早已被斩杀的消息,怒气上涌,得了中风病,于是绝食欲死。但后来听到有人说刘彻没有杀掉他的意思,又开始吃饭、治病,不久就听到了朝廷讨论不处死他的消息。正当窦婴感到庆幸之时,传出了流言蜚语,牵扯到十八年前刘启改立刘彻为太子时窦婴曾力保栗太子的事情。窦婴当时为栗太子的太傅,确曾反对刘启改立刘彻为太子。听到这些事情,刘彻改变了主意,朝廷最终对他执行了弃市之刑。

刘彻本想利用窦婴的廷辩抑制田蚡,但由于母后的指责转而支持田蚡,他两次运用查验文书档案的手法,给窦婴诬造了欺君和矫诏两大罪名,将其轻而易举地置于死地。但他毕竟对窦婴的受诬心知肚明,在最后论处之时动了恻隐之心,决定留其一命,既免于良心的自责,又保留下日后牵制田蚡的力量。田蚡一伙看到刘彻无意处死窦婴,于是翻出了十八年前窦婴力保栗太子的往事到处散布,使称尊已近十年的刘彻感到了莫大的羞辱与心寒,为此而对窦婴的临法施恩失去了应有的心理支持,在某种朝中势力的推动下他同意按原定之罪处刑。

窦婴本无受死的心理准备,但他在当初听到对自己的所定罪名和灌夫受刑的消息后,知道自己被田蚡暗算,已无力回天,也因病重而感到了生的痛苦,因而绝食求死,想以此免去受刑之辱。当听到刘彻无意处死自己的消息,他绝望中感到了主上对自己尚存的一丝恩典,转而决定坚强地活下去,要等待和看到恶人的最终报应,他绝对没有想到许多年前自己守职而为的一桩往事竟成了生命的咒符。当年曾由自己铸就而已被废弃了的戈矛,在自己身陷不测时被对手搜检出来,投向了自己命运的掌控人,而这一掌控人正是自己当年铸戈相向的对象。窦婴没有等到数月后田蚡的病死,他应该是在对对手和世道的诅咒中无奈受刑的。

窦婴是窦太后的堂侄,但他曾经公开反对窦太后让刘启传位给弟弟刘武的主张,后来又在新朝助行儒术而摈黄老之学,屡次违逆窦太后,表现了一种不依家势的耿介之气。他当年在力保栗太子之位不得后数月不朝,晚年闲居在家时拒绝给田蚡城南之地,均表现了对权势的轻蔑与抗拒。他早年为大将军时将朝廷所赐千金陈列于堂下过道,让路过的军吏酌量取用;在为灌夫之事上书时,曾对劝阻的家人解释说:"侯爵是我得到的,如果由我丢掉,也无所遗憾。"表现了对名利的超常轻淡。灌夫是他拉去同赴筵席时被田蚡拘禁的,他怀着绝不让灌夫独死的心态为其辩护和连续上书,仗义而行,抗拒权势,少私而少畏,这都合于他本有的秉性。然而,在专制集权的社会中,只有权势才畅行无阻,脱离了权势的义气,哪怕是正义的伙伴,也只能在现实中凌受欺侮。窦婴始终没有看清窦太后的存在对他人生的意义,在没有了窦太后的时候他仍然以惯常的风格去行事,去抗衡那种已经与己无缘的权势,结果被权势利用不得,旋被权势所玩弄和致死。

东越馀善，狂妄自毁

　　馀善是闽越王郢的弟弟，在朝廷与闽越、南越的矛盾纠葛中，他大行投机，奸猾谋利，最终自取毁灭。

　　前135年，闽越王郢率兵攻打南越，朝廷因南越王赵胡上书之请，任王恢和韩安国两位将军征讨闽越，闽越的军队拒险防守。在双方交战已难避免之时，馀善与闽越丞相及宗族之人谋划说："汉朝人多兵强，现在即使侥幸取胜，后面还会来更多的军队，直到灭亡了我们国家为止。不如现在杀了王向天子请罪。天子听从我们而撤兵，就可以保全我们国家；如果不听从我们，那时候再奋力作战，如果不能胜利，就逃入大海。"大家都很赞同，于是就刺杀了郢，派使者将其首级送给王恢。汉朝的军队尚未越过边境山岭，就已获闽越王之首，随即罢兵。朝廷了解到，闽越这次军事行动只有繇君丑没有参与谋划，就派人前去扶立繇君丑为越繇王，主持闽越先祖的祭祀。

　　馀善杀了郢之后，在国内大逞威势，国民多依附于他，他便私自称王，繇王不能制止。刘彻闻讯后，觉得对馀善不值得再出动军队，说："馀善曾多次与郢谋划作乱，但他后来首倡杀郢，才使我们的军队免予劳苦。"于是封馀善为东越王，与繇王并列。

　　从汉朝扶立繇王前获得的情报和刘彻后来的言论看，馀善是参与了攻打南越的谋划，他是闽越王郢军事行动的支持者。然而，在汉朝两路大军南下闽越、战事即开的关头，他却煽动人们杀掉了郢。他把挑起战争、使国家受祸的责任推给了郢，又将杀郢作为免除国家祸患的出路，鼓动人们杀掉了郢；他自己则以为国免祸的主谋人出面，对朝廷又以倡杀首恶的立功者自居。

　　从事情一开始，就包含着馀善的诡计阴谋。馀善要代郢而为王，一是要有适当的机会杀掉郢，二是自己为王必须得到汉朝的认可。三年前闽越围攻东瓯，汉朝立即自会稽出兵，这给馀善以极好的启发，他认定刘彻的朝廷对边境藩邦争端极为关注,也有极为敏感的反应,于是唆使和策动了这次攻打南越的事件。汉军大兵压境,造成了杀郢的机会,又造成了他为汉献功的机会,煽动人们杀掉郢,正是馀善整个计划的一部分。

馀善大概以为,除掉了郢之后,自己顺乎其理地会成为闽越王的当然人选。没有料到汉朝不是以立功,而是以没有参与挑衅南越的军事谋划作为选择新王的根据,敦厚无欲的繇君丑被立为新王,这使馀善感到了莫大的失落和不快,他干脆借助自己在国内的影响力自立为王。地僻天子远,繇王无力统制,自己乐得尽享称王之尊,即便朝廷果然兴师追究,自己也有率众力战,不利时逃亡入海的打算。然而,刘彻事实上还感念着馀善不久前首倡杀郢的功劳,他宁愿认可既成的事实,顺势立馀善为东越王,这大概并非完全出乎馀善的预料,馀善为自己的种种筹划和盘算至此可算是如愿以偿。

然而,投机之人总是有许多投机的表现。二十多年后的前112年,南越相吕嘉杀王另立,对抗朝廷,刘彻打发五路军马南下岭南,准备围攻番禺。东越王馀善上书给朝廷,请求率八千人跟随汉朝楼船将军杨仆的军队进击南越。但馀善的军队行进到揭阳(今广东省),就以海上风大浪急为借口,按兵不动,并采取骑墙观望的态度暗中派人到南越联络。馀善大概是要坐观战局,瞅机会捞到自己的利益,所谓跟随汉军进击南越,无非是找到一个恰当的借口,把自己的部队调往南越前线,以便机会到来时便于及时出手而已。

汉军于次年攻破番禺,至海上抓获吕嘉,馀善的军队尚在揭阳未动。汉将杨仆可能察觉到馀善的某些行为,他上书朝廷,提出就便攻打东越。刘彻考虑到士卒劳困,没有允许,下令杨仆撤兵,并让各军营屯住于豫章(今南昌市)、梅岭(今广东南雄与江西大余之间的大庾岭)之处待命。当时南越已撤藩建郡,刘彻屯军边境,大概是考虑到杨仆反映的情况,要继续观察馀善的行为,以便作最后的决断。

馀善不久听说了杨仆向朝廷的请战内容,心中怀恨,遂于前111年秋扼守关隘通道,公开反叛。他封赐将军驺力等人为"吞汉将军",派他们攻入白沙(今江西南昌东北,以沙白如雪得名)、武林(今江西余干县东北武陵山)和梅岭,杀掉汉军三名校尉。当时东越的攻势非常猛烈,汉军在该地区的两位屯兵将领张成和刘齿躲在了安全的地方,未敢出击。馀善战场上得手后刻下符玺,自称武帝。他欺骗百姓,诽谤朝廷,实与汉朝已公开决裂。

　　馀善的作为已远远超过了朝廷的忍耐,促使刘彻下决心解决东越问题。刘彻以怯懦畏敌之罪处死了张成、刘齿两将,旋即派出五路大军进攻东越:横海将军韩说出句章(今浙江余姚东南),渡海从东边进发;楼船将军杨仆从武林出兵;中尉王温舒从梅岭出兵;两名南越降将分别从若邪(今浙江绍兴市南若耶溪)和白沙出兵。

　　汉朝在军事决战的前夕,派遣留住朝廷的东越人吴阳回国劝服馀善归顺,遭到馀善的拒绝。次年冬,汉军几路军马攻入东越,杨仆的部属辕终古斩杀了拒守武林的徇北将军,韩说的部队也已临近,吴阳遂率封邑内的七百人反戈,在汉阳(今福建浦城北)攻打东越部队。东越建成侯敖和繇王丑的继任者居股一起商议,最后杀死了馀善,向汉军投降。

　　馀善争得东越王,居位二十多年,由于远离京师,少有约束,养成了一种自高自大的狂妄心态。他自请出兵协助攻打南越,而在揭阳按兵不前,首鼠两端,想从中渔利,却认为无人能看出自己的伎俩。及知道汉将杨仆的相攻计划后,恼羞成怒,立即出兵报复,连忍而待时的一点耐心都丧失殆尽。也许他自认为已准备了足够的兵力对付汉军,在报复取胜后自称为帝,公开反叛。从当时的实力对比看,东越还不是汉朝军事上的对手,即使没有吴阳的反戈和繇王居股等人的起事,汉军也会最终制服馀善。馀善的反叛仅是一种不自量力的引火烧身之举。馀善自然不是一个知不可为而强为之的蠢鲁莽夫,正是那种狂妄自大的心态迷惑了对事情的判断力,把他引导到了自我毁灭的险境而不自知,及至清醒后已是万事难悔。

老相吕嘉，奸顽败越

立国九十三年的南越，在后期有一丞相，叫吕嘉，他在赵佗之后连续辅佐赵胡、赵婴齐和赵兴三代越王，最后又杀掉赵兴、另立新王赵建德，公开走上了与朝廷相对抗的反叛之路。吕嘉于前 140 年左右参与南越之政，至前 111 年被汉军自海上抓获，在约三十年的丞相之任上，他用心设防，对付朝廷，表现了一种特有的奸猾和不曾屈服的顽固。

吕嘉为相后在南越上层尽力编织自己的政治网络，并设法扩大自己的社会基础。他的宗族中当官为吏的有七十多人，男的都娶王室之女为妻，族中女子尽嫁王子兄弟及其宗室贵族，并与苍梧（今广西梧州市）秦王赵光联姻。他在南越权力甚重，广得越人信赖，心腹耳目遍及各地。以姻亲关系建成的政治网络，以及长期构筑的社会基础使他威望颇高，深得人心，南越王比之不及。他在政治上长期留意、用心而为，给自己积累了雄厚的资本，自然使自己在国内的政治斗争中具备了不败的坚实保证。

南越王赵胡因感激汉朝进击闽越的解困救助之恩，在前 135 年答应汉使者庄助要亲自去长安朝见天子，大臣们尽力劝阻，其中不会没有吕嘉。他们对赵胡说："汉军讨伐闽越，也同时是威吓南越。况且先王从前说过，事奉天子只要不失礼节就行，关键是不要听到好话，一高兴就入朝晋见，去了就难以回来，这是亡国的情势。"正是听了此言，赵胡以生病作借口放弃了入朝之事。吕嘉等大臣们的言论从性质相反的意义上解释朝廷的出兵救助，极大地降低了汉朝对南越的救助之恩，使赵胡把对朝廷的感恩之情转变为戒备之心。劝谏中又搬出了先王赵佗的一段言论，虽然难以查证，却使赵胡无法否认，最后只好听从。也许从个人和本国安全的角度考虑，赵胡放弃入京的打算不是一个完全错误的决定，而这其中丞相大臣们说服赵胡的方式却显示出了足够的机巧和诡诈。

在古代的政治文化中，权力最高层的人应该有所忌讳，要注意显示出尊者无过错的表象以保证自己的威严。南越王赵胡对允诺入京表示反悔,正好向大臣们显示和认可了自己轻易允诺的过错,即使为此保障了个人与国家的安全,也是对个人威望的极大伤害。身为丞相的吕嘉若是能顾念及此,那其劝谏本身也就正是对赵胡威信的刻意贬损,他借此足以显示自己的正确,提升自己的人望。

前113年幼主赵兴即位为王,他的母亲樛太后年轻时生长于邯郸,中原情深,劝赵兴比照内地诸侯朝见天子,刘彻也派出使者安国少季等多人入南越促成此事。赵兴和樛太后遂整治行装,作入朝的准备。但丞相吕嘉意在保持南越的独立性,反对太后之议,见自己不能谏止赵兴,遂起反叛之心。樛太后早年未婚时在长安曾与安国少季私通,这次在南越又重续旧情,吕嘉借机宣扬此事,丑化太后。他又宣扬说:"太后是中原人,一心想归属汉朝,把先朝的珍宝重器全献给汉朝天子以讨好谄媚。她带许多随从前往,准备到了长安把他们卖作奴仆,她只顾自己一时的利益,不顾赵氏的江山社稷,也不为子孙万代考虑。"吕嘉的舆论宣传使樛太后的归属行动处在了极为不利的状态。樛太后和赵兴有一次置酒款待朝中百官与汉朝使者,吕嘉进去后看见在场的侍者非同往常,太后又言语不逊,于是离席出走,出宫后让弟弟手下的兵卒护卫自己回到相府,此后称病不肯入见赵兴和汉朝使者,暗地与亲信们密谋作乱。

不久,吕嘉听说汉朝廷派韩千秋带领二千部队来南越,要策应赵兴和樛太后对付自己,他立即实施了对付措施:他首先与弟弟一起率兵攻杀了赵兴、樛太后与汉朝使者,同时派人告知苍梧秦王及各郡县,立前代南越王赵婴齐与南越妻子所生的长子赵建德为王。及等韩千秋的部队进入南越境内后,吕嘉放开大路,供给汉军军粮,让他们长驱直入。汉军距番禺还有四十里地时,吕嘉派重兵攻打,一举消灭了这二千军队。面对樛太后和朝廷的内外相迫,吕嘉采取先定内而后对外的策略,他利用自己在国内政治斗争中业已造成的诸多优势和能够控制的军事力量,出其不意地发动政变,更换南越执政人,把国家政权掌握在自己手中,之后对汉军采取诱其深入和麻痹骄敌的两项策略,将其一举歼灭。吕嘉周密部署,靖内击外,在很短的时间内解决了内外之患。事后他又把汉朝使者的符节封存匣子中,放置在大庾岭边塞之上,说了一些表示请罪的好话,同时发兵防守要害之处。吕嘉料到朝廷一定会追究杀王灭军之事,但仍未放弃争取宽恕的一丝侥幸。

刘彻果然派出五路军马讨伐南越。前111年冬,汉将杨仆和路博德抵达番禺城下,吕嘉与赵建德拒城防守,作了顽强的抗拒。两路汉军从东南和西北两面夹攻,天黑后东南一路击败守军,放火烧城,另一路则设立营帐,派使者进城招降纳叛,对降服者赐予印绶,又放他们回去招降其他人。当时东南方进攻不断加强,火势猛烈,到次日黎明,城中守军都投降了汉军。吕嘉见大势已去,于夜间与赵建德率数百人一同逃入了大海,乘船西去,想投奔苍梧王赵光。汉军从投降的高级官员那里得知了他们出逃的方向,派人追赶,终将其擒获,南越由此撤藩建郡。

吕嘉从南越集团和个人的利益考虑,拒绝更进一步地归属朝廷,走上了与南越执政者相对立和背叛朝廷的道路,他是南越后期极有心术、不甘妥协的政治强人,在刘彻以强力追求天下一统的全局中,他的成败直接影响了南越藩邦的命运。

乌孙昆莫，老年聘婚

在刘彻执政时，远在西域的乌孙国君王叫猎骄靡，王号昆莫。昆莫早年是一个极富传奇的人物，老年时因匈奴所困而向汉朝聘婚交好，开始深化了汉与西域诸国的关系。

昆莫的父亲难兜靡在位时，与月氏俱为匈奴侧旁的游牧之国，居今甘肃西北的祁连、敦煌间。后来月氏攻杀了难兜靡，夺走了乌孙的土地，乌孙之民逃至匈奴，昆莫就出生在这个时候。昆莫刚出生，由身为翎侯的乌孙大臣布就抚养。布就有次将昆莫放于草中，自己去寻找食物，回来后看见一条母狼给昆莫喂奶，又有乌鸦衔着肉在旁盘旋，布就感到很神奇，就将昆莫抱至匈奴王庭。当时的老上单于喜爱昆莫，就将他养了起来。及昆莫长大后，单于将乌孙的民众送给昆莫，让他带兵打仗，竟然经常取胜。当时月氏已被匈奴击败，王头被作为饮器，他们远涉到伊犁河流域及伊塞克湖附近一带，打败并驱赶了当地的塞族而居住下来，自称大月氏。昆莫向单于请求报父之仇，他领军西进，攻破了大月氏，迫使大月氏继续西迁至阿姆河上游，而昆莫所率领的乌孙之众则在大月氏的地盘留居下来。这年老上单于去世，子军臣单于继位，昆莫感到自己兵马强壮，不愿继续臣事匈奴。匈奴派兵攻击乌孙，没有取胜，感到昆莫有些神奇，于是不敢随便侵犯。

汉使张骞在居留匈奴和首次出使西域期间听到了昆莫的事迹及其与匈奴的关系，回国后他向刘彻建议说：乌孙原在祁连、敦煌一带，他们会留恋故土，加之贪求汉朝的财物，朝廷若送以厚礼，招致他们回到东方故地，再嫁给公主结成兄弟之好，既可以牵制匈奴，又可为西域诸国做出臣属汉朝的示范。刘彻曾对这一设想非常支持，立即实施。前119年，张骞带着三百人的使团和大批财物再赴西域，直接的使命就是联络乌孙王昆莫。

昆莫击败大月氏为父报仇，当是老上单于去世的前161年，从其统兵败敌的战绩看,这年他应不小于十八岁。如此推算,昆莫应大约生于前179年。张骞二次出使西域见到昆莫时,他已到了六十岁的暮年。这时的昆莫已没有了青年时英姿勃发的雄壮之气,他正被国内种族间和上层集团间的纠葛纷争所缠身,对汉朝的友好之请竟难以决断。

乌孙国的治所在今赤古城(今中亚吉尔吉斯之伊什提克),时称离长安八千九百里,该地先是大月氏驱赶了塞族,后是乌孙人取代了大月氏,在十余年的时间中,两换族民,但原有的居民在两次变换中并不是全部迁离,因而乌孙国的六十三万人口中仍有大量塞族和大月氏的人种。当张骞向昆莫提出回到难兜靡做君王时的祁连故地时,臣民们并没有积极地回应,这既有乌孙本族人对汉朝的不了解、对匈奴的顾忌和贪图安逸思想,也有当地原族之人的不配合。

此外,使昆莫难以决断的更要害的原因在于乌孙上层集团已有现实的分裂趋向。昆莫生有十多个儿子,中间的儿子叫大禄,性强悍,善带兵,率一万多骑兵驻屯于别处,大禄的兄长为太子,太子有个儿子叫军须靡,任官号为岑陬(zōu),太子死得早,临死时对父亲昆莫说:"一定要让岑陬为太子,且勿叫他人取代。"昆莫哀怜而许诺,最终立岑陬为太子。大禄怨恨自己未得太子之位,就联合其他兄弟,带着人众谋图进攻岑陬和昆莫,年老的昆莫担心大禄会杀掉岑陬,就给岑陬一万多兵马驻于别处,他自己也有一万多军队自卫。国家民众表面上归属于昆莫,实际上一分为三,因此昆莫对张骞的请求并不能做主决定。

昆莫无法应诺汉朝的请求,也不愿开罪汉朝,他不久派出向导和翻译送张骞回国,并派了几十位使者带着礼物回馈汉朝表谢,顺便让他们窥探汉朝的气象。当使者回国盛赞汉朝的富饶和广大时,才使昆莫对汉朝更加看重。

张骞之后汉朝出现了通使西域的热潮,一批批汉使到达乌孙,穿过其南部到达大宛、月氏等国。匈奴听说乌孙与汉朝相通,非常不满,准备进攻乌孙,只是没有找到机会。昆莫在这种内外矛盾的交困中维持了十多年。前105年时,他派使者向汉朝献马,提出愿娶汉朝公主为妻,与汉结兄弟之好。刘彻与群臣商议决定,乌孙必须先纳聘礼作为娶妻的条件。昆莫遂送来千匹马作为聘金,刘彻则选定他的侄儿刘建之女刘细君为公主,嫁给昆莫。刘建时为江都王(封地在今江苏扬州一带),因而刘细君被称为江都公主。公主出嫁时朝廷赐给大量宫中乘舆服饰,并给配备了宦官侍婢数百人,陪嫁之物极其丰盛。

昆莫在七十五岁的晚年接受了十四年前张骞的和婚之请,虽然时间过晚了些,但却表明其对汉朝立场的转变。刘彻自然是从国家关系的政治角度考虑问题,在保证中原聘娶礼仪的前提下应诺了昆莫之请,丰盛的陪嫁物既是对汉朝富足的炫耀,大概也是提前安慰少女刘细君心中的哀怨。刘彻将这次通婚看作与乌孙政治联盟的开端,也许他还憧憬着西域诸国自此对汉朝能逐步归属。然而昆莫的聘婚则另有自己的打算。他娶下江都公主为妻,作为右夫人,不久又娶匈奴女为左夫人,乌孙的习俗以左为上。由于地缘关系,昆莫对匈奴仍有畏敬之心,他聘婚于汉,其实是要在对匈奴的关系上打出汉朝之牌,想在两个强国之间寻求一种对外关系上的平衡,或许还有借此抬高自己在国内纷争中的政治筹码、镇服异己势力的企图。无论昆莫的整个行为及其用心与汉朝的政治设定具有怎样的不同,人们也不能不佩服他对国内外各种复杂关系的精到把握。他在自己生命的晚年将已有分裂趋势的乌孙政局维持了约二十年之久而免于危机爆发,应该得益于他的这类政治手段。

江都公主刘细君出嫁时应该远不到二十岁,她到乌孙后另建宫室居住,一年与昆莫会面一两次,会面时置酒同食,并以钱财布帛赐给昆莫身边之人。昆莫年老,又语言不通,公主悲哀愁苦,自己作歌云:

> 吾家嫁我兮天一方,远托异国兮乌孙王。
>
> 穹庐为室兮旃(毡)为墙,以肉为食兮酪为浆。
>
> 居常土思兮心内伤,愿为黄鹄兮归故乡。

江都王刘建可以算得上刘启孙辈中最荒淫无耻的诸侯王,她的女儿刘细君却是一位贞淑之女,且有良好的文学修养,所作歌词传神地表达了远嫁异邦的生活感受和心理哀痛,抒发了对故乡的无限思恋。刘彻听到了公主的生活状况和所作歌词也哀怜不已,他每隔一年派使者送给产于中原的绣锦帷帐和其他物品,既是对公主的慰问,大概也是聊表自己内心的歉疚。

几年后,昆莫因自己年老,让刘细君改嫁给自己的继承人岑陬。岑陬军须靡是昆莫的孙子,刘细君未予答应,向刘彻上书报告了这件事情,刘彻回答说:"朝廷要与乌孙联合灭胡,你随乌孙国的风俗办。"刘细君遂受命改嫁给了军须靡。不久昆莫去世,岑陬军须靡代立为乌孙王,刘细君为他生了一位名叫少夫的女儿后病逝于乌孙。这位温顺贤淑的公主在遥远的异邦遭遇到初婚的不幸,后又被迫承受了某种违伦再婚的心理不适,数年间就香消玉殒,她为汉朝廷的联婚外交做出了极大的自我牺牲,留下一首深痛的歌词供后人作无尽的哀思与追忆。

　　与昆莫晚年聘婚的出发点相同,刘彻对联姻之事始终是从政治需要的角度作考虑,选定公主出嫁以及指令刘细君改嫁无不是如此。刘细君逝后,他又选定楚王刘戊之孙女刘解忧为公主,让她再嫁给乌孙王军须靡。解忧公主在乌孙两次改嫁,生有四男两女,在约五十年后的前51年,以近七十岁之高龄回到长安,两年后去世,她为汉朝的联姻外交和民族融合奉献了毕生。

纪后主齐,促成荒唐

前154年吴楚七国叛乱时齐孝王刘将闾受到牵连,饮药自杀。景帝刘启认为齐国是受劫迫而为,非其本罪,遂封刘将闾的太子刘寿为齐王。刘寿的夫人纪氏为王后,生有子女数人。22年后刘寿去世,儿子刘次景于前132年继立为齐王,母亲纪氏为纪太后。

纪太后为使母家能受宠于王室,将弟弟的女儿指配给儿子刘次景为王后。刘次景不喜欢这位纪氏女,纪太后心中不甘,遂令自己的长女纪翁主(诸侯王之女称翁主。该女名失考,纪氏所生的翁主,故称此)入主王宫,来管束后宫,以阻止宫女亲近齐王,必令儿子爱上纪氏女,但刘次景与纪翁主不久竟私通成奸。

作太后的将母家女配至王室为后,属现代人避忌的近亲结婚,但在古代或无多大忌讳,如汉室薄太后就将薄氏女配与孙子刘启为婚,曾被立为薄皇后。这类婚姻可能因为当事人缺乏新异感,外在的功利性太强,常会以悲剧终结。如薄太后一去世,刘启就将无宠的薄皇后废掉,可谓"强扭的瓜多苦"。齐王刘次景不喜欢纪氏女,大概也属这类情况。

在儿子不喜欢她的侄女的情况下,纪太后让女儿入宫矫正,她要让女儿隔绝儿子与宫女的往来,而只对纪氏女网开一口。后宫的主持者本来是王后纪氏女,在纪氏女失宠的情况下,纪太后不是着力于促成小夫妻的感情,也不是着力于扶持王后在宫中的地位,而是让女儿去管束后宫。她在一对小夫妻间横插进一个人物,对纪氏女获取宠幸和取得宫中地位都是南辕北辙。

纪太后要用女儿隔绝的方法逼使饥渴的儿子投向纪氏女的怀抱,她也可能为这样的精巧安排而自我得意,但绝然没有想到,这竟促成了一对儿女间的通奸。当这一丑闻在宫中已为人风闻时,纪太后尚浑然不觉,于是乎引发出了更复杂的事态。

刘彻的母亲王太后早年在民间金氏家生有一女,号修成君,该女不属刘氏,地位稍低,故深得王太后的同情和照顾。修成君的女儿叫娥,王太后想把这位外孙女嫁给一位诸侯。前127年时,皇宫中来自齐地的宦者徐甲请求去齐国,说他必会使齐王上书向娥请婚。王太后高兴地答应徐甲去齐国促成此事。当时朝中走红的主父偃知道徐甲去齐国为齐王娶后之事,也吩咐徐甲说:"事情办成后,拜托让我的女儿为齐王后宫。"徐甲到了齐国,暗示了朝中王太后与主父偃的意思,未料纪太后闻之大怒道:"齐王是有王后的,后宫也齐备,主父偃是什么人,也想让他的女儿充当后宫!况且徐甲是齐国穷人,没有办法了才去当宦官,侍奉汉皇,没有捞到好处,又想扰乱我们王家!"碍于上下卑尊,纪太后只是没有骂王太后而已,徐甲非常尴尬地离开了齐宫。

徐甲等朝中诸人原本不知道齐国宫中丑事,对刘次景的婚配实情大概也未了解,因此才有前面联姻充宫的想法。遭到纪太后数落后,徐甲一定是打听探明了有关情况,他回京后不失机警地对王太后还报说:"齐王愿意娶娥,但有一点不妥,恐怕有燕王那样的事情。"燕王刘定国与父妾和自己的三个女儿通奸,灭口杀人,刚在上一年被处死前自杀,臭名昭著。王太后一听此言,立即嘱咐说:"以后不要再提嫁女给齐国的事情了。"但齐宫丑闻也渐渐传到了刘彻耳中。

纪太后认为儿子已有王后,宫中充实,有心拒绝王太后与主父偃的所请,也未尝不可,但她不是以恭谦的姿态婉言相辞,而是对王太后以外的人破口相骂,使传话的徐甲十分难堪,自然造成齐国王室与汉皇室的嫌隙。她是在家有丑闻和犯禁之罪的情况下攻讦汉室与朝臣的,尽管这一攻讦是针对婚配私事而发,但恶化了与长安的关系,便将齐国置放在了危险之地。

果然,那位自称倒行暴施的主父偃不久即向刘彻提出了关于齐国的许多问题:一是齐国地大赋多,富比长安,而其现今王室不是皇家亲近子弟;二是当年吕雉执政晚期齐国就最早发生异动,后来吴楚七国叛乱时齐国也几乎参与;三是齐王刘次景与纪翁主乱伦通奸。刘彻认可了主父偃的看法,让主父偃去齐国担任丞相,以主持审理宫中诸事。主父偃奉命到了齐国,加紧提审协助刘次景与纪翁主通奸的宦者,要他们写下为齐王牵线引路的供词。眼看案件已牵出了刘次景,这位年轻的齐王怕被朝廷捕杀,乃饮药自杀。因刘次景没有后嗣,齐地遂撤国改郡,并入汉朝。

想必当主父偃受命审理齐宫之事时,纪太后才知道了发生在自己身边的乱伦丑事,但已难于掩饰,悔断衷肠。齐国改郡后纪太后被废黜。虽然主父偃不久亦被处刑,但纪太后为自己对儿子的强迫婚配,为矫正后宫的荒唐手段,也为拒绝京师婚姻的冲动之举,总之为几起不理智的蠢行付出了巨大代价。

在刘彻执政的年代,发生于齐国的此类丑事在各诸侯国和王公贵族中已非个别事件,它反映出:上层社会的奢靡和享受,以及由此带动的风气转变,已经催生出了人们道德心理上的腐败。由于政制的种种疏漏,社会在走向繁荣兴盛的时代,也正在暗生出自身的否定因素。

淮南反叛,久谋不发

前 122 年,朝廷发觉了淮南王刘安有反叛图谋,派员前往处置,刘安闻讯自杀。根据事后朝廷揭露的情况,刘安的反叛准备了十多年,但筹划多年的反叛却一直谋而未发,反叛首犯也不是在举兵溃败后途穷受毙,而是在朝廷审讯前自戕而亡,这的确是很蹊跷的事情。

刘安是前淮南王刘长的儿子,前 174 年时,刘长因谋反罪被黜王位,自杀于徙蜀途中。执政的同父兄刘恒伤于亲情之失并为平息舆论。于前 172 年封刘长的几个儿子为侯,八年后,刘恒又封刘长见在的三个儿子为王,其中刘安为淮南王,刘勃为衡山王,刘赐为庐江王,三王尽得淮南故地。前 154 年朝廷平定吴楚七国反叛后,执政的刘启将刘勃改封为济北王,刘赐为衡山王,刘安为淮南王未变,一直到刘彻执政之时。

刘安好读书,善鼓瑟,尤工词赋,不喜欢射猎跑马,他想为百姓干些事情,留名天下,曾招致许多宾客,编成《淮南鸿烈》(亦称《淮南子》),他是西汉时代一项文化建设工程的成功组织者,但也是误入政治领域而又在此受诬丧命的失败者。

按照史书的记载,淮南王刘安认为他的父亲刘长是无辜蒙罪的,一直为父亲之死埋怨朝廷。这种不平之心常使他对朝廷心存不满,伺机对抗。前 154 年,吴楚七国反叛时,吴国派使者来策动刘安一同行动,刘安即欲发兵响应,只是因为淮南丞相诱骗掌控了王国的兵权,拒绝发兵,加之朝廷派部队临近边境,淮南才按兵未动。

在刘彻执政的第三年,前 139 年,刘安入京请朝,其间与武安侯田蚡深相交好。田蚡时为太尉,在刘安离京时他送至霸上(今西安市东霸水旁),对刘安说:"现在皇帝没有太子,您是高祖皇帝的亲孙子,施行仁义,天下有名,假如皇帝某日驾崩,除了您还能拥立谁呢?"刘安闻言大喜,送给田蚡很多财物,暗中交结宾客,笼络百姓,有心取政。

前135年时,天上出现了很长的彗星。古代的星象术认为彗星出现是灾祸的预兆,刘安心中疑惑,有人对他说:"先前吴楚起兵时,彗星几尺长,尚且流血千里,现在彗星从天这边伸到那边,天下争战的规模会更大。"刘安以为刘彻没有儿子,一旦天下有变,必然诸侯纷争,于是就打造军械和进攻的武器,并积聚钱财收买天下游士和奇异人才。也有些人投合刘安心意,胡说八道奉承刘安,刘安赏给他们金钱,受到纵容后又作更多的战争准备。刘安远离长安,为了了解朝廷情况,他又打发爱女刘陵常驻京城,刘陵既聪明,又有口才,刘安给她很多金钱,让其结交刘彻的亲近之臣,打探朝中消息。

刘安是刘彻的叔辈,封侯时八岁,应该是前179年出生,大刘彻23岁,只因刘彻在位多年未生男孩,他就有心做皇帝的继位者;他还轻信别人关于彗星预乱之言,图谋在战乱中大捞一把,就做起了争战夺位的准备。这不知是刘安做事的荒唐还是事后人们推测的荒唐。刘安的备战目标似乎并不是要直接推翻现政权,然而,按照古人"人臣无将,将则必诛"的推测,刘安的战争准备已构成反叛,属于必诛之列。

据说刘安已经料到了私自备战的危险性,于是想在朝廷的无所知觉中进行,为此又做了保密的策划。他的太子刘迁娶了刘彻的外甥女为妃,刘彻的生母王太后早年在民间生有一女,号修成君,刘迁的妃子正是修成君之女。刘安怕太子妃将自己备战之事泄露给朝廷,遂父子筹划,让刘迁假装不爱妃子,三月不同床;刘安又佯装为此怒恨刘迁,逼使刘迁与妃子同房三月,而刘迁始终不接近妃子。经过这番表演,妃子请求离开淮南国,刘安遂上书皇家,表示道歉,最后送走了妃子。刘安本人不愿落下疏远皇家的嫌疑,于是与儿子巧演"双簧",终于逼使妃子离去,这一措施仅仅是为了保证他们打造武器的备战能在秘密状态下进行。

淮南国的造械备战最终还是被泄漏出去了。刘迁喜欢击剑,自以为人所莫及,他听说郎中雷被剑术超群,就招来雷被欲与比试,这是前124年的事情。雷被在击剑比赛中一再退让,最终还是误伤了刘迁。刘迁大怒,在刘安面前诋毁雷被,刘安即让郎中令罢免了雷被,雷被遂跟着从军击匈奴的人到了长安,他向朝廷上书报告了淮南国的事情。汉代崤山以东发生的重大案件,多在河南郡就近审理。朝廷大概并未弄清淮南犯禁事情的程度,就交河南郡查处,让逮捕刘迁。朝廷的安排表明,淮南国的违禁之事至少已被部分泄漏,刘安父子的行为已引起了国家最高当权者的警觉,由此也引发了刘安数度起事的图谋。

朝廷欲逮捕淮南国太子刘迁,使淮南国与朝廷的关系开始紧张,刘安与王后荼准备发兵对抗,保住太子。一连计议了十多天,决定不下来。当时淮南相要执行朝廷决定,主张将刘迁送至河南郡受审,而都城寿春的官员则保护刘迁,不让将刘迁送走。在双方僵持不定时,朝廷又来诏令,让就地审讯刘迁。淮南相大概是不相信后一诏书,或者是他不认为就地审讯的严肃性,总之要坚持将刘迁送河南郡,刘安不满淮南相的做法,于是上书以其他事由控告丞相。在朝中廷尉审查刘安所奏案子时,反而牵连出了刘安的其他事情,朝廷公卿要求逮捕刘安,刘安打听到朝中的消息,非常恐慌,他听从儿子的筹划,在朝廷使者到来时,让人穿上卫士的衣裳,持戟站于庭中,准备一有异常情况就刺杀使者,然后发兵。但汉朝中尉殷宏到来后却和颜悦色,只询问罢免雷被的事情。刘安觉得没有什么异常,也就没有行动。

殷宏回朝后报告了情况,朝中公卿认为刘安无故罢斥雷被,又不迅速执行遣送刘迁的诏令,应当杀头示众。刘彻认为不可。公卿们又建议废弃其王号,刘彻仍予拒绝。公卿们再请削去淮南五县,刘彻批准削去两县,让殷宏去淮南国宣布。刘安当时不知朝廷的最后决定,听说朝使复来,又暗中准备上次的行动,但殷宏来后,仍无意外情况,刘安亦未谋刺使者。事后刘安悲伤地说:"我行仁义而被削去两县,深感羞耻。"自此,他暗中的军事准备愈益加快,常召集伍被、左吴等宾客,看着汉朝地图,商议兵力的部署和行军路线。当时伍被认为淮南国的军事行动无论从客观形势还是力量对比上都没有任何成功的条件,他对刘安痛加劝阻,但并未说服刘安。

刘安有一位庶长子刘不害,年长于刘迁,刘安对其不以为子,刘迁不以其为兄,朝廷提倡"推恩"之策,诸侯的儿子都可分得土地,刘不害却未能获得。刘不害的儿子刘建力强气高,对父亲遭受的歧视深感不满,他暗中与外人结交,欲毁败叔父刘迁,以便使父亲取代太子之位。刘迁知道此事后,几次抓住刘建笞打。刘建知道刘迁先前要刺杀朝臣殷宏的事,遂于前123年上书告发。刘彻闻讯,即让廷尉交河南郡查究此案。朝臣审卿是辟阳侯审食其的孙子,审食其当年被刘安父亲刘长椎杀,审卿正与丞相公孙弘相善,他有心报仇,就向公孙弘夸大淮南国的事情,公孙弘怀疑刘安有叛逆之事,责令河南郡穷究严查。河南郡审问刘建,供出了刘迁及其朋党,使事态进一步扩大。

刘建受审,刘安认为淮南的违禁之事已难隐瞒,惊慌之下,又欲发兵对抗。他不听伍被的劝阻,令官奴入宫为伍,刻制皇帝玺及官员印章,并派人入京刺杀大将军卫青,且暗中筹划布兵与行军路线。他怕发兵时淮南相与高官们不服从,决定制造宫中失火事故,借救火杀掉高官;还准备制造"南越兵入界"的舆论,借口迎战南越而起兵。

在刘安起兵计划未决时,前122年朝廷发出了对刘迁的逮捕令。刘安闻讯,想招来相国、内史和中尉杀掉,然后起兵。内史借口外出未来,中尉推说要见朝廷使者也不愿前来,刘安觉得单独杀掉相国无济于事,就将已到来的相国送走。刘安对是否发兵犹豫不决,刘迁觉得发兵未到时机,且朝廷未必能证实谋刺殷宏之事,提出愿意前往应捕。刘安自知举事没有把握,也想苟且偷安,就同意刘迁受捕。不料刘迁临事自刎,没有死去,而危急关头伍被自首投案,刘安的先前行为遂全部暴露。

朝廷派官兵逮捕了刘迁和王后荼,包围了王宫,寻捕了所有参与谋反的宾客,搜出了谋反的器具以及准备好的文告、符节、印玺和地图。朝中公卿大臣和王侯们受命讨论此事,均认为刘安大逆不道,反状明白,应当伏法。丞相公孙弘和廷尉张汤把这些议论报告给了刘彻,刘彻派管理皇族事务的宗正持符节去受审刘安,刘安闻讯自杀,王后荼与刘迁等参与谋划者被灭族,伍被也因张汤的坚持而被诛,淮南国被废黜而改为九江郡。

衡山王刘赐曾与刘安有过过节与隔阂,听说刘安备战,他恐怕为其吞并,也作了些自我保护的准备。前124年他入朝时路过淮南,与刘安推心置腹,除却前嫌,于是借口有病放弃入朝,约与刘安一同行动,在刘安事发后一并受到追究,亦自杀而死,衡山许多官员宾客被灭族,其国被改立为衡山郡。

刘安自前139年与田蚡结识相约,十七年间似乎一直在做着战争的准备,但至前122年自杀,他始终没有公开起兵对抗朝廷,这算得上自古罕有的反叛。他有几次谋刺朝廷使者的计划,也有几次扣留和杀害淮南相国等官员的筹谋,最终都没有真正实施。按照朝廷公布的罪状和史书对罪状的记载,刘安心里一直是有叛逆图谋的,他只是在绝无成功把握的情况下一次次放弃了起兵反叛的图谋,他是一位政治上野心颇大而无丝毫决断力的人物。

事实上,刘安从来没有具备过以军事手段推翻西汉政权的基本条件,因为刘彻的朝廷从来没有沦落到不堪一击的虚弱之地。同时,在刘彻无子时由刘安来继位也显然属天方夜谭的玩笑话,因为即便刘彻终生无子,也有他许多兄弟见在。如果刘安十多年来一直心存幻想意欲谋取国家最高权力,不惜冒最大的政治风险而暗中备武,那他就是一位不识时务的莽汉,而这一形象与他至死没有反抗及决断力的缺乏似乎极不吻合。刘安十多年的军事准备仅仅起到了为自己制造谋反口实的作用,难道他就不能在临死关头做出像样的孤注一掷?

一种可能的情况是,刘安重蹈了他父亲刘长的覆辙。刘长当年的谋反之罪其实并无令人信服的实据,而刘安与当朝执政者缘亲已疏,他对朝廷心存怨望,自有隔阂;刘彻的朝廷正有心打击贵戚强族,强化集权。在有若干告发者的情况下,抓住几个嫌疑线索夸大利用,借以治罪黜国,也在情势之中。于是送归太子妃的无奈成了一种证实反叛的"双簧"诈术,束手待毙成了一次次的反叛未发。用反叛的色镜去看待刘安,这位学术工程的组织者就成了一个长期筹划反叛,又一次次在彷徨中放弃行动的政治上的无识无能之人。

太子"反叛",冤案惊天

崇尚鬼神观念的汉朝人深信,把意有所指的木偶人埋于地下,让巫师以邪术诅咒,会加害于意指之人。这种邪术被称为巫蛊。前91年,66岁的刘彻已进入他生命的最后四年,不时虚弱多病,经常要去距离长安约百里的甘泉宫(今陕西淳化西北甘泉山上)养疗,他怀疑自己的病是身边的人巫蛊祝诅,在江充的上奏请求下,他委派其查治巫蛊。江充狐假虎威,诬陷无辜,终于造成了刘彻晚年宫廷中的惊天大冤案,39岁的汉太子刘据成了巫蛊之祸的最大牺牲品。

江充是赵国邯郸人,本名齐,他的妹妹善于鼓瑟歌舞,嫁给了赵王刘彭祖的太子刘丹,江齐遂成为赵王的上客。刘丹与自己的同母姊及父王后宫通奸,他怀疑江齐将此事告知了父王,派人逮捕江齐,最终抓获了江齐的父兄,当街斩杀。江齐逃脱追捕,于前94年秘密西入关中,更名为充,向朝廷告发了刘丹的淫乱之罪,刘彻派郡史抓捕刘丹,下狱查治,最终废掉其赵太子之位。

刘彻当时在上林苑中的犬台宫召见了江充,他见江充穿着大方,衣冠特别,身材高大,容貌甚壮,感叹"燕赵多奇士!"与其谈论当世政事,很感愉快。刘彻派江充出使匈奴,因其能随机应变,返回后任为直指绣衣使者。"直指"指处事无所阿私。这些人奉命穿上绣衣,持斧仗节,号称使者,查办关中盗贼,并督察朝中近臣贵戚的违法之事。两三年的时间中,许多受江充弹劾者被没收车马、待罪从军,不少近臣侍中被禁止出入宫殿,贵戚子弟们非常惶恐,皆向刘彻叩头哀求,愿交钱赎罪,北军因此得钱数千万,刘彻以为江充忠直不阿,非常满意。

朝廷修有长安至各地的驰道,供皇帝车马专用。江充有次发现一位公主在驰道上行使,挡住责问,公主说有太后之诏,江充放掉公主,其余随从车骑皆依法没收。另有一次,江充去甘泉宫时碰到太子家的使者乘车马行于驰道,即带去交法吏处治。太子刘据听说后,派人向江充求情,并致歉说:"并非舍不得车马,实在是不想让君父听到此事,认为我平时不教管身边人,还请江君宽宥。"江充并未听从，并将此事告诉了刘彻，刘彻赞赏说："为臣就应当这样。"对其更加信用。

刘据是前128年卫夫人所生的嫡长子，刘彻29岁时迟得此子，非常疼爱，前122年在其七岁时立为皇太子，并立卫夫人为皇后，请东方朔为神灵作祝辞，后请国内大儒对其教授《公羊春秋》、《穀梁》等经典，二十岁行冠礼就宫时，刘彻为其在长安东五里处建博望苑，让他从其所好，结交宾客。他们父子间长期以来少有芥蒂，刘据在刘彻身后接班为帝似乎毫无问题。

公孙贺父子因巫蛊之狱于前91年初被诛后，江充揣测刘彻之意，奏言宫中有蛊气，声称刘彻的疾病是巫蛊作祟。在刘彻的授命下，他带领将官韩说、御史章赣、内侍苏文等人清查宫中巫蛊。江充等人常毁坏宫中御座，掘地寻找埋于地下的木偶人，他们还领着胡地巫人寻找鬼怪，指认蛊物，逮捕夜间祭祀之人，有时染污土地、伪造祭祀之处。对稍有怀疑者收捕验证，以烧红的铁钳灼烫之，强迫其服罪。民间一时以巫蛊罪互相诬告，前后判刑处死的达数万人。

三年前，刘彻的钩弋夫人赵婕好怀孕十四个月后生下皇子刘弗陵，刘彻听说古圣尧是怀孕十四个月出生的，就把赵婕好所住的钩弋宫命名为"尧母门"，其对刘弗陵的钟爱可想而知。这一举措可能引起了不少朝臣对刘彻心意的揣测和对刘据太子地位的另外预期，刺激了江充的投机心理。江充追查宫中蛊气，先从后宫无宠的夫人下手，以次查及皇后，七月份在太子刘据宫中挖出了桐木人，得到蛊物。刘据不知该如何对付，召少傅石德请教。石德身为太子之师，怕身受牵连，对刘据说："此前公孙贺父子及两位公主因巫蛊罪被杀，现宫中得到蛊物，人们不知是别人放置的，会以为实有其事，我们无以自明，不如矫制符节，收捕江充等人入狱，惩治其奸诈之罪。况且皇帝病于甘泉，皇后及家吏去请安皆无消息，其存亡不得而知。奸臣如此作恶，您难道不记得秦朝诈杀扶苏的事情了吗？"刘据情急之下同意了石德的建议，他立即派宾客称朝廷使者收捕江充等人。韩说怀疑使者有诈，不肯受诏，被宾客格杀；御史章赣受伤逃归甘泉宫。刘据抓来江充骂道："贱奴，你害了赵王父子还不够，又来害我们父子！"他亲自看着将其斩杀，又将胡巫在上林苑中烧烤毙命。

江充依靠刘彻的信任，借清查宫中巫蛊之任滥施淫威，他看到刘彻年老，也惧怕太子刘据执政后报复昔日之怨，遂以巫蛊之事相陷害，刘据在难以自明和不知父亲生死消息的情况下以特殊手段收捕江充等人，痛除奸恶，实是一种无奈的自我保护,也是预防父皇驾崩的危机措施,虽有矫诏之过,但根本上没有反叛之心。

刘据让家臣无且持符节连夜进入未央宫长秋门,通过宫中女官倚华将事情报告给母后,大概是征了卫皇后的同意吧,刘据调集天子内厩的战车和射箭手,搬出皇家武库的兵器,集合长乐宫的卫兵,让自己的宾客统领,立即攻取了丞相府,一时控制了长安城。刘据还向朝中百官宣告:皇帝在甘泉宫病困,疑有变故,奸臣江充作乱被斩。因为甘泉宫的情况不明,刘据似已做好了应变的准备。

丞相刘屈氂在兵围相府时只身逃出长安,丞相长史危急中乘驿站快车去甘泉宫报讯。刘彻听说后问长史:"丞相干什么?"长史回答:"丞相不明情况,未敢发兵。"刘彻怒斥说:"事已至此,如何不明?丞相没有周公的风度,周公不是诛杀了反叛的管蔡吗?"他写给刘屈氂盖玺的诏书:"捕捉并斩杀反叛之人,自有赏罚,用牛车参战,不要短兵相接,避免过多杀伤士众。紧闭城门,勿让反叛者逃脱。"刘彻一定是在接到太子宫掘得蛊物的报告后,怀疑儿子要置自己于死地,抢位夺政。在怀疑不能被证实,也不能被消除的情况下,他听到了刘据在长安矫诏起兵、杀使逐相的事情,于是确定地认为刘据已经反叛,进而也认定了刘据想以巫蛊置死自己的歹毒之心,于是恼恨交加,向丞相下达了平定叛乱、捕杀反者的诏令。诏令中没有提反叛者的名姓,但对太子刘据的意指是十分清楚的。刘彻怕平乱中事有闪失,自己从甘泉宫来到长安城西的建章宫,发诏征调三辅京畿部队,由丞相刘屈氂统领,进入长安平乱。为防止刘据冒用符节,他将以前纯赤色的符节加黄旄做出区别。刘彻在此是下定了制服刘据、平定叛乱的决心,并做出了强有力的部署。

情况不明的刘据见城外部队攻入,一连采取了多项强兵措施。其一,他伪造诏命,赦放了长安各官府的囚徒,发给武库的兵器,命少傅石德和宾客张光统领抵抗。其二,他派一名叫如侯的囚徒持符节征调驻于长水乡(今陕西户县东)和宣曲宫(今西安市西南,汉昆明池西)的匈奴骑兵。骑兵已整装待发,未料侍郎马通赶来,对这些匈奴人说:"符节是假的,不要听从。"马通斩掉了如侯,引骑兵进入长安,又征调昆明池的划船手,交朝官商丘成统领。这支部队入长安后,反成了攻击刘据的力量。其三,刘据驰车至北军南门外,招来监军使者任安,让他调京师卫戍部队助战。任安曾经为卫青舍人,被荐为益州刺史,又曾任过太子太傅,与刘据关系应非一般。这位与司马迁相友善而常有书信来往的人物一定是深明朝中规矩,也料想到了擅自发兵的利害,他接受了符节,却关闭军门,不肯听从刘据。刘据两处调兵不成,遂驱使长安市民数万人至长乐宫之西,与刘屈氂统领的军队作战。但长安城中传言太子反叛,许多百姓不肯附和刘据。双方在城中大战五天,死者数万,血流入沟,张光被商丘成斩杀,少傅石德为长安平民景建俘获,刘据力不能支,奔至城东南欲逃,当晚丞相属下司直田仁守城门,田仁曾当过卫青的舍人,受卫青荐举而为官,他大概是有心放纵,并未阻拦,刘据遂得逃脱。

刘屈氂平定了长安后,即欲斩掉放纵太子的田任,御史大夫暴胜之说:"司直,是二千石的官员,应当请示皇帝,怎么能擅自杀掉呢?"刘彻听后大怒,责问暴胜之说:"司直放纵反叛者,丞相按法斩之,你凭什么擅自阻止?"暴胜之闻刘彻之言,惶恐自杀。另外,刘彻认为北军使者任安接受刘据符节,是怀有二心,将其与田任一同腰斩。马通、景建和商丘成作战有功,均予封侯。刘彻派人去收缴卫皇后的玺绶,卫后自杀,被用小棺埋葬于城南桐柏亭旁。刘彻还将太子宾客中时常入宫门者全部诛杀,随太子发兵的人灭族,受劫略的吏卒全部徙贬敦煌郡。刘彻盛怒不息,对跟随太子行功的人作了严厉的处置;同时又屯兵长安诸城门,以防备逃亡在外的刘据。

长安平定后,刘彻怒气未消,群臣忧惧不知所措,这时,壶关(今山西黎城东北太行山口)负责地方教化的乡官令狐茂上书给刘彻,他有针对性地讲了许多父慈子孝的道理,认为"子无不孝,而父有不察。"他指出了江充的一贯恶行以及对太子的诬迫,认为:"太子进则不得上见,退则困于乱臣,独冤结而无告,不忍忿忿之心,起而杀充,"认为刘据是在进退不得的情况下盗来君父的兵权以救难自免,并无反叛之心。希望刘彻宽心慰意,体察父子天性之亲,罢弃甲兵,不要让太子长久逃亡在外。刘彻看到此书,开始有所感悟,他也发现太子宫中的巫蛊之事有一些不实之处,但一时不知如何处置这样的局面。

刘据是同他的两个儿子一道逃离长安的。刘据16岁时娶鲁地史姓女子为良娣(比妃低一等),称为史良娣,生三男一女,长子刘进号史皇孙,后来娶涿郡蠡吾县(今河北高阳西南)名翁须的王姓女子为妃,巫蛊事变前不久生有一子刘病已,称史曾孙。史良娣、史皇孙刘进、皇孙妃王翁须及皇女孙事变后一并死于长安,史曾孙刘病已随众入狱,刘据与两个儿子一起向东逃至湖县(今河南灵宝西),藏匿于县西的泉鸠里一平民家。主人家贫,自制麻鞋出售以供给刘据日用。刘据本有熟悉的故人在湖县,听说其人富裕,就打发人招来相见,他的藏匿地于是被发觉,官吏率兵围捕,刘据感到无法逃脱,遂进入内室上吊自杀。这家主人与来捕的兵将格斗致死。兵卒张富昌踏开房门,新安县令的助手李寿急忙抱起刘据解索,但已救之不及。两位随行的儿子一并遇害。这是八月辛亥日,长安交战二十多天后的事。刘彻闻讯后伤感不已,下诏封李寿、张富昌为侯,表达了他的悔意。

巫蛊之事多有不实,刘彻已感到刘据无反叛之意。负责高庙卫寝的田千秋上书再次为刘据申冤,认为太子矫诏发兵,只是儿子玩弄父亲兵器的过失,并不构成罪责。他说:"我曾梦见一白头翁让我说这话。"刘彻召见田千秋,见其体貌魁梧,心中甚喜,对他说:"父子之间的事,人很难说清,只有你说明了其间的道理。这是高帝庙的神灵让你教给我的,你应该做我的辅佐。"当即拜田千秋为掌管少数民族事务的大鸿胪。当时被收监的曾孙刘病已被狱吏保护了下来,刘彻感慨道:"这是上天的安排。"不久,他将江充灭族,将江充的助手苏文架于长安城北桥上焚死。在泉鸠里领兵围捕刘据的将官,前已被任为北地太守,现改判为灭族。他特将刘据与两位皇孙葬于湖县,并在旁建造思子宫和归来望思台,以表达哀思,这使天下百姓也闻之伤悲。

事后人们回忆起,事变前一年的秋七月,赵国有蛇从郊外跑入城中,与城内的蛇群斗于汉文帝庙下,城中蛇死。人们认为这是赵人江充陷害刘据的先征。深具天人感应观念的当朝之人总能从自然界的纷乱万物中找到作为社会事变先行感应的事件,而心中表达出的,是对巫蛊事变的惊骇,是对城内之蛇的同情和对赵郊之蛇的怨望,同时也包含有对当事者麻木于上天警示、未能避免江充之害的一丝遗憾。

刘据死后第二年,内者令刘穰告发丞相刘屈氂指使夫人多次以巫蛊之术诅咒君主,并揭发他接受贰师将军李广利之托,欲谋立昌邑王刘髆为太子的事,刘屈氂被载于厨车中游街示众,旋被腰斩,其妻子在长安被当街枭首,李广利是刘屈氂的亲家,除他在前线投降匈奴未得追究外,其宗族全被诛杀。应该说,刘彻迅速处决了刘屈氂及他的家族,与刘屈氂前不久率军击败刘据、迫太子逃亡自尽有很大关系。刘屈氂统兵攻城固然是刘彻的授命,但刘彻自己已经反悔,他不能惩罚自己,恨无所出,只能将领命者处置以泄愤,也可算作对太子阴魂的一点交代。刘屈氂一案固然有巫蛊诅上之因,但刘彻已不屑于认真查究;昌邑王刘髆是刘彻之子，被立太子也并非不可。刘彻要处置刘屈氂，真正的原因不好说出，那就必然要寻找其他的事情作为究罪的理由，而请立刘髆也就成了可究之罪，巫蛊之事的告发更将其置于有口莫辩、死有余辜之地。

刘据死后不久朝廷即处死了刘屈氂，当时匈奴单于对汉朝廷的政局诡谲深感不解，专门就其中的缘由询问汉使者，汉使回答说："那是丞相私自与太子争斗，太子发兵欲诛丞相，丞相诬陷太子，所以要诛杀丞相。太子发兵是儿子玩弄父亲的兵器，是应当受鞭笞的小过错。"使者的回答是对外的，正反映着朝廷后来对事情性质的认定，其中掩饰了刘彻本人的责任，也表明刘彻对支持刘屈氂的反悔。处死刘屈氂后，担任大鸿胪才数月的田千秋接任丞相，不久被封富民侯。史家班固认为："田千秋没有突出的才能与学识，也没有功绩和资历，只因为以言语感悟君主，数月间取得相位与侯爵，为当世未尝有之事。"其实刘彻提升田千秋和斩杀刘屈氂，其真正的原因是共同的，那就是对爱子阴魂的慰藉。

刘据受逼自杀是刘彻一朝的最大冤案，也是刘彻长期信奉神仙鬼怪而结出的恶果。刘据在受到奸臣诬陷、求脱难得而又不知君父存亡的危急关头，毅然担当国储之任，使用特殊手段组织力量，除锄奸恶，以谋自免，未料却陷入了违背君父意志的不利境地，构成叛逆之名。他受害于巫蛊之祸，欲除奸而构逆，被君父组织和支持的武装力量所致死，使汉朝的历史发生移易，给晚年刘彻的心中划上了一道抹不掉的血痕，也给人们留下了无尽的悲戚。

关于巫蛊事件，《资治通鉴》上记载了一出特别的史料：刘据长大后性情仁厚温和，刘彻嫌他缺少才干，不像自己。刘彻后来移宠于李夫人等妃子，又有了另外几个儿子，卫皇后和刘据就因宠爱衰减而不安。刘彻觉察后，对大将军卫青说："汉朝诸事处于开创阶段，加之四夷侵凌，我不变更制度，后世没有准则；不出师征伐，天下不安，为此就得劳民。假如后世像我这样，就是沿袭秦朝的亡国之路。太子稳重好静，必能安定天下，不让我担忧。要寻找遵守先王法度的君主，没有比太子更贤明的了。听说皇后与太子内心不安，你可把我的意思转告他们。"卫青遵命转告，皇后听说后，曾忠诚地向刘彻道谢。刘据多次谏阻征讨用兵，刘彻总是笑着说："我担当劳苦，把安逸留给你，不是很好吗？"

刘彻每次出巡，常把朝中事务托付刘据，宫内事务交付皇后，刘彻回后听取重大事情的汇报，未表示过异议，有时干脆不听汇报。刘彻用法严厉，多任严峻苛刻之吏；刘据为人宽厚，对许多判决给予平反或减刑，虽然颇得民心，但法吏之臣都不高兴。卫皇后告诫太子"要顺从皇父旨意,不要擅自放宽",刘彻听说后,认为太子对而皇后错。大臣中的宽厚者都依附太子,而执法严酷的人却对刘据多有诋毁。自前 106 年卫青去世后,朝臣们因为太子没有母家作依靠,变相罗织罪名陷害刘据。

刘据有一次谒见皇后,过了很久才出来,皇门太监苏文向刘彻报告说:"太子调戏宫女。"刘彻于是将刘据的宫女增加到二百人。刘据后来知道了实情,很恨苏文。皇后让刘据报告父皇,处死苏文,刘据说:"只要我不犯过错,何必怕苏文?父皇聪慧圣明,不会听信邪恶之言,不必忧虑。"刘彻有次生病,派太监常融去召刘据,常融回来后报告:"太子听说您生病,面露喜色。"刘彻默然无语,等刘据来到,见其面有泪痕,却假装又说又笑,刘彻感到奇怪,暗中盘查后得知了真情,于是杀掉了常融。

这些史料反映了刘彻与刘据父子两人执政理念的不同及其引起的朝政分化。刘彻既有护犊之心,又不失对继任者的戒备,而刘据在母家势衰和母后失宠之后,受到的是更多的诋毁和诬陷,直指绣衣使者江充不买刘据的求情之账,反将事情报告刘彻,后来策划了对刘据的巫蛊陷害,都不是孤立的事件。巫蛊冤案是在一种复杂的政治背景下,朝中酷吏借用最高当政者强烈的鬼神观念而点燃的直投刘据的爆筒。

因功成罪，马通谋反

在刘彻临逝前数月，宫中发生了一次谋反、谋刺事件，主事人即是在巫蛊事变中因功封侯的马通。

马通是战国名将马服君赵奢的后代，因先人作二千石的高官，汉武初年全家从邯郸移居关中茂陵。公元前 91 年七月的巫蛊事变中，太子刘据为战胜丞相刘屈氂的部队，派长安囚徒如侯持符节去征调屯居长水乡（今陕西户县东）等地的匈奴骑兵，在骑兵已整装出发时，时任朝中侍郎的马通追赶来斩杀了如侯，他告知士兵说如侯所持符节是假的，遂将这队骑兵及周围水兵部队引入长安，交给大鸿胪（掌管诸侯及少数民族事务的朝廷九卿之一）商丘成，致使京城中刘屈氂的力量大增，刘据兵败出逃。刘彻进入长安后，认为马通斩获反将如侯，立有大功，封其为重合侯，一同受封为侯的还有商丘成，以及斩获太子少傅石德的长安男子景建。

次年，朝廷派李广利率大军出兵匈奴，马通受命率四万骑兵自酒泉出天山，升任御史大夫的商丘成率两万军队出西河（治所平定在今内蒙古东胜境内）。马通出兵天山后，匈奴派大将偃渠和两位呼知王率两万骑兵邀击汉军，见汉军兵强，遂领兵离去，马通之军无所得失而还。

马通这次显然是因宠幸而被任将出征的，未料他出军期间，国内政局发生了极大变化：主要是朝廷没有任何事实能证实上一年的刘据巫蛊案是真实的。壶关的乡官令狐茂、负责高祖庙宇卫寝的田千秋均上书为刘据申冤。刘彻初有感悟，后来他的认识发生了转变，认为太子刘据根本无反叛之意，遂将江充全家灭族，原巫蛊事件后因功封任的多人都被处死，丞相刘屈氂夫妇也因被人告发的其他事情被腰斩和枭首。一个明显的事实是：因刘彻的认识转变，朝廷对上一年的巫蛊事变重新定性。当时一位汉使出使匈奴，单于询问汉太子发兵谋反与后来腰斩刘屈氂之事，使者回答说："那是丞相私自与太子争斗，太子发兵欲诛丞相,丞相诬告太子,所以要诛杀丞相。"这正反映着事过一年后朝廷对巫蛊事变性质的重新认识。

马通有兄弟三人,兄长马何罗,弟弟马安成。马何罗时为侍中仆射,早先就与江充相好。马通本人是巫蛊事变中因功封侯之人,他率军自天山返回时,朝廷已经处死了巫蛊事变中的许多"有功者",马通兄弟为此惶恐不安,他们害怕受到诛戮,遂暗中准备对付的办法。

宫中执掌皇帝从车的驸马都尉金日磾(mí dī)见马通兄弟行为异常,心中疑惑,暗中观察他们的动静,常与马何罗一同上下朝。马何罗似乎觉察到金日磾是有意防备自己,因此长时间不敢发作。公元前88年六月,御史大夫商丘成因罪自杀,马通兄弟更加惶惧。当时刘彻去甘泉宫附近的林光宫避暑,马通兄弟遂假托皇帝的命令,矫制夜出,杀死了使者,准备纠集军队谋反。次日凌晨,刘彻在宫中卧室里尚未起床,马何罗不知什么时候进入宫中,他袖里藏着利刃,从东边阁道直奔刘彻的卧室。金日磾当天因小病卧床,凌晨正要去厕所,突然感到心动,遂进入殿中,坐于殿房的窗户下,看到马何罗后即刻跟了上去。马何罗看见金日磾,脸色大变,急走中被宫中置放的乐器碰撞摔倒,金日磾跑上去抱住马何罗,大声呼喊:"马何罗谋反!"刘彻被惊起,见身边的侍者拔出刀准备协助,怕伤了金日磾,急忙阻止,金日磾揪住马何罗的头颈,把他摔于地上,与众人将其捆绑。奉车都尉霍光和骑都尉上官桀旋即制服了马通与马安成纠结的武装,兄弟三人皆伏诛,一场谋刺、谋反事件很快被粉碎。

马何罗早先与江充相好,这一关系决定了他们兄弟在巫蛊事变中支持刘屈氂而打击卫太子的根本态度。侍郎马通凭借自己的勇武追杀了如侯,并把一支支持刘据的骑兵转化为对抗刘据的力量,的确为击败太子立下大功。事后他被封侯,不久又受任出征,足见朝廷对他当时的宠幸。然而,当朝廷对巫蛊事变的定性发生翻转后,事件中的立功行为即刻就转变成了罪过。刘彻思子心切,恨无所出,他连续把多位前曾有功的人物处死或灭族,马通兄弟虽然尚未受惩处,但他们作为江充余党、负罪之臣,已是人已共知,他们确信自己的末日迟早总会到来。

在巨大的恐慌中,马通兄弟不愿坐以待毙,他们选择了孤注一掷、冒险以逞的方式,决定实行少量武装配合下的谋刺行为。他们以为除掉了因哀子而痛恨他们的君主,自身的安全才会有所保障;即便事后被朝廷处置,也属对威胁者以命相抵,胜过束手受戮。

马通兄弟的计划因宫中人们的提防而一直未能实施。刘彻后来去林光宫避暑,远离防守严密的京城及甘泉宫,这才给马通兄弟提供了实施谋杀的机会。身为侍中仆射的马何罗可以出入宫禁,所以马氏兄弟的计划大概是:由马何罗入宫行刺,得手后由外围的武装强行入宫配合,并营救行刺者。然而,事不凑巧,入宫行刺的马何罗却被鬼使神差的金日磾所发觉。金日磾出身匈奴,身长八尺二寸,约合今1.89公分,他身材高大,体格强壮,轻易地制服了马何罗。马氏兄弟谋刺失败,遂暴露了整个行动,最终被霍光等朝臣一举擒灭。巫蛊事件中因功封侯的景建也参与谋反行动,一并被捕杀。

刘彻对几位朝臣粉碎马通兄弟谋反之事非常赞赏,且心存感激。事后他在重病中写下遗诏,用玉玺封缄,吩咐身边人在他死后"打开诏书,照诏办事。"事件发生后约六个月,前87年二月,刘彻病逝于盩厔五柞宫(今陕西周至县东南),人们打开诏书,遗诏封金日磾为秺侯,上官桀为安阳侯,霍光为博陆侯,都是以擒灭马通谋反之功而封。

被腰斩处死的马通有子马宾,后来在汉宣帝朝中为郎持节,号使君;马宾有子马仲,在西汉末期朝中为主管玄武门的玄武司马,秩比千石,父子职位均不高。马仲有三个儿子在王莽时为二千石的高官,第四子马援为东汉初高级将领,被拜伏波将军。马援的小女儿为汉明帝皇后,被称明德马皇后,她心恶先人马通在朝谋反,遂改易马通三兄弟之姓为"莽",故史书上多称其三人为莽何罗、莽通、莽安成。马通谋反被斩,他幸而没有遭受族诛之祸,却不幸被兴盛了的后裔清理出族。

本篇结语

任何有影响的政治事件的发生都有时代的成因,因而它们在某种程度上都有所以发生的必然性。刘彻的朝廷要发奋有为,要以军事手段拓展疆域,要建立中央的权威和尊严,于是就有镇服闽越的首次用兵,有对匈奴的积极谋战,就有与藩邦地方势力的种种较量,也就有对朝中君主权势的恣意伸张。东越馀善的狂妄,南越吕嘉的对抗、乌孙昆莫的求助,正是边远地方势力面对汉朝政治扩张所采取的应对方式;同样,一场貌似公开公正的廷辩被权势玩弄;淮南王刘安的疏离与被处置,齐国的撤国改郡,及刘据被冤的巫蛊之案,也正是君主权势至高无上的当然产物。任何政治事件,包括马通谋反之事,即便作孤立地观察,也会发现它们总是处在时代政治的运行轨迹之上;如果再做些前因后果的探究,更会发现它们的发生吻合于时代发展的进程,又程度不同地影响了政治活动后来的发展演变,它们正是时代政治活动总链条上的一个环节。

然而,任何事件的发生与进展都有其偶然性的一面。朝廷的首次用兵恰好是针对闽越,刘彻的身边正好有庄助等主战之士,马邑之战中的单于恰好俘获了当地的一名县尉,南越国正好有长寿而多谋的吕嘉为相,廷辩当事人窦婴恰好有与两朝君主的不对等关系,淮南国恰好有太子刘迁与庶兄刘不害的积怨,齐国恰好有纪太后主持酿成的荒唐事等等。大凡政治事件都是多个人物多种因素的综合作用,事件所有当事人及其行为对事件本身的演变过程都有直接的作用,而其中的决定性人物对事件的过程与结果则发生更大的影响。由于其中许多人物和因素的随机性和非确定性,就使事件的具体过程和结果呈现出不确定的、偶然性的特征。这种情况使事件的演变会扑朔迷离、曲折复杂、出人意料,但却是人们全面认识事物不可忽略的方面。通过历史事件的偶然性,人们能看到事件中各种因素的特定作用,能领略到事变的诡异、人性的复杂,也能体悟到许多人生的教益。

　　偶然性对个别事件的发生起着决定的作用,这是社会事件复杂性的一种特殊表现。刘彻如果没有偶然地得到并赏识江充,就不大可能发生刘据的巫蛊冤案,因为皇权的加强,并不必然地要求太子以命相抵,是偶然性在这里成了事件发生的根本性起因;同时,在事件过程中,刘彻病养离京,国储与甘泉宫音信隔绝,诸种偶然因素的叠加作用使事态的发展大大偏离了所有当事人的预料,以至于事件之后的人们,无不为该事情的发生而诧异和震惊。因为事情的发展超出了人们的想象,人们甚至会以为事件受某种神秘力量的支配。事实上,人们对某一事件的发生及其结果越是惊异,就越是表明了其中偶然因素的巨大作用。

　　社会运动的必然趋势总要通过许多或此或彼、非此即彼的具体事件表现出来,每一现实的事件总是在一定层次、一定程度上折射着社会运动的基本趋势。偶然性因素的叠加作用只能更深地掩盖社会运行的轨迹,却不会完全脱离这一轨迹;它造成了历史政治的曲折,却不背离社会演进的趋势。因而,认识一个历史事件,只有把它放在特定的历史进程中,联系所处的时代特征,才能理清其发生的根源,看清它的实质,理解它对未来的意义。对历史活动和历史人物的求真之解正是在于,既要持有宽广的视野,又要不失精深的眼光。应当在许多相关偶然事件的联系中发现历史活动的运行轨迹和历史人物的思想本真,并依此来揭示某些偶然事件的原因和事情的实质。

　　由君主、臣僚和将军等众多人物所参与推动的各个事件,都在一定意义上反映着各人的思想本真,并表现着时代的发展轨迹,这是以前各篇以人物切入能对时代政治做出全面分析的依据。同时,在本篇也能看到庄助的果敢、王恢的善谋、窦婴的耿直、馀善的诡诈、吕嘉的奸猾、昆莫的远虑、纪太后的迂腐,刘安政治上的少智、刘据亲情沟通的缺失,以及刘彻诡谲难测的性格;能看到朝廷对外政治方针转变的过程,边远藩属对政治一统的不同态度,以及汉中央与地方,及朝廷君臣之间的种种矛盾纠葛;能窥见社会兴盛的外衣下会发生上流集团的大面积腐败;能发现世间物极必反的必然性,在专制政治走向极权时,竟会以统治集团核心人物自伐自残的形式表现出来。

关于汉武时代的议论

　　文景之治的盛世孕育和催生了一个辉煌时代的来临,汉武帝刘彻执政五十多年,把这一辉煌演绎得波澜壮阔,不同寻常。

　　汉武五十年,曾以恭敬的姿态为先辈的无为政治陪程送终,又以大气磅礴、无所畏惧的勇气开创了一个变化、求进、发奋有为的新时代。新时代的开启不是天赐自成,是新的集团执政者用体制的改造、人才的延揽和意识形态的重塑来推动,用开拓四方的国家战略和珍重事功的时代精神来策动实现的。

　　政治体制的改造曾是刘彻推动社会转变的一大措施。汉武时代,国家政治体制加速向集权化方向演变。一是,年轻的君主不满于当时以外戚丞相为首的行政系统对皇权的束缚与侵犯,干脆建立了完全听命于自我的"中朝"系统,并且网罗新人,壮大中朝,使其凌驾于原有行政系统之上,甚或可以随时替代原系统的功能。于是,国家的政治决策及其执行完全操控在刘彻一个人之手,实现了最高程度的权力集中。二是,为了避免各诸侯国独行其事、尾大不掉,朝廷颁布和实施了"推恩令",把先朝大臣贾谊所提"众建诸侯而少其力"的策略强力推向全国,由此使各诸侯国的势力因裂分化细而大为消减,从此失去了与朝廷的抗衡之力,使中央政府的实际统辖真正能够落实到每一郡国。三是,在逐步摸索中设置了司隶校尉和十多部刺史,形成中央对地方,以及皇帝对百官的监察监督机制。监察制度的设立保证了最高执政者的法令能够在全国各地畅行无阻地推行。刘彻为此还重用了一大批酷吏,对中央和地方的违令官员、豪强奸吏进行毫不手软地打击,力求使他个人意志在全国各地不折不扣地落实。应该说,刘彻建立了一个听命于皇帝个人的政治系统,该系统的权力真正延伸到各个郡国,又加以相应的制度作监督,因而实现了最有效的集权。只要最高执政者拉紧权力之网的总绳,国家政治就会转向他所设定的目标。这一高度集权的体制自然不是一蹴而就的,它经历了一个想象、设定和设置的过程,而这一体制建设的整个过程其实就是刘彻对国家权力的掌控逐步加强的过程,体制建设的基本完成则使刘彻对国家权力的掌控更加灵便自如。

刘彻的朝廷要改朝换代,要建立事功,他不满于先朝旧臣的守职无为,以及他们的倚老自重,于是大肆张扬地招致了一批年轻才俊。新的朝廷以招募贤良方正直言极谏之士的方式,公开招引全国各地的英俊贤才进入最高权力层。刘彻为此几次发出诏书,把自己感觉到的治国难题诏告人们,策问贤能,要求才士们毫不忌讳地提出解决之方。于是,一大批有理想、有才具、愿意献身作为的人们为朝廷的诚意策问和仕途之开所吸引,通过撰述的方式献出了他们解决现实问题的思考方法,而朝廷对民间智慧的征取则唤起了全国才士智慧的发挥与释放。董仲舒、庄助、东方朔、朱买臣,以及稍后的公孙弘、主父偃等大批人物脱颖而出,使国家政治一时出现了新景象。值得注意的是,贤士们的策对之文是由发诏皇帝亲自审阅定夺的,对各种撰述议论的择定选取不能不决定于刘彻的偏向和爱好,那些积极有为的治政思想和切中时弊的策略方式必然因能得到审阅者的认同而中选,而坚守无为思想和先朝旧方的策对必然受到冷落和抛弃,于是,诏举贤良的结果不仅是得到了积极有为的治国之策,同时也发现了一批治国之才。这些人才因持有发奋作为的治国思路,因而多属儒、法之士,这是刘彻并非刻意而为但却实际得到的效果。刘彻将这些人才擢升提拔,聚拢于自己身边,命以侍中、散骑、左右曹等头衔,让他们以特使身份代己行事,常给他们以指点和强有力的支持,久而久之,终于形成了一个完全听命于自己的权力系统,这一权力系统由于内中人物与最高执政者的政治理念相一致,任事者又是皇帝随机钦命,因而其与原有的权力系统迥然不同。另外,刘彻在选用新人的同时,还特别任用了一批皇亲国戚中的亲近人物,把他们逐步放置于掌控国家军队的重要岗位上,以保障军权的安全。可以说,放手地选拔人才,延揽发奋有为之士,是刘彻推动时代创新的又一有效措施。

吸取了秦亡教训的汉王朝多年看重民众的力量。刘彻的朝廷为了利用民众、组织起社会的力量,正是在逼迫民众和引导民众中坚定地选择了后者。为此,他们实行了尊崇儒术的方略,完成了意识形态的创新。儒家学说是创立于春秋末期、自战国以来与诸子百家相并列的思想理论,它在秦朝遭受执政者毁灭性打压,在汉初得到恢复和延续。汉初崇尚黄老无为之术,但老子学说仅是官方遵从的治国理念,并没有被推崇为全国一统的思想指导。新的朝廷为了引导事功和造成全民思想的一致化，采纳了当朝儒士董仲舒的策对建议，不仅选择儒家思想作为遵从的治国理念，而且将其捧为全国朝野应当信仰的唯一思想指导，所谓"罢黜百家，独尊儒术"是也。儒家学说在汉武时代能取得独尊的地位，是因为法家所主张的刑罚强迫的治政手段已被历史事实所否定，道家的无为而治又不适合新朝廷的发奋求进之需，阴阳家的理论宏大意疏，不能给人们的政治生活提供具体指引，墨家、名家等理论也不能成为一个社会系统的治国理念，而儒家学说形成早，根基深，积累丰厚，涉及社会生活的各个方面，尤其是，其中"君君，臣臣，父父，子子"的伦理政治一体化的尊君意识，以礼为规范的差别等级意识，正为统治集团所看中；当朝儒士董仲舒更是创造性地吸取了先秦阴阳家、墨家、名家等有用的思想资料，给传统儒家学说增加了适应时代需要的新内容，又着意发挥了所谓"《春秋》大一统"的思想，使儒家学说既包含了维护当朝统治的教化功能，又体现出崇尚一统、追求事功的激励作用。刘彻的朝廷推崇儒术以教化民众、鼓励事功，这是其能够推动社会转变的又一措施。

专制化的政治集权曾是法家反复论证并竭力维护的政治形式，刘彻在治国实践中尽力推动并最后实现了的集权专制，正合于法家的思想理论，这使他自觉或不自觉地蹈袭着法家的治国思路，这也是先朝刘启朝廷后期曾经刻意而为的施政方向，刘彻的朝廷做得更多、走得更远些而已。然而，刘彻要在意识形态领域利用儒家对民众的教化之功，就必须把法家的功利行为与儒家的教化理论结合起来，用儒家的温情遮饰法家的强权。法吏张汤曾组织了一个清一色的廷尉府，他们写成的疑案之奏因不合刘彻的心意而一次次被退回，为此莫知所以、无所适从，而儒者倪宽的重写之奏竟然一箭中靶，令众人悦服，并且得到君主极高的赏识，正表明了内法外儒的理政方式恰为刘彻的朝廷所急需。倪宽"以古法义决疑狱"的方式显示了儒法结合的优长，启示当朝治政者在两种不同的政治思路中寻找出二者恰当的结合点，使儒法学说各尽其用。刘彻的朝廷正是撷取儒、法两家的可用之处相糅杂，将其用之于集权体制的推进、人才的任用和意识形态的重塑中，在三项措施的共同推进中实现他们既定的政治目标。

汉武五十年，朝廷曾以制服凶敌、开拓疆域为宏大的政治目标，最高执政者依靠集权化体制的管束力、儒术的教化引导和大批人才智识的发挥，组合起了社会各层发奋作为的积极性，以此保障政治目标的实现。这是全民追求事功之力得到凝聚、形成集中爆发的年代，执政者将这种力量引导于特定的政治目标之上,使全民之力在一个点上释放。经过几十年的不懈努力,最终在实现国家战略目标的道路上收获极丰,由此建成了巨大的功业。在汉朝的发展历程上,乃至在民族发展史上,像汉武时代那样硕大宏伟的政治功业是不多见的。汉武五十多年中巨大功业的创建也为后世留下了几项重要的政治遗产。

一是,开辟了广大的地盘,为中国后世的疆域所至划定了基本的范围。刘彻的朝廷北逐匈奴,南并两越,开通西域、经营西南,又制服朝鲜,在势力可控的地方则设郡划疆,标明隶属,使中国的版图自秦始皇以来再次大为扩展。汉武时代的辟地设郡自然是仰仗军事力量,但军事力量常常只是用来对某些顽敌前期的扫荡,新地域的改郡归属常常还依靠地理的开拓、外交的策略和文化的吸引力,在此基础上,新旧地盘上不同族群间的相互关系也得到了新的整合。每当后世的中国人为自己祖国的地大物博而自豪,为祖国的民族众多而骄傲时,就自然暗含着对汉武时代拓疆之功的肯定。然而,另一方面,对匈奴的战争,对四夷的制服,对许多新地域的开通及其民心笼络,都曾有着惊人的物质耗费,都是以增加中原百姓负担为代价的,班固在《汉书》中曾说,汉武时代的用兵曾使"海内虚耗,户口减半",正表明盖世的功业正是万千生命和无尽的鲜血堆砌而成,它曾让当朝民众承受了巨大的痛苦。在以国为本的价值判断系统中,国家的辟土开疆自然可以不计民众的生命与痛苦;但在真正以人为本的价值系统中,四夷之地永远是地球的附属物,汉武所争到的只是这些地土对刘姓皇家的所有权,他并没有创造出土地,为地土所有权的转移而牺牲无数民众,其实是对生命的犯罪。这是一个非常棘手、极难做出的判断,但无论如何,汉武开地辟疆的成果都将作为他的历史遗产被万千后世所承袭。

二是,国家统治集团内部各层次间的关系得到了新的安排。统治一个大国,需要庞大的政治机构,这个机构是由多类型、多部分、多层级的人员组合而成,他们之间可以有着种种不同的关系,一定政治体制正是包含并体现这些关系的组织形式。周朝曾采用分封制与三公九卿制的形式组织政治机构,秦朝采用中央集权下的郡县制形式,汉初采用地方分封制和京畿郡县制并存的形式,后来逐步对分封的地盘改变封主、缩减权力,同时扩大中央所属郡县制的范围。汉武五十多年间,国家的政治组织形式有了新的变化,这一方面是,诸侯王的封地通过国家政策性裂分而大大缩小,他们在领地的重要政治权力被削夺,经济权力受到侵蚀,实际上逐步沦为郡辖的私家大庄园,而许多王侯的封地又因种种原因而被除夺;同时郡县制的范围在侵夺诸侯封地中不断扩大,随着战争的推进和四方的开拓,中央管辖的疆域更是大大扩展。在整个国家的政治组织中,分封制的比重已经非常微小,政治权力到了无足轻重的地步,而郡县制几乎已成了全国划一的形式,这与汉初的情形已大不相同。另一方面是,"中朝"官职的不断设置及其职能的常规化,使中央政府中以丞相、御史大夫、太尉为代表的三公九卿行政系统仅成了决策的执行机构,甚至仅仅成了"备员"的闲职,中央政府的权力完全被集中于最高执政者一人,国家政治中的决策权、执行权和监察权全由皇帝负责,这和秦朝的政治形式又有不同。总而言之,汉武的朝廷建立了一个辖域广大、层级复杂、各种行政权力归于一人之手的高度集权的政治形式,这在历史上是空前的。利用这一权力,身处至尊之位的刘彻向四方开战,制敌辟疆,并曾兴修水利,开凿漕运,赈灾济民,建树强国之功,做过利民好事,显示出了一种体制的优长处。然而,集权在手的至尊要大兴事功,必然要依靠域内的臣民;要驱使千万臣民,自然少不了督责与监控,这样的结果,体制运作的复杂性使行政成本的提高和违背圣意的"奸邪"滋生就不可避免。同时,权力集中于一人,国家形成至尊,先秦时代进步的民本观念在障蔽中失落,最高执政者一人的喜怒好恶及其决策行为将影响国家民众的命运,人们只能祈求执政者的英明,而不能改变他的昏狂。这种体制将社会发展前进的机会交由一人掌控,本质上就缺乏合理与公正;而在最高执政者每一次权力交接时,全社会又在承担着额外的政治风险。可以说,汉武时代重新安排统治集团内部各层次间的关系,创制了新的政治组织形式,这一形式被后来的王朝执政者基本承袭,无论其优劣如何,都曾导引了一个民族此后的政治制度建构,影响了后世之人的社会政治观。

三是,确立起了基本得到朝野臣民认可的指导思想。董仲舒提出"罢黜百家,独尊儒术"的主张,刘彻的朝廷出于教化民众、激励事功的目的而予采纳,其实际的治政过程中虽选用了一条儒法结合的思路和方式,但在对民众的教化上,在对官员的思想引导上,在对本朝立国根基的确立上,以及对社会舆论的营造上,还是采用了儒家的思想理论。受到独尊的儒术,已经不是先秦时代的原初儒学,而是经过董仲舒改造发展、又由当朝统治者选择认可的儒学理论。朝廷通过设立明堂、太初改历、封禅大典等形式,确立了儒学在思想文化领域的正统地位,又通过兴太学、置五经博士、重用儒生等措施,引导学人献身于儒学,吸引百家私学投靠儒学。公孙弘早年身任狱吏，主父偃熟于纵横之术，他们在仕途碰壁后改习儒学，才获得了人生的成功；坚守黄老政治理念的汲黯公开抱怨比他资历更浅的朝臣总是"后来居上"，都说明与官方倡导相吻合的学术思想更有助于学人仕途的成功。这些事实无疑会对人们起到现实的示范作用，儒学的地位和身价也会大为提高，人们对它的了解、研习和信奉自会超乎已往。当整个社会用儒家提倡的价值观、是非观观察事物、处置问题时，统治集团用之作为教化的目的也就基本实现。

　　儒家学说除尊君敬亲的政治伦理内涵外，还有许多更为一般性和普遍适应性的内容，如看重人生、推崇事功、崇尚气节、明于荣耻等。汉武的朝廷独尊儒术，同时也就把许多普适性的价值理念大大张扬，在这些理念的支配下，人们的入世态度、生命热情和事功精神空前提高，从当政的君主到普通的平民，无论是挥师出征的将军还是受命赴远的使者，无论是戍守边关的士卒还是山野牧羊的村夫，无论是参议国策的朝臣还是痴迷华章的文士，人们无不珍重人生、力建事功，努力追求一种能为世间认可的崇高价值物。马邑豪绅聂壹舍家财引诱单于，以年老之身为国效命；中大夫庄助宁愿以文弱之躯率兵征远；卫青、霍去病驰骋疆场，力建盖世之功；汲黯、张汤、董仲舒等臣僚忠诚于理想，拒绝杂念，为事业而献身；平民卜式位卑忧国，心念国事，数度捐家产以助战；朱买臣在砍柴挑买时快乐读书，不忘功名；主父偃以"生不五鼎食，死即五鼎烹"的信念，在日暮途远的紧迫感中追求人生的成功；河间王刘德"修学好古，实事求是"，搜购散遗民间的先秦古籍，淮南王刘安组织编写《淮南鸿烈》，两人在诸侯王的尊位上也想着功业留世；六十多岁的李广不能忍受立功机会的失去，太史令司马谈为错失封禅大典发愤忧死，年轻的李陵甘愿以五千步卒深入匈奴腹地，当朝国君常把最有立功机会的风险战事交给宠幸的国戚等等，这一切都表明了当世价值观中的功业之重和被高扬的生命激情。张骞在不通人烟的西域独建凿空之功，司马相如终生迷恋于辞赋的创作，身受奇耻大辱的司马迁用纤笔重塑出重于泰山的生命，苏武在孤寂的贝加尔湖畔凝结出永难磨灭的气节等等，儒学思想中许多普适性内容在此孕育和催生出了熠熠发光的民族精神，这为儒家思想此后的延续和发扬提供了更充分的根据。然而，儒家学说并没有内含着对其他思想理论的绝对排斥，毋宁说它会在与其他学说的并存与争鸣中能相得益彰，也会获得自身健康发展的社会环境。汉武的朝廷利用行政力量，使儒家在百家罢黜中获得独尊,破坏了一种学说自由发展的原有生态环境,扼杀了其他学说生长的空间,也使儒家学说委屈地走上了为专制统治作辩护的黑色祭坛。它的整身常被政治所肢解,它的面貌常被历史上的执政者所涂染,从而也失去了吸收百家养料,自由伸枝长叶的条件。而且,汉武朝廷的以儒释法,使刑罚披上了仁义的外衣,专制制度的"吃人"本质被仁义道德的幕屏所遮盖,连敏锐如鲁迅先生者都认为需费时琢磨才能看透外表背后的内真,这既表明了历史政治的虚伪,也表明儒家学说已被阉割了善利苍生的内核,在政治领域演变成了欺瞒善良、遮掩虎质的羊皮。无论如何,汉武时代确立的独尊儒术的思想指导,其以行政力量确立意识形态之权威的方法,均被此后历史上的统治集团所沿用,这对社会的进步和学术的发展都是利弊相杂的。

汉武时代五十年,除过许多英俊才士的个人业绩外,汉朝廷给后世留下了扩大了的疆域、更集权的政体和儒术独尊的指导思想三项政治遗产,极大地影响了中国历史的发展特征。这三项遗存物在汉武时代逐渐成形,并已发挥作用。对它们在几十年间的情形作稍微具体地观察,即能发现其在相同条件下重复发生的许多规律性现象:

其一,在一个专制的政治体制中,最高执政者的统治地位必然是通过集团内部的自戕来维持。专制统治者要实行权力独裁,不允许任何人作权力妄想,维护专制的大刀因而往往是伤及有机会作权力侵夺的自家人。在刘彻的心中,田蚡、刘安,非不亲也;钩弋夫人,非不爱也;太子刘据,非不慈也,但当认定他们会伤及君权时,就应该毫无情面地剪除。舅氏田蚡曾是暴病而逝的,许多年后刘彻说:若早先知道他的犯禁之事,将对其灭族。最高执政者权力独享,难与人共,对任何可能的权力侵犯者都会毫不手软,而有可能侵犯权力的又常常是身边之人、皇亲国戚,于是,集团内部的自戕自残就会伴随专制政治的存在而连续上演。

其二,国家政治的发展演变,许多时候常是各种不同势力斗争与妥协的结果。刘彻刚执政时,国政初定,君威未立,尊崇黄老的窦太后曾迫使朝廷终止兴儒、改立丞相;田蚡、韩安国等老臣对匈奴的旧有态度也曾使朝廷数度放弃兴兵征讨的新打算,政治总是在某种妥协中推进。刘彻执政晚期,以刘据、石德为代表的朝中反战势力曾主张宽厚待民、惩治苛吏,以至引发了被江充等人钻空利用的朝政裂痕。巫蛊事变中刘据等人殒命黄泉,但正是该事件促使刘彻进行了痛彻的反思,他才能接受令狐茂、田千秋等人的上书劝谏。是对立的政见和着亲子的鲜血与生命呈递面前,才使刘彻轮台悔过、改辙更张,只不过这次他是自愿地妥协罢了。形成政治斗争之结果的决定因素常常不在于谁是谁非,而在于不同势力各自的价值选定及其拥有的力量。现实中不同政治势力间的力量对比和各自的价值取向会发生变化,因而政治活动中的种种较量总是一个不恒定的变数,由此决定的国家政治的发展也必定是呈现为一条曲折的变化轨迹。

其三,集权化的政治系统极易造就出强势君主,而强势君主的生长和生成总是统治集团内部种种斗争的产物,它不仅需要充任者应有有利的机缘,还需要其有宏大的气魄、高超的智识、坚强的意志、非凡的才能和过人的精力。强势君主当是在集团斗争中靠自我力量最终胜出的人物;他能够成为强势君主的标志在于:能屈伸自如地驾驭或处置身边的臣僚,能举重若轻地掌控甚或改造自己所处的政治系统,能坚持不懈地实施自己选定的政治战略,并且能把这一政治战略转化为全国臣民的奋斗目标;而在出现政治危机的关头他又能力挽狂澜,使国家政局危而不倾、倾而不倒,最终化险为夷。汉武时代五十年,刘彻正是这样一位在复杂迷离的政治环境中迅速成长起来,经过急风恶雨般政治斗争的考验,而为当世公卿臣民所畏服的强势君主。

其四,专制体制中的强势君主总是以弱势之臣和孱弱之嗣作补充的。并非当政的君主不希望臣属刚强起来,而是因为臣属们任何表达见解、坚守己意的行为都有可能伤及君主的权威,在一位强势君主的面前,一贯逞强的臣属是无法存在,会早被剔除了的,其余的臣属们有前车之鉴,他们宁可小心谨慎,在畏缩中求安。刘彻曾为窦婴和田蚡的是非之争在朝廷举行了一场公开辩论,旁听的大臣们大多不敢表态,刘彻愤而痛斥他们像驾辕的小驹一样畏首畏尾。他不明白这正是强势君主在位的必然状况。做太子已三十多年,年近四十的刘据应该是已有自己的政治见解和一定势力的,但在更强势的君父面前,他可以从容继嗣为政的资本正成了足以引起疑窦的根由,与之政见不同的酷吏们借机挑起君父的杀伐,刘据的致死就不可避免。巫蛊事变后不久燕王刘旦请求入京宿卫,刘彻对其怒而处罚,强势的君王对一位皇子心中存有的继嗣愿望也难以接受,遑论其他!刘彻临终时选定八岁的幼子刘弗陵嗣位,他安排霍光等大臣辅佐幼主,正表明只有孱弱的后继人才能被强势君主所认可。在一个专制化的政治系统中,弱势之臣和孱弱之嗣常是强势君主无法摆脱的窘况。

其五，一个比较稳定的政治集团总有自己特定的价值标准。那些特别看重政治目的或外显性战略目标的执政者，必然看轻民生、藐视生命。好大喜功的特性使他们往往只盯着一些外显性的功利和业绩，如斩敌的数量、辟土的远广、土木楼台的规模等，而对民生的艰难则会漠然置之。刘彻的朝廷向外用兵几十年，大肆征调民力，造成了"海内虚耗，户口减半"的结果，给民众带来的痛苦和伤害显而易见，但刘彻在长久的时间中并没有认识到这是自己的执政之失，他可能陶醉于外显的功业，对万千民众的死伤则隔膜无痛。这是一种以事功为本的价值观，民众的生存在此无关轻重。只有刘彻在晚年亲身感到了失子后的切肤之痛，感到了生命的失而难得，才开始看重百姓的生存与生计。巫蛊失子帮助这位铁血君主扭转了原有那种重物不重人的价值观，于是发军制敌、轮台戍守在他眼中就都显得极不重要，于是有国家战略的大转变。

其六，专制政治系统中不是没有干才，但干才必须同时具有柔顺、谄谀、阿世的特点。这是因为，专制统治也需要人才，但不需要具有独立人格的人才。千古名将卫青战功盖世，但他总是柔媚待君、卑谦为人，这一处人态度是他得到君上宠任的根本原因；布衣丞相公孙弘受到朝廷持久地尊崇，就是因为他以曲学阿世的风格处理与同朝君臣的关系；才高八斗的司马迁一语不慎而被刑，因为他对李陵降敌的辩解与君主的心理期望相冲突。在专制化的政治系统中，每一臣僚，无论其才干多高，学识多丰，充其量都只是最高执政人手掌中的工具、弈盘上的棋子，他们既要有突出的功用，又要有益于君主的特定目的，后者才是其可以存在的根据。于是，担负一定职任的臣属无论才干如何，都必须打掉独立的人格，人才也必须呈奴仆化的人才。

其七，一个复杂的政治系统为了追求运作形式的规范化，就必然会选择以法治政的方式。依法治政使各职任上的操作者有章可循，减少了系统运作的分歧和摩擦，这是社会理政思路上的大进步。然而，在专制化的政治系统中，法仍然是最高执政者推行个人意志、实现政治理想的工具。法不是公议的产物，而是君主意志的体现；它也不具应有的稳定性、平等性，而在很大程度上体现着君主个人的随意性。在刘彻的朝廷，执法者常窥测主上之意而处置狱案，有人曾就此事询问执掌国家刑狱的廷尉杜周："您为天下人执掌刑狱，不遵循成文的法律，专门按主上的意思来审判，难道判案就是这样的吗？"杜周回答说："成文法是怎么来的？先前的君主所肯定的被记录下来就是律，后来的君主所肯定的被条理化就是令,合乎君意的就为正确,还有什么古法呢?"杜周看来是一位率直的酷吏,他直露地道破了专制制度下国法和律令的随意性。国法律令本质上都是执政者制订和颁布出来为自己政治目的服务的工具,自然是他们可以据时修改变化的东西。从这个意义上说来,专制制度下任何形式的法治,在根本上都是人治;法律条文越细密,人治的痕迹越明显。

其八,一种理论学说,要想作为全民行动与生活的指导思想,不是仅仅依靠官方的倡导就能奏效,它还应该在民众的生活中发挥自己的现实效用;只有真正发挥了治国效用的思想理论,才能在社会扎根伸展,为民众所接受,起到规范人心、引导教化的作用。西汉初的叔孙通曾把儒学礼仪用之于君臣朝会和宗庙祭祀程式上,使儒学进入了官方的视野;汉武的朝廷倡导儒术独尊,曾有多项重大的国家行动,但只有董仲舒等人实现了儒学的现实化创新,倪宽等儒者在职任上力行所学,把儒家的理论意旨用于治狱、治民等现实政治活动并取得显著成效时,这一思想理论才在特定的政治土壤中开始生根开花。理论的生命在生活之中,不在生活之外,它不是在空泛的说教中,而是在引领社会发展、改变政治方式等现实活动中获得生机。

其九,社会生活是一个不断变化的综合系统,执政者应该据此经常进行国家战略方面的反思;一些行之既久的发展战略,许多年后未必适合新的情况,这就需要执政者以无畏的勇气进行国家发展战略的适时调整,而政治战略的调整又必然要求国家的经济政策、用人理念等各方面做出配合,因而就要求有整个国家执政理念的调整。刘彻的朝廷曾经改变了先朝的政治方针,倡导事功,积极有为,由此建就了硕大的功业;几十年后轮台悔过,政治转轨,又重新回到了与民休养的道路上。无论各次转变的正误如何,刘彻晚年公开表悔,自我否定,又实行经济政策与用人方式的大转变,其宏大的气度正表明了一个非凡政治家的应有风格。西汉统治经汉武时代的折损而不败落,应与最高执政者晚年的战略反思与理念转变不无关系。

其十,一个国家对外邦的招致和吸引,可以靠和亲的奇招、武力的威慑,也可以靠金银财宝的收买,靠粮食布帛供养成的生存依赖,以及思想观念的输出渗透。汉武的时代是民族凝聚力空前生成的时代,最高执政者不顾成本,计出千方,努力营造那种"四方之民襁负其子而至"的昌盛景象;那些被后世称为文化软实力的诸多要素在此也发挥了极大的作用,这种情景足令后世人为之钦仰。可以从中看到,以物质的输出与交换造成双赢的局面,再以观念的交流与渗透调适双方的价值观,这正是推动民族融合的真谛。

汉武时代五十年,民族的气力在追求中唤起,在压榨中聚合,在激励中喷发。英雄的先民振作神威、发奋作为,在刀林箭雨的阻击和梦魇与镣铐的缠绕中忍痛前行,创演了一幕幕威武雄壮的史剧,奏响了一曲曲荡气回肠的悲歌,铸成了一座座光彩四射的丰碑,塑就了一尊尊铜声铮亮的魂灵。大汉的历史夜空在此星斗云集、分外灿烂。两千年回首,依旧能明亮地观仰到那半个世纪的风雨如磐、天汉璀璨。

后 记

司马迁是中国伟大的史学家和文学家,他的《史记》被鲁迅称为"史家之绝唱,无韵之离骚。"是学习和研究中国历史的必读书。一部《史记》上起黄帝,下迄汉武帝晚年,其记述略古详今,对秦皇及其以后的历史描述尤为备细。本书系对司马迁所述国史的"当代史"部分进行重读,叙述从秦始皇到汉武帝约 130 多年间中国政治演变的基本轨迹,并试图做出应有分析反思,以揭示司马迁笔下中国社会政治形态的特点和历史演进的规律。本部《天汉璀璨——汉武时代五十年》,对公元前 141 年至前 87 年汉武帝刘彻执政五十多年间的重要政治活动作了全面审视,按君主篇、臣僚篇(上、下)、将军篇、事件篇的结构,对诸多人物和事件作了综合剖析,揭示了社会政治许多规律性现象。

司马迁主要是以众多人物活动为载体来记录了历史运动的轨迹,他在叙史上打破编年体而首创纪传体,这不仅是叙史形式的变化,也体现着司马迁以人为中心的历史观。事实上,历史活动应该有人的完整映像,应该有不同人性、纷繁人情和各式人生的掺杂表演。按照司马迁的历史理念及其方法,本书系各论著选取了许多有影响的人物来提挈政治发展的脉络,既对人物所涉政治事件做出了系统详尽的分析,也对各类人物的完整心性做出体认。应该说,对人物性格与命运之复杂关系的体悟,是被当代史论学鉴忽视了的方面,本书系在此做了开拓性工作,具体说来,对于特定的政治人物,书中的分析触及到了全部资料所涉的思想、性格、心理、谋略、事业及人生轨迹等许多方面。多方位的分析意在强化人物的立体感,并揭示各种政治活动的复杂成因。这更合于司马迁的史学理念,能使当代读者能得到许多不同人生的启悟。

本书系在体系的建构上把对历史的宏观把握与微观解剖相结合,每部论著均按历史与逻辑相统一的方式构建分析框架,作为史论形成的时代背景,同时把具体人物放在特定的时代中去认识,而对人物的认识又以其全部史载的具体活动为据;论著通过对具体活动的剖析完成对人物的全面认识,又通过对历史人物及其相互关系的把握来揭示历史政治发展的基本趋势,进而认识中国社会政治的一般特征。

"社会是单向引长的线,人人都来自昨天;记住往昔的经历与得失,我们才会走得更端、更远。"人类社会的无限延续,使昨天的历史与今天的现实间有着割不断的联系。从一定意义上说来,历史孕育着现实、包含着现实;现实映照着历史,包含着历史。历史与现实的这种贯通性使任何有意义的历史反观都具有强烈的现实性,同时也使任何有意义的历史反观必然带有现实的考量。《重读司马迁》以当代人的视角,深入到历史政治的演进过程中,运用唯物史观以及政治学、心理学、军事学、文化学的理论观点审视历史政治,分析许多具体的人物关系,心理变化,认识和发掘史迁不朽之作中具有当代意义的历史智慧和文化内涵。论著以史引论,寓论于史,在历史事实的展现中阐发着对社会和人生种种问题的思考与看法。史实的叙述在书中只是作为议论的引子,而由此引发的种种思考和理性的归结才是全书的重点。"文章千秋事,得失寸心知。"作者以敬畏之心对待历史人物,分析叙述未敢轻率,力求下笔慎重,书中认识和观点上的任何错失完全由作者本人负责。阅读此书的朋友在观点上如有不同看法,可将宝贵意见发至邮箱(skfla@126.com),欢迎做进一步交流切磋。

该书系各论著所用资料完全忠实于《史记》文本,参考使用的是王利器先生主编的三秦出版社1988年版全四册《史记注译》,在许多必要的地方,尤其是对司马迁同代人物的分析取材上参考了《汉书》和《资治通鉴》。全书对纷繁庞杂的征引资料,采取了内在融化、直白叙述、免去引注的方式,希望能方便阅读。本人所在单位广东省社会科学院为撰著提供了很多帮助,广东省社会科学界联合会的领导和朋友给予了热情鼓励,杨春霞女士做了许多文字处理工作,中联华文(北京)图书有限公司总经理樊景良先生、中联学林文化发展中心张金良经理及其同事以强烈的事业心和崇高的敬业精神推动了论著的出版,中国文史出版社的几位编辑朋友为该书系的问世做出了辛勤工作,在此表示衷心的感谢!

作者

2013 年 10 月 25 日于广州